공채의 기술

공채의 기술

2012년 6월 15일 초판 1쇄 발행

지은이 · 오규덕, 임현민 지음
펴낸이 · 박시형
책임편집 · 김형필 | 디자인 · 이정현

경영총괄 · 이준혁
마케팅 · 권금숙, 장건태, 김석원, 김명래, 탁수정
경영지원 · 김상현, 이연정, 이윤하
펴낸곳 · (주) 쌤앤파커스 | 출판신고 · 2006년 9월 25일 제313-2006-000210호
주소 · 서울시 마포구 동교동 203-2 신원빌딩 2층
전화 · 02-3140-4600 | 팩스 · 02-3140-4606 | 이메일 · info@smpk.kr

ⓒ 오규덕 · 임현민 (저작권자와 맺은 특약에 따라 검인을 생략합니다)
ISBN 978-89-6570-076-0 (13320)

쌤앤파커스(Sam&Parkers)는 독자 여러분의 책에 관한 아이디어와 원고 투고를 설레는 마음으로 기다리고 있습니다. 책으로 엮기를 원하는 아이디어가 있으신 분은 이메일 book@smpk.kr로 간단한 개요와 취지, 연락처 등을 보내주세요. 머뭇거리지 말고 문을 두드리세요. 길이 열립니다.

스펙은 10%, 나머지 90%가 전략이다!

공채의 기술

오규덕 · 임현민 지음

쌤앤파커스

CONTENTS

어떤 경험도 ──
'별것'인 것처럼
말하라

요즘에는 대학생들이 취업 준비로 한두 학기 졸업을 연기하는 것이 매우 자연스러운 일이 되었다. 청년층 실업률은 다른 연령층의 두 배 높은 수치를 보이고, 나아질 기미가 전혀 보이지 않고 있다. 취업을 위한 어학원, 기술학원, 공무원 준비 학원들은 구직자들로 가득하다.

지난 10년 동안 취업시장을 경험한 나는 오늘날 취업 준비에 고생하는 학생들에게 안쓰럽고 미안한 마음이 든다. 과거와 비교해 대학생들은 취업 준비를 더욱 열심히 하고 있지만 상황은 더 나빠지고 있다. 근본 이유는 경제 성장이 둔화되면서 매년 대학을 졸업하는 숫자 대비 괜찮은 일자리 수가 20~30퍼센트밖에 되지 않기 때문이다.

그에 반해, 내 시대의 대학생들은 면접 스터디, 토익 800~900점,

어학연수, 한두 개의 자격증 준비와는 동떨어진 시절을 보냈고, 나 또한 취업 고민 없이 대학생활을 보냈다. 동아리 활동에 몰입하다 보니 동아리 활동은 전공이 되었고, 전공(경영학)은 부전공이라고 말할 정도였다. 그렇다고, 게으르거나 불필요한 시간을 보내지는 않았다. 단지 취업에 대한 압박감으로 취업 준비를 열심히 하기보다는 '하고 싶은 것'에 열정을 쏟을 수 있는 분위기였다. 그 당시 일반 학생들과 같이, 나는 진로 고민과 취업 준비 없이 대학 4학년을 맞았다. 고등학교를 졸업하면 대학에 가듯이, '대학을 졸업하면 회사에 다녀야지!' 하는 생각이었다. 당시에는 학과 조교실에 들어온 추천장이나 채용 공문을 보고 지원했던 시절이었다. 그 당시 나는 눈에 보이는 대로 유통업체, 금융권, 제조업체에 다양한 직무로 지원했다. 요즘 말로 '묻지 마 지원'이다. 한 유통기업 면접에 참여하여 "기업회계에서 매출과 원가의 개념이 무엇이냐?"는 질문에 회계 공부에 소홀했던 나는 횡설수설하고 말았다. 한 금융회사에서는 인·적성 검사와 면접을 같은 날 보았는데, 단체 면접에서 '같은 질문에 먼저 대답한 지원자와 똑같이 대답'하면서 스스로 씁쓸함을 느끼기도 했다.

그 당시 면접에 임했던 나는 막연히 '최선을 다하자!'란 마음속의 다짐 외에는 실제로 준비했던 것이 없었다. 지금 돌이켜보면 아무 생각 없이 면접에 임했다. 하지만 나는 제조업종 대기업에 합격했다. 당시 임원 면접에서의 질문은 "매슬로우(Maslow)의 욕구 5단계는 무엇이고, 기업에서 어떻게 활용되는가?"였다. 질문 분야는 마침 내가 가장 좋아하는 과목(인사, 조직)이었기에 나름대로 조리 있게 답변했던 것 같다. 운이 좋게도 내가 잘 알고 있는 내용을 물어본 것이 합격의 비결이라면 비밀이었다. 요즘이라면 어림없을 일이다.

　나는 지금 취업 준비생들을 상담한다. 주로 신문사 및 방송을 통해 만나는 구직 대학생들, 대학 취업캠프에 참가하는 학생들, 온라인에서 만나는 구직 학생들이 그들이다. 기업의 면접관으로도 참여한다. 기업 신입 채용에 필요한 서류 접수, 심사 기준, 인·적성 검사, 필기시험, 면접 과정을 돕는다. 그러면서 기업에서 원하는 인재가 무엇인지, 대학생들의 취업 준비의 방법은 어떠해야 하는지 소상히 알게 되었다. 취업 때문에 고생하는 후배들에게 미안한 마음으로 이 책을 집필하게 되었다. 우선 공채가 무엇이며, 어떤 자세와 준비를 해야 하는지, 그리고 중요한 공채 과정인 입사지원서 작성, 인·적성 검사, 면접의 단계에 관한 내용을 주로 다루었다. 자기소개서는 입사지원서의 한 부분이기보다 취업의 처음과 끝이라고 해도 부족함이 없는지라 각자에게 맞춰서 연습해 볼 수 있도록 구성했다. 이 글을 통해 취업에 관한 막연한 준비와 두려움을 극복하고 아래 다섯 가지를 얻는 후배들이 되었으면 한다. 굳이 하지 않아도 될 불필요한 실패를 줄이고, 구체적인 취업이라는 중요한 난관을 잘 준비한다면 공채 합격뿐만 아니라 가장 중요한 꿈을 정리하고 이룰 수 있을 것이다.

첫째, 취업 준비에 우왕좌왕하지 않으려면 희망 직무와 업종을 좁혀라.

둘째, 하고 싶은 일이 있다면 정말 잘할 수 있도록 준비하라.

셋째, 정말 잘할 수 있는 일을 '경험'을 통해 확인하라.

넷째, 어떤 일에 관심 있다면서 알아보고 실천하지 않았다면, 관심이 없는 것이다.

다섯째, 어떤 경험도 '별것'인 것처럼 말할 수 있는 것도 능력이다.

우리는 살아가면서 세 가지 만남에 크게 영향을 받는다. 첫째는, 부모님이다. 우리가 결정할 수 없는 영역이지만, 어떤 부모님을 만나느냐는 인생에 커다란 영향력을 미친다. 둘째는, 배우자다. 남자에게든 여자에게든 배우자가 끼치는 영향력은 상당하다. 셋째는, 직업 선택이다. 특히, 학교를 졸업하고 처음 선택한 직업은 우리가 평생 살아가는 데 매우 중요한 영향력을 미치며 인생 끝까지 따라다닌다. 처음에 무조건 크고 좋은 회사에 들어가야 한다는 말로 이해하지 않았으면 좋겠다. 사회에 첫발을 내디딜 때 만나는 공채는 일류 기업, 대기업에 들어갈 수 있느냐 없느냐 하는 단순한 과정이 아니다. 공채는 어느 기업이냐보다는 어느 직업, 어느 직무인가를 고민하고 도전하는 과정이다. 내가 선택하는 직업과 직무는 내가 하고 싶은 일, 내가 잘할 수 있는 일이었으면 한다. 더 솔직히 말하면, 돈 많이 주는 기업보다는 내가 정말 하고 싶었던 일을 알아보고 준비하고 도전하는 과정이었으면 좋겠다. 돈을 좇는 것보다 여러분이 하고 싶은 일에 헌신할 때 대가도 스스로 따라오는 법이다.

취업 준비,
저지르는 놈이
이긴다

여러 취업 준비생들을 만나면서 나는 학생들이 과한 '두려움'에 빠져 있는 것을 발견한다. 특히 취업을 앞둔 졸업생들은 더욱 심한데, 실패에 대한 두려움이 커 보인다. 주위의 선배나 취업 카페를 보면 한두 번의 실패가 아니라 수십 번의 실패를 경험했다고 하니 더그럴 만하다. 서류 심사 탈락, 필기시험 탈락, 면접 탈락은 자존심 상하는 일이다. 이 경험은 취업 준비생들의 자존감에도 심각한 영향을 끼친다.

한 기업의 공채는 보통 한 달이 넘게 진행된다. 서류 심사와 필기시험을 통과한 경우, 면접 단계에서 탈락하면 정말 허탈한 것이 사실이다. 마음을 다시 잡고 새로운 기업에 지원하기까지는 시간이 필요하다. 게다가 취업에 실패하거나 시간이 길어지면 가족과 친구들

앞에서 마음까지 괜히 불편해지고, 취업 기간이 길어지면서 두려움은 커지고 자신감은 더 없어진다. 이때쯤이면 누구나 어김없이 대학 시절의 자유로움이 그립고, 어학연수 시절의 좋았던 과거로 숨고 싶은 마음이다. '두려움 바이러스'로 왠지 위축되고 행동은 소극적으로 변한다.

나는 대학 4학년 말 제조업에 속한 대기업에 합격했지만, 연수 직전 신체검사에서 B형 간염 바이러스로 탈락하고 말았다. 당시에는 어쩔 수 없는 상황인지라, 처음에는 건강을 위해 몇 개월 쉬기로 했다. 하지만 얼마 지나지 않아 합격했'었'다는 마음의 면죄부는 온 데 간 데 사라지고 마음이 불안해졌다. 그러다 보니 일단 아무 데나 취직해서 남들과 같이 넥타이 매고 아침마다 출근해야겠다는 조바심이 커졌다. 절박함과 두려움은 물론이었다. 졸업한 학교에 가면 이방인 같은 느낌이 들었고, '대학 생활이 제일 좋았다.'는 의미 없는 미련만 커졌을 뿐이다. 소속이 없다는 것은 그만큼 힘들다.

두려움 바이러스를 떨쳐내라

취업에 대한 두려움의 바이러스가 지배할 때, 우리는 무엇을 어떻게 해야 할까? 나는 이 질문을 할 때면 한 신문사와 함께 '청년 백수 탈출기'를 진행하면서 만났던 한 사범대 출신의 취업 준비생이 떠오른다. 이 학생은 사범대 출신이었지만 온라인 게임 분야의 기획 업무를 하고 싶어 했다. 그는 적지 않은 시간 동안 인터넷과 게임 관련 교육과 세미나에 열성적으로 참여했다. 하지만 그는 곧 본인이 생각했던 과정과 환경이 다르다는 것을 알게 되면서 온라인 게임 업계 취업을 포기했다. 방향을 조금 바꿔 교육용 게임 개발자가 되기 위해 IT 기업에 도전하기도 했지만 아쉽게도 면접에서 실패했다. 결국 그는 전공으로 되돌아가 '교직'에 대한 열정을 키우면서 기간제 교사로 경험을 쌓고 있다. 어찌 보면 헛심을 쓴 것이지만, 그 학생은 미래 언젠가는 평소 관심을 뒀던 게임과 IT를 자신의 뜻대로 교육에 활용하는 사람이 되겠다고 새롭게 다짐하고 있다. 해보고 싶었던 게임 기획과 교육용 게임 개발자 길에 도전하고 실패한 것에 대해 다음과 같이 받아들인다. "다행인 것은 요즘 추세가 탈락이라는 거다. 탈락하는 건 흉 되는 일이 아니다. '나가수'의 김연우도, 이소라도 떨어진 마당에 '탈락'을 맛보는 것은 오히려 영광이 아닐까? 지나친 긍정도 좀 해봐야 하는 순간이 있다. 원래 시작이 좀 미약해야 나중에 결과가 더욱 빛나 보이는 거니까."라고 말하면서 새로운 꿈을 위해 다시 시작한다. 이 청년은 취업 과정에서 지속적으로 실패를 경험했다. 이 학생을 보면서 나는 안타까움보다는 대견함을 느꼈다. 아직도 해결해야 할 것들이 많이 남아 있지만, 계속 행동하고 결과에 주눅 들지 않고 당당하게 반응하는 이 젊은 청년에게는 취업의 두려움이 더는 장벽이 되지 않고 있다는 느낌이 들어서다. 실패와 미래의 불투명으로 두려움은 여전하다. 그러나 두려움 때문에 하고 싶었던 일을 주저하거나 생각만 하지 않고 계속 도전한다. 현재 할 수 있는 범위 안에서 지속적으로 행동하고 꿈을 조정한다. 이 청년처럼 취업을 준비하는 모든 학생들이 취업의 과정을 행복 찾기 과정으로 만들었으면 한다. 하고 싶은 것이 있다면 'To Do' 리스트에 올릴 수 있어야 하고, 실행할 수 있는 용기를 가져라. 두려움에 갇혀 있거나 고민만으로 시간을 흘리지 않았으면 좋겠다.

피겨 여왕 김연아 선수는 평창 올림픽 유치 결정 후 언론과의 인터뷰에서 "올림픽에 출전하는 것보다 더 부담되고 두려웠지만, 평창 프레젠테이션을 위해 발음 하나, 몸짓 하나에도 몇 번씩 연습했다."고 자신이 가졌던 '두려움'에 대해 말한 적이 있다. 두려움은 늘 존재했지만 김연아 선수는 본인이 할 수 있는 행동 하나 하나에 집중했다. 그것이 그녀가 두려움을 떨쳐낼 수 있었던 힘이었다.

몇 년 전 나 역시 간이 급격히 나빠지면서 아내로부터 간 70퍼센트를 기증받아 간이식 수술을 한 적이 있다. 매우 힘든 수술이었다. 수술에 대한 두려움이 몰려왔다. 하지만 살기 위해서는 수술을 피할 수 없는 상황에서 나는 내가 할 수 있는 것에 충실하는 수밖에 없었다. 간이식 수술이 어떤 수술인지, 성공 가능성과 후유증은 무엇이 있는지 알아보고 다양한 경험담을 얻고 내가 할 수 있는 대응이 무엇인지 정리해 나갔다. 부부가 입원한 만큼 간병인과 친지의 도움을 미리 구해놓고, 간이식 수술 병원마다의 특징과 비용은 어떤지도 알아봤다. 이런 과정을 거치다 보니, 막연한 걱정과 수술 실패의 두려움이 약해지기 시작했다. 주위 소문과 편견으로부터 자유로울 수 있었다. 두려움 자체가 소멸되지 않았지만, 나도 모르게 나의 마음은 담담해졌다. 물론 수술은 힘들고 아팠다. 하지만 그 아픔은 회복을 위한 과정이었고, 건강한 나를 위한 행복한 과정이었다.

우리나라 청소년들은 상대적으로 진학 공부에는 집중하지만, 진로를 탐색하는 시간은 턱없이 부족하다. 전공보다 점수에 맞춰 대학을 먼저 선택한다. 대학을 졸업하고도 직무에 대한 고민 없이 일단 괜찮은 기업 간판이면 만사 오케이다. 취업을 위해 자신을 분석하고, 희망하는 직무와 기업을 탐색하는 과정 없이 도서관에서 영어 공부에만 몰두한다. 하지만 이런 목적 없는 취업 준비는 설령 취업에 성공하더라도 오래 지속하기 어려울 뿐 아니라, 취업에 대한 두려움을 효과적으로 다스릴 수도 없다.

저지르는 '놈'이 무조건 이긴다

취업에 대한 두려움이든 막연한 미래에 대한 두려움이든, 이 모든 두려움의 원인은 '우리가 알지 못한다.'는 공통된 것에서 시작된다. 이 두려움은 여러 개의 작은 경험을 통해 알지 못하는 것을 최소화함으로써 극복할 수 있다. 우선 자신의 전공과 적성을 기반으로 내가 하고 싶어 하는 일이 무엇인지를 알고, 그와 관련된 분야를 다양한 방식으로 경험하는 것이 좋다. 겪어봐야 내게 맞는지, 내가 잘할 수 있는 것인지를 알 수 있다. '경험했는데 아니면 어떡하지?' 하는 걱정은 쓸데없는 걱정이다. 다시 강조하지만 취업 시장에서는 '저지르는 놈'을 '이길 놈'은 없다. '확신'보다는 '가능성'의 눈높이로 경험하자. 알고 지내는 선배 직장인들에게 '하고 있는 일에 확신'이 있는지 물어보면 쉽게 답이 나온다. 그들은 대부분 지금의 그들 모습이 결과라고 생각하지 않는다. '과정'이라고 생각한다. 여러 차례의 실패를 두려움으로 받아들이지 말고 그것이 나에게 최선을 위한 '과정'이라고 생각했으면 좋겠다. 진짜로 삶은 '과정'의 연속이다.

어차피 험난한 취업 환경 앞에 우리는 우왕좌왕하거나, 신세 한탄할 필요가 없다. 우리가 할 수 있는 최선의 행동, 우리가 통제할 수 있는 행동을 꿋꿋하게 실천하면 된다. 여러 번의 실패, 자신감 상실, 두려움 때문에 지레 겁먹고 포기하지 말자. 그럴 거면 이 책을 접고 지금 당장 포기해라. 아픔은 참아야만 할 때가 있다. 누군가 말했다. "하늘은 운이 없는 사람을 세상에 내놓지 않는다." 또한 한 인사 담당자가 내게 말했다. "구직자가 모자라기보다는 단지 이 시점에 우리 기업과 맞지 않아서 채용하지 않을 뿐이다." 취업 과정에 실패와 아픔이 있을지라도 꿈을 위해 포기하지 않고 계속 도전하는 후배들이 되길 응원한다. 진심으로.

잘할 수 있는
일을 해야
밥 먹고 산다

취업 컨설팅을 위해 신문 기자와 한 대학생을 함께 인터뷰했다. 학생에게 "취업 준비에 어떤 어려움이 있는지요?"라고 물었다. 그 학생은 "내가 정말 잘할 수 있고, 하고 싶은 일을 찾고 나서 취업 준비를 하고 싶습니다. 그런데 내가 하고 싶고, 잘할 수 있는 것이 무엇인지 몰라 어렵습니다."라고 말했다. 나는 옆에 있던 신문 기자에게 "기자님은 지금 하시는 일이 하고 싶은 일이었고, 정말 잘할 수 있는 일이라고 생각하는지요?"라고 물었다. 그 기자는 "하고 싶어서 시작했는데, 더 해봐야 알 것 같습니다. 경험하면서 몰랐던 내용을 알아가는 과정입니다."라고 말했다. 기자와 대학생의 대답은 다 일리가 있다. 취업 준비를 한다는 것은 목표 업무와 기업이 설정되어야 가능하다. 목표 업무와 기업을 정한다는 것은 하고 싶은 일, 잘할 수 있는 일이 있어야 탄력이 생긴다. 기자의 답변에는 중요한 의미가 들어 있다. 일단 목표를 정해서 취업을 준비하고 시작했지만, 거기서 끝이 아니라 지속적으로 내가 잘하고, 하고 싶은 일인지는 더 탐색해야 알 수 있을 것 같다는 의미다. 그 과정에서 자신에게 더 어울리는 일을 찾아 꿈이 조정되고 바뀔 수도 있다. 더불어 내가 정말 원했던 것이 무엇인지 나중에야 알게 되는 경우도 있다. 하지만 일단 시작해서 경험하지 않으면 확인할 수 없다는 것은 진리다. 여기서 경험은 무엇인가? 분야의 지식, 취업 선배의 경험담, 아르바이트, 인턴 경험, 입사하고 싶은 기업의 상품 구매, 영업점 방문 등이 있을 수 있다. 이것을 통해서도 잘 모를 때에는 그 분야의 직무에서 최소 3년간 그 일을 해봐야 한다. 몸에 물을 조금 적시는 것이 아니라, 몸 전체를 물속 깊은 곳으로 던져봐야 한다. 그래야 더욱 잘 알 수 있다. 더 잘 알면 다음의 길이 보이기 마련이다.

잘할 수 있고, 하고 싶은 일을 찾아라

우선 잘할 수 있는 일과 하고 싶은 일을 정리해 보자. 영상 촬영 및 편집 업무 직원을 채용하는 데, '영상학과를 졸업하고, 영상 편집 아르바이트를 했었던 사람과 경영학을 전공했지만 카메라 촬영을 좋아해서 촬영 및 편집 업무를 너무나 하고 싶은 사람'이 있다면 기업은 누구를 채용할까? 기업 입장에서는 업무를 잘할 수 있는 사람을 채용하는 것이 당연한 논리다. 그 일을 하고 싶은 사람보다는 잘할 수 있는 사람 말이다. 이처럼 직업을 선택할 때, 잘할 수 있는 일이어야 취업이 빨리된다. 기업은 필요한 노동력을 얻는 대신 임금을 지급한다. 노동력의 가치만큼 월급이 결정된다. 노동력의 가치는 잘할 수 있는 것으로 매겨지기 때문이다. 세상은 잘할 수 있는 것을 해야 먹고 살 수 있다. 불행히도 자본주의 사회의 현실이다. 우리나라가 IMF 구제 금융을 받은 이후로 기업은 신입사원보다 경력직 채용에 힘썼다. 과거 호황기에는 '잘 모르고 경험은 없지만 밤을 새서라도 해보고 싶다.'라고 하면 채용이 가능한 사회적 분위기였다. 하지만 지금은 최선을 다하는 사람보다 잘하는 사람을 뽑는다. 지금 시대에 '경험 없고, 지식은 없지만 한 번 일해보고 싶다.'고 하면, 서류에서 바로 탈락이다. 지원하는 일을 알고, 경험했고, 잘할 수 있는 어떤 준비가 되어 있다고 해야 채용한다. 취업은 하고 싶은 의지보다 잘할 수 있느냐 없느냐로 판단된다. 이력서와 자기소개서 그리고 면접에서의 검증은 지원자가 잘할 수 있음을 설명하고 증명하는 과정이다. 혹시, 이미 직업을 가지고 있는 사람이 정말 하고 싶은 일이 있는데 잘할 수 없다면, 기존 일을 하면서 잘할 수 있도록 노력하고 준비해야 지혜로운 행동이다. 그리고 때를 기다리다가 밥벌이 할 수 있는 수준까지 올라오면 하고 싶은 일에 올인하면 된다.

　기업은 잘할 수 있는 사람을 원한다고 이미 말했다. 구직자 입장에서 잘할 수 있는 것은 어떻게 알 수 있을까? 간단하게는 나를 잘 아는 사람이 발견해 줄 수 있다. 부모, 친구, 동아리 선후배에게 물어보자. 개인 신상 정보에 '특기'란은 내가 잘할 수 있는 일과 연관되어 있다. 나의 특기는 직무에 강점이 될 수 있는 항목이다. 한편으로는 적성 검사가 잘할 수 있는 것을 발견하는 도구이다. 적성 검사를 통해 내가 가지고 있는 능력, 그에 기초한 직업과 직무가 무엇인지 확인하는 것은 취업 준비의 시작이다. 상당히 많은 기업들은 직무와 적성 검사 간의 관계를 보고 선발하는 이유이기도 한다.

그러면 다른 각도에서 생각해 보자. 잘할 수 있는 일을 해야 행복할까? 의사 직업이 어떤 사람에겐 행복하지 않을 수 있다. 일을 하고 있지만, 행복을 못 느낀다. 홀랜드 성격 이론(Holland's Personality Theory)에서 말하는 직업 흥미가 낮아서 그럴 수 있다. 흥미는 쉽게 표현하면 '가슴이 뛰는 일'이다. 누구에게나 심장이 뛰는 일이 있다. 흥미가 높다는 것은 그 일을 생각하면 가슴이 뛴다는 것과 같다. 기업 입장에서 '잘할 수 있는 것'이 직원 채용의 기준이지만, 개인 입장에서는 '잘할 수 있는 것'보다는 '하고 싶은 것'이 더 중요하다. 하고 싶은 것을 해야 행복하기 때문이다. 하고 싶은 것이 있어야 스스로 밤을 새워 일을 하고, 잘할 수 있도록 노력한다. 또한 놀라운 속도로 '잘할 수 있는 사람'이 될 가능성이 높다. 반면, 하고 싶은 일을 하지 못할 때 직장 생활도 달라진다. 처음 직장에 들어갈 때의 마음과는 다르게 점차 시키는 일만 하고, 월급 받는 데에 필요한 일만 하게 되고, 출퇴근 시간에 얽매이게 된다. 행복한 직업이 아니라, 그냥 먹고 살기 위해 직장에 다닌다. '그게 인생이야….'라고 자위한다.

'세상에 별거 있어? 다 똑같아…' 하며 처세에 익숙해진다. 이것은 하고 싶은 일보다는 연봉이나 회사 이름만 보고 취업하는 실수를 범하는 것과 같다.

'묻지 마' 취업은 불행한 인생의 시작이다

직장 생활에서 '사람들과의 관계' 문제 때문에 많이 힘들어하고, 그 이유 때문에 직장을 옮기는 경우를 쉽게 볼 수 있다. 또 하나는 '능력이 모자람을 느끼면서' 힘들어하는 직장인들도 많다. 나 역시 일반 기업과 벤처 창업 시절을 포함해 19년째 직장 생활을 했지만, '능력 부족'을 수시로 느낀다. 한 가지 재미있는 것은 일을 잘하고 있는 사람들일수록 더 느낀다. '능력 부족'을 느낄 때 더 많은 공부를 하고, 자기계발에 대한 목마름도 강하다. 직장 생활에서 어려움을 발견할 때, '이 일이 내가 하고 싶은 일'이었던가를 물어보면서 풀었으면 한다. 그래야, 내가 하고 싶은 일이었기에 그 어려움과 고난을 감내할 수 있는 힘이 생긴다. 내가 하고 싶은 일이었다면 그 부족함에 기죽거나 포기하지 않을 수 있다. 세상의 모든 일은 포기하지 않은 것으로부터 시작해 혁신과 성과가 나온다. 직장 생활에서 오는 어려움을 이기는 힘은 부모님, 배우자, 자식 때문이 아니라 내가 하고 싶었던 꿈에서 시작된다. 내가 아니라 주위 사람들 때문에 이겨내야 한다면, 내 속에 있는 마음은 병들게 된다. 취업, 일, 직업은 내가 행복해야 내 주변도 행복할 수 있다.

취업은 인생의 작지 않은 갈림길이다. '하고 싶은 일'로 시작해 '잘할 수 있는 일'로 갈 때 행복에 가까워질 수 있다. 하고 싶은 일에 도전해야 살맛도 난다. 강조하건대, 하고 싶다면 금전적 보상이 낮더라도 그 일을 시작하는 것이 좋다. 먹고 사는 문제, 결혼, 사회적 시선과 위치 때문에 불행의 씨앗을 뿌리지 않았으면 좋겠다. 취업을 준비하면서 하고 싶은 일에 관한 고민을 놓지 않길 바란다. 어찌 보면 이 책에서 이 부분이 가장 중요하다. 또한 첫 직장에 들어가면서 그 고민을 골방에 넣어두지 말고 드러냈으면 좋겠다. 하고 싶은 일에 관한 갈증은 생이 마감될 때까지 놓지 말아야 한다. 80 평생을 살아도 무엇을 잘할 수 있고, 무엇을 원하는지 모르는 사람들이 많다. 내가 왜 태어났고, 삶의 목적이 무엇인지 확실히 알고 있는 사람도 없다. 단지, 근접한 결정을 내리고 경험하면서 주파수를 계속 맞춰 가자. 지금으로서는 가장 잘할 수 있는 일들에 대해 찾고 망설임 없이 도전하는 것 외에는 답이 없다. 찾고 도전하자. 그게 성공한 인생의 지름길이다.

멍 때리지 말고, 구체적으로 하라

내가 대학을 졸업하던 시기에는 일단 눈에 보이는 채용공고에는 무조건 지원하고 보는 것이 유행(?)이었다. 나는 유통업, 금융업, 제조업에 지원했는데, 웃기는 건 지원 직무는 기억이 없다는 것이다. 그러다가 결국 IT 분야의 영업 마케팅 업무를 배우면서 사회생활을 시작했다. 나는 우습게도 나의 진로를 '멍 때리다'가 운명에 맡겼다. 나를 받아준 업종과 직무에 말이다. 슬프게도, 최근 취업 컨설팅으로 만난 학생들의 구직 행태도 나와 크게 다르지 않다. 사랑에 빠진 이성 한 명에게 집중하는 것과 '얼추' 사랑할 수 있는 이성 여러 명 중 한 명만 걸려라, 하는 것에는 마음가짐에서 큰 차이가 존재한다. 여러 곳에 쳐놓은 그물에 걸리기도 하지만, 설사 걸리더라도 오래가기 어렵다. 그 이성만의 독특한 취향과 인생관 등에 구체적으로 대응하기 어렵다. 취업도 마찬가지다. 일단 찜한 기업만의 독특한 취향과 기업 철학에 대한 구체적인 준비가 필요하다.

희망 직무와 업종을 좁혀라

취업 준비를 구체적으로 한다는 의미는 무엇일까? 두 가지 측면으로 살펴보자.

하나는 희망하는 기업 분야와 희망 직무를 가능한 한 좁히고, 그 안에 있는 목표 기업을 결정해서 준비하는 것이다. 공무원 시험 준비 학생들을 제외하고 대부분의 대학생들의 목표는 대기업이다. "삼성그룹, 엘지그룹이 목표입니다."라고 말한다. 아니면, "어디라도 취업했으면 합니다."라고 말하는 예도 있다. 고등학교에서 대학교 진학할 때, "명문대가 목표입니다." "꼭 서울대 가고 싶어요." "일단 대학교만 들어가면 좋겠습니다."라고 말하는 것과 같은 맥락이다. 진로 고민 없이 진학 지도에 몰입한 고등교육의 단면이다. 점차 진학지도의 방법에도 전공 중심의 진학 지도를 시작하고 있다. 취업 시장에도 직무 중심의 취업 준비가 대세로 자리 잡고 있다. 이것은 기업 채용 방식이 기업통합 채용에서 '직무 중심의 채용'으로 변화하고 있기 때문이다.

여기서 직무, 업종을 이해할 필요가 있다. 직무란 기업에서 필요한 업무 단위로 이해할 수 있다. 즉, 경영기획, 재무, 인사, 총무, 생산, 연구, 영업, 마케팅, 무역, IT, 설계, 토목, 생산, 소프트웨어 개발, 설계, 디자인 등의 업무이다. 직무 개념보다 큰 분류로 직군, 직종이 있다. 직장 생활은 하나의 직무 단위에서 시작한다. 하나의 직무 전문가가 되기 위해서는 5~10년의 세월이 필요하다. 한 직무 분야의 스페셜리스트로 자리매김할 것인지, 여러 분야를 경험하는 제너럴리스트가 될 것인지는 개인의 경력 로드맵에서 중요한 기준이 될 수 있다. 여기서 설명한 직무는 기업의 업종에 따라 업무 내용이 많이 달라지기도 한다. 영업이라는 직무를 생각해 보자. 전자제품을 만드는 회사(제조업종)의 영업과 전자제품을 유통하는 회사(유통업종)의 영업 내용은 다르다. 상품 기획과 판매에 관여하는 MD(merchandiser) 또한 온라인 MD냐 오프라인 MD냐에 따라 업무 방식이 다를 수 있다. 직무가 기업의 분야(업종)에 따라 달라진다는 것은 같은 직무라도 구직자가 준비해야 할 지식과 적성 그리고 역량이 다를 수 있다는 이야기다. 즉, 어느 기업 분야(업종)의 영업인가에 따라 취업 준비 내용이 달라져야 함을 의미한다. 그 이유는 기업이 지원자의 공통 역량과 더불어 지원 직무에 적합한 역량을 함께 평가하고 있기 때문이다. 이처럼 변화된 환경에서 취업을 준비할 때, 희망 직무로부터 기업 분야(업종)와 희망 기업을 정하는 것이 구체적인 취업 준비다. 그래서 구직자들은 "취업 준비하고 있어요."라고 말할 때, "어떤 분야에서 무슨 직무를 하고 싶고, 목표하고 있는 기업은 어떤 기업들입니다." 라고 말할 수 있어야 한다. 희망 업무와 기업 분야(업종)가 정해지면, 그 분야에 속한 기업을 확인해야 한다. 대기업, 공기업, 중견기업, 외국계 기업, 중소기업을 포함한 기업 리스트를 만들자. 기업 리스트에서 목표 기업들을 정하고, 목표로 둔 기업과 세부 업무에 대해 조사하는 과정이 순서다. 그래야 기업을 이해하고 업무에 필요한 지식과 능력이 어떤 것인지 알 수 있기에 취업 준비에도 효과적이다. 희망 직무와 업종에 속한 대기업 공채에 지원했지만 탈락했을 때, 다른 업종과 직무의 대기업에 도전하거나 대기업 취업 재수보다는 같은 직무 영역에 있는 중견기업 및 중소기업의 공채에 지원하여 하루라도 빨리 직무 역량을 쌓는 것이 현명한 방식이다.

또 한편으로는 직무를 먼저 정하지 않고 희망하는 기업 분야, 즉 업종을 먼저 정하고 준비하는 경우도 있다. 예를 들어, 전문 영역에 속한 이공계열이나 인터넷, 금융, 바이오 분야처럼 말이다. 전공과 밀접한 분야나 특별한 관심 영역이 있을 경우에 그럴 수 있다. 이럴 경우에는 그 분야의 직무와 국내외 기업을 조사하면서 구체적으로 준비할 수 있다.

상담을 통해 한 남학생의 취업 준비를 도운 적이 있다. 취업을 준비하고 있던 그 남학생은 외국 마케팅 직무를 하고자 했다. 이유는 '영어에 자신 있다.'는 것 외에는 아무것도 없었다. 그래서 직업 흥미도와 적성 검사를 해보니 해외 마케팅 직무와 연관도가 있었다. 그후, 어느 기업 분야(업종)에서의 '해외 마케팅'인지 정하도록 했다. 그학생은 자동차 관련 분야로 정했다. 희망 직무와 업종을 정한 후 국내외 대기업 및 중소기업에 속한 자동차 완성 및 부품 관련 기업 리스트를 조사하고, 조사된 기업에서 해외 마케팅 관련 부서들이 있는 기업을 추렸다. 대한상공회의소 코참비즈(www.korchambiz.net)와 같은 기업 정보 소개 사이트를 활용했다. 이 단계에서 그 분야 기업의 해외 마케팅 업무 내용과 그 일을 잘하기 위한 역량은 무엇인지 조사하도록 했다. 정보 획득에 한계가 보여, 그 일을 하고 있는 '취업 선배'를 찾아 직접 묻고 듣도록 했다. 취업 선배와의 만남을 통해 자료만 가지고 느낄 수 없었던 직무 분위기와 업계 상황을 알 수 있는 기회를 가졌다. 또한 그 기업의 '인턴' 계획을 알게 되었다. 이 학생은 인턴 경험과 집중적인 조사를 통해 해외 마케팅 직무에 필요한 역량(영어 점수보다 실제 회화와 작문 능력, 무역 관련 지식 커뮤니티 활동 등)들을 확인하고 준비하기 시작했다. 또한 목표 기업들의 채용 시점, 채용 단계 및 면접 방식을 확인할 수 있었다. 그러다 보니, 평소에는 대수롭지 않게 보았던 목표 기업들과 자동차 업종 관련 뉴스를 꼼꼼하게 확인하고 스크랩하는 습관이 생겼다. 자신도 모르게 자동차 업계 트렌드를 이해했고, 점차 자신의 언어로 표현할 수 있게 되었다. 막연하게 출발했지만, 구체적 취업 준비로 바뀌는 사례였다.

또 다른 구체적인 취업 준비는 정한 목표에 대해 깊이 있게 접근하는 것이다. 입사지원을 위한 자기소개서와 면접에서 기업과 직무에 관한 이해 정도는 당락에 영향을 준다. 기업이 속한 업계의 흐름과 기업의 세부 전략을 이해할 뿐만 아니라 직무에 따른 포부를 가지고 있어야 한다. 기업 정보를 단지 홈페이지와 신문 뉴스 등을 통해 얻는 것으로는 부족하다. 그 기업의 내부 정보가 들어 있는 사보를 구해 정보를 획득하거나 영업점을 방문하고, 상품 구매 경험을 통해 정보를 획득하는 노력이 필요하다.

유가증권이 있는 기업들의 공시정보를 가지고 있는 금융감독원의 전자공시시스템(http://dart.fss.or.kr)을 통해 매출 추이와 사업 계획을 파악할 수 있다. 이 정도의 노력은 과거 경력직 지원할 때나 살펴야 했던 정보인데 이제는 신입 공채를 준비하는 과정에도 필요한 정보가 되었다. 이제 취업 준비는 도서관에서 외국어나 전공 공부만 하는 단계에서 지원하는 기업의 정보와 상품을 직접 알아보고 체험하는, 몸으로 취업 준비하는 시대가 되었다.

취업에 유용한 성격·심리 검사 도구

많은 학생들을 상담해 왔지만, 앞에서 설명한 두 가지 방식으로 취업 준비하는 학생들은 솔직히 100명 중 1명꼴에 불과하다. 취업 준비생들이 이렇게 준비하지 못하는 까닭은 스스로 목표를 좁히지 못하고 취업 준비를 책상에서만 하는 것으로 알고 있기도 하지만, 다른 한편으로는 망설임 탓이 크다. 하고 싶은 일이 너무나 많고, 자신이 무엇을 잘할 수 있는지, 어떤 것에 관심이 있는지도 잘 모르는 탓이 크다. 또한 직업에 관한 사회적 인식, 유망 직업, 연봉, 부모의 기대 등 고려해야 할 요소가 너무 많다. 망설임의 문제는 어떻게 해결해야 할까? 우선, 성격과 심리검사를 통해 직업에 관한 관심과 흥미

정도를 확인할 필요가 있다. 이것에 유용한 도구는 애니어그램, 스트롱, 홀랜드, MBTI, 다중지능검사 등이다. 이런 도구와 전공을 고려해 희망 업무를 결정하는 것이 좋다. 사회적으로 성공했다고 하는 사람들은 "좋아하고 잘할 수 있는 일을 포기하지 않다 보니, 여기까지 왔다."고 말한다. 이것은 진실이다. 우리가 먼저 배워야 할 것은 과감하게 시작하고, 한두 번의 실패에 좌절하거나 중단하지 않는 것이다. 미래를 예견하며 모든 조건을 고려해서 할 수 있는 일은 없다. 고민과 생각에 그쳐 어떤 것에도 도전하지 못하는 것은 명백히 자기손해다. 원했던 직무와 분야가 있다면 작은 기업에서라도 빨리 경험하는 것이 훨씬 좋은 전략이다. 취업은, 더 나아가 인생의 성공은 포기하지 않는 자에게 있음을 믿어라.

기업은 숫자가 있는 열정을 원한다

인크루트에서 조사한 기업 설문에 따르면, 인사 담당자의 72퍼센트는 스펙(Specification)보다 열정을 더 중요하게 생각한다고 한다. 이른바 스펙이 조금 모자라도 열정을 발견하면 채용하겠다는 뜻이다. 기업에서 말하는 '스펙보다 중요한 열정'은 무엇일까? 여기서 생각해야 할 것은 한겨울 해변에서 상의를 벗고 찬 바닷물에 뛰어드는 식의 열정은 아니라는 점이다. 그러면 기업 인사 담당자들이 대답한 내용을 좀 더 살펴보자.

스펙보다 중요한 열정

대부분의 인사 담당자는 지원자의 열정을 '지원 업계의 시장 상황, 지원 기업의 전략 등에 대해 샅샅이 알고 있는 지원자'라고 힘주어

말한다. 만약 지원하는 기업이 건설 업종에 속해 있다면, 건설업의 국내외 경쟁 상황과 시장 점유율을 이해하고 지원 기업의 전략을 말할 수 있는 지원자에게 열정을 느낀다고 한다. 시장 전략을 말할 때, "고객 중심적이고", "창의적 시장 개척"과 "글로벌을 지향하고"와 같은 멋지지만 알맹이는 없는 단어들만 말한다면 뒤는 볼 것도 없다. 지원자는 실제적인 비즈니스 차원에서 사례를 들어 설명해야 감동을 줄 수 있다. 예를 들어 건설회사에 지원했다면, "최고를 위한 최고의 아파트로 고객 가치 창출의 새로운 기준을 제시하고, 감성 중심의 주거 공간, 미래지향적 주거문화를 창출하는 브랜드 전략이 있는 H건설은…"이라고 하는 것보다 "용인, 광교 등 신도시에 세계적으로 인정받는 미국 KMD, 홍콩 LWK 등과 협력하여 차별화된 고품격 외관을 선보였고, 세계적인 색채 디자이너와 협력해 '통합 색채 디자인'도 개발했다. 더불어 쿡인쿡아웃(Cook In Cook Out) 주방 평면 서비스표 출원 등 20개의 디자인권을 등록한 H건설은…"이라고 표현하는 것이 더 효과적이다. 뻔한 단어 나열보다는 그 기업의 실제 사례에 대한 이해를 바탕으로 거론해야 한다. 어제 만났던 사람에게 "와, 오늘 의상 무척 멋집니다."라고 하는 것과 "와, 어제 맸던 넥타이는 열정적이었는데, 오늘 한 푸른색 넥타이는 편안하고 세련됐네요."라고 말하는 것은 다르다. 전자는 의례적으로 하는 말이고, 후자는 관심과 관찰이 있어야 가능한 말이다. 이처럼 사례를 가지고 설명하는 방식은 기업의 마음을 움직일 수 있다. 당신이 CEO라고 생각하고 면접장에서 구직자들에게 "우리 기업에 대한 열정을 보여 주세요."라고 질문한 상황을 가정해 보자. 한 구직자는 "넥타이를 풀어 머리에 매고, 살아서도! 죽어서도! A기업의 머슴과 혼이 되겠습니다!"라고 구호를 힘껏 외치고 앉는다. 옆에 있던 다른 구직자는 "A기업이 처음 시작한 제품이 무엇이고, 어떤 측면에 고객에게 호소했고, 지금의 국내 경쟁 구도와 글로벌 전략을 말하면서 지원한 직무를 통해 회사에 기여하겠다."라고 말한다고 치자. 두 사람 모두 나름의 방식으로 열정을 보여주었다. 당신이 CEO라면, 두 사람 중 누구의 열정을 선택할 것인가?

두 번째로 많이 선택하는 지원자는 기업이 고민하는 문제를 파악하고 나름대로 아이디어를 담아 자기소개서 및 면접에서 피력하는 유형이다. 신입 공채에 지원하는 구직자에게는 좀 어려운 내용일 수 있지만, 묻지 마 지원이 난무하는 시대에 회사에 필요한 인재를 발굴할 수 있는 항목이다. 구직자 입장에서는 기업의 경비 절감, 가격 정책, 신상품 전략, 기술 개발, 고객 서비스 방안과 같은 측면으로 고민해 보면 좋다. 자신이 지원한 업무 범위에서 나름의 아이디어를 내는 것이 좋다. 사실이 다소 틀리거나 황당해 하는 것을 두려워할 필요는 없다. 지원자의 관심 자체가 더 중요하니 말이다.

기업의 '고민'을 '고민'하라

언젠가 '웹 기획자' 채용을 위한 방송 프로그램에 참여한 적이 있었다. 인터넷 기업에 입사하기 위해 많은 지원자가 몰렸는데, 서류 심사를 거친 8명의 지원자가 방송에 나와 다양한 질문, 장기자랑, PT를 하는 것이 심사 과정이었다. 그중에는 열심히 준비한 댄스를 보여주기도 하고, PT 자료 자체를 멋지게 만들었던 지원자도 있었다. 그런데 한 지원자가 눈에 띄었다. 장기자랑은 물론 복장과 외모도 평범하기 이를 데 없는 청년이었다. 게다가 PT 자료 구성과 디자인이 멋지거나 화려하지도 않았다. 그런데 그 지원자의 PT 자료 안에는 지원한 기업에서 고민하는 비즈니스 모델에 관한 정확한 이해가 있었다. 그뿐만 아니라 자기 나름의 방향에 대한 깊은 고민이 담겨 있었다. 해결책이 탁월하지는 못했지만, 면접관들의 마음은 이미 움직였다. 물론 최종 합격자는 기업의 비즈니스 모델을 정확히 짚어내고 나름의 방향을 제시했던 지원자였다. 이처럼 기업의 입장에서 생각하고 말할 수 있는 지원자는 기업의 마음을 뺏을 수 있다.

인사 담당자들이 가장 중요하게 생각한 위 두 가지를 해석하면, 열정은 '지원 기업에 대한 관심'과 명백히 연관되는 것이 유리하다. 위내용은 기업에 관한 관심이 높아야 준비할 수 있는 내용들이다. 하루 이틀 사이에 알 수 있는 것도 아니다. 지원하고 싶은 회사에 평소에 관심을 가져야만 뉴스나 트렌드를 파악하게 되며, 세부적인 비즈니스 항목도 분석할 수 있게 된다. 기업은 아무리 뛰어난 인재도 절실하지 않은 지원자를 원하지 않는다. 기업은 자사에 관심이 많고, 오고 싶어 하는 구직자, 또한 오래 근무할 수 있는 구직자'를 원한다.

자기소개서나 면접 시 반드시 나오는 '지원 동기'에 대한 질문은 바로 이런 이유 때문이다. 신입 직원에게 기업 비전과 뾰족한 해결책을 원하는 기업은 없다. 단지, 자기 기업에 대해 관심이 있느냐에 집중한다. 기업 홈페이지는 물론 제품이나 서비스가 무엇인지도 모르는 사람이라면 일단 취업은 접자.

인사 담당자가 지원자의 열정을 발견하는 세 번째는 '동종 업계에서 현장 경험을 쌓은 지원자', '지원 직무와 관련된 공모전, 아르바이트 경험을 쌓은 지원자'이다. 이런 지원자는 서류 심사나 면접 평가에서, 당연한 말이지만 상대적 가산점을 획득한다. 일관되고 목적 있게 취업 준비를 한 인상을 기업에 주기 때문이다. 어디에서든 경험은 무기다. 짧은 아르바이트라도 희망하는 업무 분야나 기업과 연관성 있다면, 그것은 스펙이 될 수 있다.

마지막으로 '직무와 관련 있는 커뮤니티, 학회, 프로젝트 경험이 있는 지원자' 역시 열정이 있다고 판단한다. 직무에 관련된 경험이 없다면, 직무와 관련된 지식이라도 있어야 한다. 대학 시절에 했었던 학회, 동아리, 전공 공부, 공모전, 수업의 각종 프로젝트들은 취업 준비에 귀중한 자산이 된다는 것을 명심하자.

지금까지 기업이 생각하는 '열정'을 살펴보았다. 우리가 생각했던 '열정'과 비슷한가? 공채에 성공하려면 자기소개서나 면접 과정에서 지금까지 말한 조건으로 자신의 열정을 표현해야 한다. 기업에 지원할 때, 내가 지원한 기업에 대해 얼마나 알고 있는지, 지원한 직무와 관련된 경험이 무엇이었는지를 표현하는 것은 더할 나위 없는 중요한 기술이다. 물론 이렇게 준비하려면, 타깃을 최대한 좁혀라. 기업 분야(업종)와 업무 분야를 가능한 한 좁혀야 한다. 그래도 관련 기업 수는 많다. 한꺼번에 나온 여러 업종의 공채 정보에 중심이 흔들려서는 곤란하다. 두꺼운 방패를 뚫을 수 있는 비결은 화살 끝에 집중하는 것이다. 많은 화살을 준비하는 노력보다는 화살의 끝을 단단하게 하는 전략이 필요하다. 단단한 화살은 제아무리 두껍고 단단한 방패라도 끝내 꿰뚫을 수 있다.

C학점짜리
스펙에
좌절하지 마라

혹시, 당신의 스펙이 떨어진다고 생각하는가? 그러면 취업에 솔직히 불리한 것은 맞다. 그런데 타임머신을 타고 지난 과거를 뒤바꿀 수도 없는 노릇이고, 극복이 안 되는 것도 아니다. 어느 순간부터 스펙 쌓기는 취업 준비와 같은 말이 되었다. 취업 시장이 어려워지면서 스펙 쌓기에 몰입하는 세상이 되었다. 스펙은 일반적으로 전공, 학점, 학교, 어학 점수, 경력 및 사회 활동, 자격증 등이다. 일반적으로 스펙이 낮거나 없어서 고민하는 취업 준비생들이 많다. 그러나 실제 여러 기업의 최종 합격자를 분석해 보면, 이른바 '스펙이 좋은 학생'과 '스펙이 평범한 학생'이 섞여 있다. 이것은 '분명한' 사실이다. 마찬가지로 탈락자 역시 '스펙이 좋은 학생'과 '스펙이 평범하거나 나쁜 학생'이 함께 있다. 이 말이 뜻하는 것은 뭘까? 우리가 일반적으로 알고 있는 스펙과 채용 현장에서 보는 스펙의 개념에 분명한 간극이 있다는 것이다. 그럼 기업이 원하는 스펙은 대체 무엇인지 살펴보자.

기업이 원하는 스펙은 최소한의 조건이다

과거에는 어느 학교인지, 4년제 대학교인지, 대학원을 나왔는지가 큰 영향을 주었다. 대졸이라는 학력 자체가 중요했다. 지금도 대졸 중에서 A대학이냐 B대학이냐에 따라 서류 심사에서 차등적인 점수를 부여하는 대기업은 여전히 존재한다. 그러나 최근 여러 기업에서는 대학교 수준과 학력 수준을 공식 평가에서 제외하고 있다. 또는 대학은 등급을 매겨 차등 평가하지만 다른 심사 항목(학점, 영어, 인턴, 자기소개서 등) 대비해 비중이 낮아지는 추세다. 일반 기업에서도 암묵적으로 특정 학교를 선호할 수는 있다. 그러나 많은 대기업의 최종 합격자 출신 학교를 분석해 보면 매우 다양한 대학 출신자들이 뒤섞여 있다. 이유는 서류 심사 단계에서 스펙을 참고하지만 최종 선발 단계인 면접에서는 조직 적응력과 같은 정성적인 항목 즉, 다른 평가 기준을 가지고 결정하기 때문이다. 신입 공채 지원자 중에는 스펙이 너무 높아 오히려 탈락하는 경우도 있다. 기업은 '함께 어울려 일할 수 있는 인재' 선발에 큰 비중을 두기 때문에 아무리 똑똑해도 함께 어울리지 못하는 인재라면 채용하지 않는다.

최근 중요한 변화 중 하나는 스펙에 해당하는 항목을 아예 받지 않고 자기소개서만 받거나, 스펙에 해당하는 항목을 받더라도 자기소개서 중심으로 심사하는 기업이 생기고 있다는 점이다. 스펙은 상향 평준화되었지만 스펙과 업무 성과 간의 상관성이 약하기 때문이다. 토익 점수가 높은 것으로 영어 실력이 좋다고 단정하기 어렵고, 학점이 높다고 일 잘하는 것도 아니다. 기업은 스펙으로 확인할 수 없는 지원자의 잠재 능력을 보고 싶어 한다. 채용 시 기업 인사 담당자들은 "비슷한 스펙으로 인재를 구별할 방법이 마땅치 않다."고 푸념하기도 한다. 기업은 지속적으로 스펙보다 더 중요한 변별 도구를 계속해서 찾고 있다. 그런 과정에서 인·적성 검사 도구가 더 정교해졌고, 영어 점수보다는 영어 토론 면접을 실시하고, 단순히 단체 면접에서 그치는 것이 아니라 역량 면접, PT 면접, 토론 면접, 합숙 면접 등을 동시에 실시하고 있다. 더 나아가 일시적인 평가 방식을 벗어나 2~6개월의 인턴 과정을 통해 지원자의 잠재적 능력, 자세, 커뮤니케이션, 인성 등을 확인하는 채용 수단으로 확대하고 있다.

스펙을 보기는 하지만, 스펙으로 결정하지 않는다

많은 학생들이 원하는 대기업의 최종 합격자 스펙을 분석해 보면 흥미롭다. 학점도 좋고, 영어 점수도 높고, 자격증이 많다고 반드시 합격을 보장하지 않는다. 학점 기준으로 최종 합격자를 분석해 보면 4.5점 만점에 3.0에서 4.5점 사이에 다양하게 분포하고 있음을 볼 수 있다. 영어 점수 또한 토익 기준으로 750점에서 990점까지 골고루 분포한다. 자격증도 관련된 자격증을 많이 가지고 있는 지원자부터 자격증을 단 하나도 가지지 못한 경우도 있다. 또한 비슷한 수준의 대학 졸업 예정이고, 거의 같은 수준의 스펙임에도 한 지원자는 합격하고, 다른 지원자는 탈락하는 모습을 흔히 볼 수 있다. 이런 결과는 스펙이 합격을 보장하는 열쇠가 아님을 의미한다. 생각보다 많은 인사 담당자가 "스펙을 보기는 하지만, 스펙으로 결정하지 않는다."는 말을 자주 한다. 인사 담당자들의 말과 실제 대기업 최종 합격자들의 스펙 분석 결과를 토대로 해석한다면, '스펙은 지원자가 보여 줄 수 있는 기본'이라는 의미가 강하다. 금융권에 최종 합격한 지원자의 스펙은 이렇다.

전공은 건축공학, 학점 3.61, 토익 845점, 자격증은 자산관리사 취득, 대학 시절 서비스 업체에서 아르바이트 경험이 있다. 은행권 합격자에 경영학 관련 전공자들이 많지만 이 지원자는 건축공학 전공에도 불구하고 금융권 관련 자격증을 취득해 금융권 입사 의지를 보여줬고, 서비스 분야에서 아르바이트 경험(금융권도 서비스 분야)을 가지고 있다. 학점은 출중하지 않지만, 평균 수준은 보였다. 영어 점수 또한 중간 수준이다. 기본은 해야 한다는 말이다. 인사 담당자에게 최종 합격한 이유를 물어보았다.

"아르바이트와 자격증 취득으로 금융권 입사에 대한 구직자의 의지를 볼 수 있었고, 건축공학의 지식이 어떻게 금융 분야에서도 활용될 수 있는지를 자기소개서와 면접 과정에서 효과적으로 어필했

습니다. 또한 인·적성 검사에서도 기업의 인재상에 부합한 결과가
나와 채용했습니다.”

이처럼 기업은 스펙을 '학생의 기본'이라는 측면에서 본다. 이것
은 스펙이 지원자의 '성실도'를 판단하는 기준으로 활용되고 있음을
보여준다. 스펙은 누구를 채용할 것인가의 중요한 잣대가 아니다. 물
론, 스펙에 해당하는 항목만으로 서류 심사를 할 경우에는 스펙을 두
루 갖춘 지원자가 전형에서 통과할 가능성은 좀 더 많겠지만, 인·적
성이나 면접 과정에서는 스펙이 아닌 다른 잣대가 사용된다. 탁월한
영어 실력이 필요하지 않은 부서와 업무일 경우에는 영어 자료를 읽
고 이해할 수 있는 실력 정도만 갖춰도 무방하다. 만일, 희망하는 직
무나 업종에 관련된 자격증이 있다면, 이것이 업무 성과를 증명할 수
는 없지만, 적극적인 자세에 가점을 줄 수는 있다.

연관성 있는 스펙이 스펙이다

마찬가지로 '스펙이 좋은 지원자'가 탈락하는 까닭은 무엇일까?
보통 금융권 입사를 준비하는 학생들은 '금융 3종 세트(증권투자상담
사, 선물거래상담사, 금융자산관리사)'로 불리는 자격증을 많이 취득한다.
하지만 이 세 자격증을 취득하고도 '왜 금융권에서 일하고 싶은지',
'왜 이 은행이어야 하는지', '은행 업무를 통한 포부는 무엇인지'를
제대로 설명 못하는 경우가 많다. 금융 3종 세트 자격증 하나도 없
어도 금융권 지원 동기와 포부를 설득력 있게 나타내는 것이 더 중

요하다. 자격증이 있다고 일을 더 잘하는 것은 아니며, 필요한 자격증은 입사해서 취득해도 별 문제 없다. 국내 최고 IT 기업의 인사 담당자에게 스펙과 관련된 기업의 입장을 물어보았다. 그는 "성실성을 보는 관점에서 학점은 중요한 판단 기준으로 생각하고 있습니다. 사회 활동 역시 체화된 능력이기 때문에 평가 기준이 됩니다. 직무에 상관없이 특화되지 않은 자격증 유무는 평가에 영향을 미치지 않습니다."라고 밝혔다. 이 말은 곧, 스펙을 확인하지만, 업무와 연관성 있는 자격증과 경험이 좋은 평가를 받을 수 있다는 의미이다. 내가 취득한 자격증이 취업하는 데 도움이 되기 때문에 취득한 것과 그 분야의 일을 하고 싶어서 취득한 것은 분명히 다르다. 패션과 유통업을 이해하기 위해서 편의점 아르바이트하면서 창고 정리 방식을 배우고, 지역과 시간대별 잘 팔리는 제품과 주 고객은 누구였는지 알게 된 것과 그냥 집에서 가깝고 쉽게 할 수 있는 일이어서 편의점 아르바이트를 한 것은 분명히 다르다. 내가 가지고 있는 영어 능력, 특별한 경험, 전공 지식, 사회봉사 활동, 아르바이트, 인턴의 경험 속에서 무엇을 배웠는지, 어떤 일을 하고 싶은지, 내가 지원하는 기업과 직무와는 어떤 관계가 있는지를 설명할 수 있느냐 없느냐가 기업 입장에서는 더 알고 싶다. 그렇게 설명될 수 있는 항목이 진정한 스펙이다. "학점이 3.5점이 안 되지만 전공에서 아주 잘한 과목은 무엇이었고, 아르바이트와 공모전 경험은 '내가 지원한 직무'를 잘할 수 있는 기초가 되었습니다." 수준으로는 말할 수 있어야 한다.

자신이 가지고 있는 경험과 지식을 지원 동기와 하고 싶은 일에 연결시킬 수 있는 것은 아주 중요한 기술이다. 인턴 경험은 유익한 경험이다. 그러나 아무리 좋은 인턴 경험을 했더라도, 그 인턴 경험을 왜 했고 그 과정에서 어떤 가치와 직무 스킬을 배웠는지 설명할 수 없다면 인턴 경험도 무용지물이다. 그래서 어떤 경험도 '별것'인 것처럼 말할 수 있어야 한다. 이것이 바로 스토리텔링 능력이며, 스토리가 스펙을 이길 수 있는 이유이다. 여기서 결론, 기업의 스펙 조건을 확인하는 것보다 내 스펙의 개연성에 좀 더 집중하다. 두말할 나위 없이 그게 더 중요하다.

영어와 학점은
기본만
해도 된다

취업 준비를 하면서 쌓고자 애쓰는 스펙 중에서도 영어와 학점에 가장 신경 쓰는 항목이다. 기업에서도 학점과 영어 점수가 기초적인 평가 잣대인 것은 사실이다. 그렇다면, 영어 점수와 학점은 어느 정도여야 기본인가? 그것부터 알아보자.

학점, 너무 높아도 불이익 받는다(?)

학점은 아무래도 '기본적인 성실성'을 평가하기 위해 많이 본다. 그리고 실제적인 전공 지식을 확인할 필요가 있으면 필기시험이나, 면접을 통해 평가할 수 있다. 성실성을 보여주는 학점은 4.5 만점에서 최소한 3.0은 넘어야 하고, 3.5 이상이면 무난하다. 실제 공기업, 대기업, 은행권의 합격자들을 분석해도, 3.0점에서 4.5점대까지 다양했고 평균점은 3.5~3.8점에 가깝다. 생각보다 낮아 허탈할 수도 있겠지만, 실제로 그렇다. 참고로, IT나 이과 분야 직종에 비해 문과 분야 직종의 최종 합격자 학점 평균이 더 높게 나타난다. 일반 기업은 공기업에 비해 상대적이기는 하지만 최종 합격자의 평균 학점이 더 낮고, 최고 및 최저 학점 편차가 더 심하다. 일반 기업은 공기업에 비해 학점 평가 비중이 낮고, 더 다양한 평가 항목을 사용하고, 전공 관련 필기시험이 없기 때문이다. 반면, 공기업과 보수적인 기업은 학점에 의한 서류 심사 비중이 높고, 전공과 관련된 필기시험을 보기 때문에 상대적으로 높은 학점 소지자들이 유리하다. 가끔 이공계열 분야 최종 합격자의 학점이 2점대의 지원자도 있다. 물론 이런 경우는 관련 분야의 유효한 자격증과 우수한 필기시험이 뒷받침되기에 가능하다.

기본적으로 전공과목에 대해 성실함을 입증할 만한 점수를 받는 것은 필수다. 그러나 재미있는 것은 학점이 너무 높아도 문제가 될 수가 있다. 오히려 조직 적응력이나 사회성에 문제가 없는지 확인하는 경우도 있다. 기업은 잘 어울리면서, 3년 이내에 이직하지 않을 사람을 뽑고자 하기 때문이다. 다소 우습게 느껴질 수도 있지만, 학점이 매우 높은 학생들은 자신 스스로 여러 사람과 어울릴 줄 알고, 공부뿐만 아니라 여러 관심 분야에서 열심히 생활했다는 것과 쉽게 이직하지 않을 사람이라는 것을 효과적으로 보여주는 지혜가 필요하다. 너무 잘난 사람에 대한 반감은 인간의 본능이라는 것, 잊지 말

자. 반대로 학점이 4.5점 만점에 2.5점 이하인 경우에는 좀 특별한 활동을 증명해야 한다. 특별한 것이 없다면 '마냥 놀았다.'라는 말밖에 안 된다. 이를테면 에베레스트 산에 올랐다거나, 프로야구단 응원 단장 경험을 1년간 했다거나, 소셜 네트워크에 관한 실시간 여론 조사용 검색엔진을 개발했다거나 하는 식의 특별한 활동력을 어필하면 부족한 학점을 상쇄할 수 있다. 학점이 특별히 높거나 낮은 경우에는 인생의 균형점을 설명하는 지혜가 필요한 대목이다.

영어 직무가 아니라면 기본만 해도 된다

어학 점수 또한 구직자들이 가장 크게 관심을 두는 항목이다. 그러면 어학 점수 어디까지여야 할까? 물론 지원하는 업무와 기업 분야에 따라 평가는 다르다. 업무상 어학이 많이 사용되지 않을 때는 기본적 소양 수준으로 평가한다. 국내 기업의 경리 담당자에게 영어 능력 테스트를 할 필요는 없다. 하지만 업무에 매우 필요한 경우에는 어학 점수뿐만 아니라 면접 시 외국어 활용능력을 평가한다. 면접 과정을 통해 특정 상황을 영어로 표현하게 하거나, 자기소개를 영어로 하도록 한다. 원어민 수준의 실력이 필요한 경우에는 특정 주제를 외국어로 토론하고 의견을 도출해 낼 수 있는지를 평가하기도 한다. 국제기구나 그에 준하는 기관일 경우에는 필기시험에서 영작, 번역 능력을 평가한다. 공인 외국어 점수만 참조하지 않고 직접 테스트하는 이유는 공인 외국어 점수와 실제 어학 능력 사이에 차이가 있기 때문이다. 여기서 많은 취업 준비생들이 실수하는 것은 '토익 점수'가 높다고 자신의 외국어 수준을 과대평가하는 경우다. 필기시험과 영어 면접을 통해 실력은 곧 드러난다. 외국어 능력이 꼭 필요한 업무에 지원하는 구직자들은 시험용이 아닌 '진짜 말하고 쓰는 능력'을 쌓는 데에 심혈을 기울여야 한다.

　외국어 능력을 기본적 소양 수준으로 보는 업무일 경우 심사에 필요한 일정 점수가 있으면 된다. 그렇다면, 커트라인을 어느 정도로 봐야 할까? 기업에서 어학 능력 조건이 있다면 채용공고에 미리 알려주는 경우가 많다. 최근에는 토익 기준으로 700~750점대를 커트라인으로 사용하고 있다. 채용공고에 영어 커트라인 점수를 공지하지 않거나 영어가 직무에 직접적이지 않은 경우에는 영어 점수 자체가 합격, 불합격을 결정하지 않는다고 봐도 무방하다. 어학 점수 또한 학점과 비슷하게 인문계열의 합격자들이 이공계열의 합격자에 비해 어학 점수가 높은 편이다. 또한 어학 능력이 매우 중요한 기업이나 직무에 합격한 경우는 토익 기준 800~900점대를 보이지만, 그렇지 않은 업무 분야일 경우에는 토익 기준 700~800점대 점수를 보인다. 이 기준으로 보면, 목표 기업에 따라 다를 수 있지만 영어 점수는 보통 토익 기준으로 700에서 800점 정도를 유지하는 것이 무난하다. 영어와 비관련 분야에 취업을 준비한다면, 무작정 토익 900점으로 올리기 위한 시간 투자보다는 기업에 관한 지식, 지원 기업의 주요 이슈, 지원 업무에 관한 경험 그리고 신입사원에게 제일 중요한 성실한 일상을 살아가는 것에 시간을 집중하는 것이 좋다. 신입 공채를 준비하는 4학년생들은 제한된 시간에 효과적인 시간 투자 전략이 필요하다. 외국어 능력은 여러 평가 항목 중의 하나이고 일반 직무라면 외국어 능력이 당락을 결정하지 않는다. 참 많은 구직자가 이렇게 하지 못하는 것이 우리 취업 현장의 현실이다.

신입사원 공채에서 지원자 평가에는 정성적, 정량적 영역이 있다. 정성적 영역은 자세와 조직 적응력, 창의성, 도전정신 등이고, 정량적 영역은 전공, 학점, 어학 점수, 자격증 등이다. 정량적 영역의 평가는 서류 심사에 많이 활용된다. 그러나 두 가지 영역에 관한 평가 가중치는, 강조컨대 정성적 영역이 훨씬 크다. 합리적인 취업 준비생이라면 학점과 외국어 점수는 기본을 유지하며, 희망하는 기업과 업무에 필요한 진짜 능력에 속한 것들에 우선순위를 두고 준비하는 것이 중요하다.

대학 간판이 **모든 것을** 결정하지 않는다

1994년 내가 졸업할 당시에는 학과 담당 교수님께서 이런 말씀을 자주 하셨다. "여러분이 기업에 들어가 열심히 일해서 좋은 성과를 내면, 여러분 후배들의 취업에 도움이 될 것입니다. 최선을 다해 주십시오." 이유는 기업에서는 신입사원 평가 시, 출신 학교에 따라 점수를 다르게 평가하는 대기업이 많았기 때문이다.

기업에서는 출신 학교에 따라 잠재 능력에 차이가 있다고 생각했다. 이 생각은 공채 서류 심사 시, 출신 학교에 정해진 점수를 차등해 매기거나 특정 학교 중심으로 채용하는 것으로 나타난다. 2002년 온라인 취업 포털 기업에서 일할 때, 온라인 채용 시스템을 설계한 적이 있었다. 당시에 신입 공채에 지원한 입사 서류에 학교가 입력되면 그 학교가 속한 등급 점수가 자동으로 매겨지는 다소 가혹한 시스템이었다. 기업이 지원자의 출신 학교를 기초로 차등 평가하므로 자동화한 작업이었다. 일반적으로 대학교를 A, B, C, D 등급으로 나눠 점수를 주는 경우이다. 예를 들어, A그룹에 속한 대학을 졸업한 지원자는 20점, B그룹은 15점, C그룹은 10점, D그룹은 5점과 같이 점수를 부여한다. 하지만 시간이 지날수록 공기업은 서류 심사에 출신 학교별 차등 점수제를 거의 없앴고, 일반 대기업에서는 출신 대학 평가 가중치를 줄이는 추세를 보이고 있다.

물론 완전히 사라진 것은 아니다. 구체적인 데이터를 살펴보자. 다음의 표는 2011년 8월, 429개 국내 상장사를 대상으로 '서류 평가' 시 항목별 평가 비중을 조사한 내용이다. 서류 평가를 위한 각 항목 중에서 '자기소개서', '학점' 다음으로 '출신 학교'(15%) 비중이 높게 나타난다. 출신 학교의 평가 비중이 15퍼센트라는 의미이다. 이것은 서류 심사가 100점 만점이라면, 15점이 출신 학교에 의해 주어지는 점수라는 얘기다. 출신 학교에 따라 15점, 10점, 8점, 5점을 받는 개념이다. 전체 업종 중에서는 건설 업종은 '출신 학교'의 평가 비중이 31.7퍼센트로 높게 나왔다. 이는 다른 업종에 비해 건설 업종 기업이 서류 평가에 출신 학교를 가장 높은 비중으로 심사한다는 것을 알 수 있다.

기업의 채용 단계가 보통 입사지원서를 받으면 서류 심사, 시험(필기 또는 인·적성), 면접 과정을 거친다. 각 단계마다 제로베이스(Zero-based) 방식을 주로 사용한다. 제로베이스 방식이란, 서류 심사에서 매겨진 점수를 다음 단계에 반영하지 않고 다시 평가한다는 의미이

구분	건설	금융	기계 철강 조선	기타/ 제조	물류 운수	석유 화학	식음 료	유통 무역	자동 차	전기 전자	정보 통신	제약	전체
출신 학교	31.7%	11.1%	13.2%	14.1%	20.0%	13.8%	16.1%	13.6%	8.7%	16.8%	12.5%	7.9%	15.0%
학점	14.6%	16.7%	15.1%	23.9%	0.0%	37.9%	9.7%	9.1%	10.9%	14.7%	10.4%	10.5%	15.2%
자격증	19.5%	22.2%	13.2%	4.2%	15.0%	3.4%	0.0%	0.0%	4.3%	10.5%	10.4%	0.0%	8.4%
해외 연수경험	2.4%	0.0%	11.3%	1.4%	5.0%	0.0%	3.2%	0.0%	2.2%	3.2%	4.2%	2.6%	3.3%
인턴 경험	2.4%	0.0%	3.8%	8.5%	5.0%	0.0%	3.2%	4.5%	0.0%	5.3%	0.0%	15.8%	4.5%
공모전 수상	0.0%	0.0%	1.9%	4.2%	0.0%	0.0%	0.0%	0.0%	2.2%	2.1%	0.0%	0.0%	1.4%
봉사 활동	4.9%	0.0%	1.9%	0.0%	0.0%	0.0%	3.2%	0.0%	0.0%	2.1%	0.0%	0.0%	1.2%
어학 성적	9.8%	0.0%	7.5%	5.6%	5.0%	0.0%	0.0%	4.5%	19.6%	7.4%	4.2%	5.3%	6.6%
자기 소개서	2.4%	27.8%	13.2%	16.9%	25.0%	31.0%	41.9%	18.2%	4.3%	13.7%	29.2%	23.7%	18.4%
전공/ 학과	2.4%	0.0%	13.2%	14.1%	10.0%	13.8%	9.7%	18.2%	26.1%	16.8%	10.4%	28.9%	14.6%
모든 항목균등	9.8%	22.2%	5.7%	7.0%	15.0%	0.0%	12.9%	31.8%	21.7%	7.4%	18.8%	5.3%	11.3%
계	100.0 %	100.0 %	100.0 %	100.0 %	100.0 %	100.0 %	100.0 %	100.0 %	100.0 %	100.0 %	100.0 %	100.0 %	100.0 %

✚ 국내 기업의 서류평가 항목별 비중 (2011년 8월, 429개 상장기업 기준)

다. 주로, 일부 대기업이나 보수적인 기업에서 서류 심사 과정에 '출신 학교'가 일부 반영되지만 서류 심사에 통과되면 더는 출신 학교 문제가 다음 단계에서는 영향을 주지 않는다. 다시 말하면, 만일 서류 심사에 통과되어 인·적성이나 면접 단계에서 탈락했다면 그것은 '출신 학교' 문제로 탈락한 것이 아니라 인·적성이나 면접 자체를 잘못 본 것을 의미한다.

출신 학교가 모든 것을 결정하는 시대는 끝났다

여기에 더해, 출신학교가 모든 것을 결정하지 않는다는 데이터는 많다. 공기업, 은행권, 일반 대기업을 포함한 13개 대기업의 공채 최종 합격자를 대상으로 출신 학교를 조사했는데, 결과는 이렇다. 이른바 'SKY'라 불리는 서울대, 연세대, 고려대가 19퍼센트, 수도권 대학(서울, 인천, 경기)이 52퍼센트, 지방대가 20퍼센트, 외국 대학 출신이 9퍼센트를 차지했다. 또한 인크루트에 제출된 자료를 토대로 대기업 입사에 성공한 589명의 학교를 분석한 결과도 있다. 지방대가 52.0퍼센트, 서울 소재 대학이 29.3퍼센트, 경기·인천 소재 대학 13.0퍼센트, 외국 대학 출신이 5.7퍼센트로 집계되었다. 지방대의 비율이 예상보다 높게 나타났다. 더욱이, 전경련 산하 22개 대기업을 대상으로 조사한 결과를 살펴봐도, 2010년에 졸업한 대학생 중 지방, 경기·인천 지역 출신 대학을 졸업한 학생이 대기업에 합격한 비율이 59.2퍼센트에 이른다. 조사 방식과 기업 대상에 따라 결과에 차이가 있을 수 있지만, 대기업 인사 담당자와의 면담이나 채용 내용을 고려했을 때, 대학 자체에 대한 영향이 채용 과정에 현저하게 줄어들고 있는 추세는 분명하다.

국내 한 증권회사는 출신 학교와 같은 항목을 아예 받지 않고, 자기소개서만으로 서류 심사를 진행한 경우가 있었다. 서류에 통과된 지원자는 자기성취서와 면접을 통해 최종 합격자가 되었다. 최종 선발 이후에 이들을 분석해 보았다. 총 4,800여 명의 지원자 중 최종 합격자는 25명이었는데, 이 중 남자가 18명, 여자가 7명이었다. 연령대는 23~30세로 비교적 고르게 분포했다. 출신 학교를 보면 서울 소재 대학 출신 13명(52%), 지방 대학 6명(24%), 외국대학 6명(24%) 등으로 나타났다. 이중 서울 출신 대학에서 소위 명문대 출신은 4명(16%)에 불과했다.

또한 국내 유명 통신회사는 서류 평가를 자기소개서 중심으로 하고, 면접 과정에서는 학교와 같은 항목은 블라인딩 처리하고 진행하고 있다. 이처럼 학교에 의한 결정보다는 기업의 인재상에 종합적으로 어울리는 사람을 뽑으려는 채용 문화가 확산되고 있는 것은 분명하다. 공채를 준비하는 단계에서 희망하는 직무와 기업에 관한 열정을 보여줄 수 있느냐 없느냐가 중요하지 출신 학교 때문에 자만하거나 불안해할 필요가 없다.

기업의 서류 심사에서 동점자가 나올 경우, '학교'에 의한 선택보다는 '학점', '자소서 평가 점수'와 같은 항목의 점수가 높은 지원자를 선택하는 것이 추세이다. 게다가 일부 대기업의 인사 담당자들은 명문대 출신자들을 오히려 경계하기도 한다. 명문대 출신의 경우, 비명문대에 비해 상대적으로 3년 이내에 이직하거나 조직 생활에 부적응하는 통계 역시 늘어나고 있기 때문이다. 물론 이러한 일부 사례를 오인해, 학력 파괴 사회가 온 것처럼 들뜰 필요는 없다. 단지, 비명문대 출신이라 하여 '출신 학교'로 인해 과하게 스트레스 받을 필요는 없다는 점을 강조하는 것이다.

어찌 되었건, 최종 합격자 분석과 채용 단계에서의 심사 과정을 살펴보면 학교가 좋아서 사람을 뽑는 경우가 다수는 아니다. 일부 보수적인 기업에서 학교에 대한 차등 점수를 부여해도, 다른 여러 가지 평가를 통해 최종 합격한 것이지 학교 하나로 취업하는 것은 아니다. 입이 아프게 강조하는데, 명문대 출신이 아닌 학생들도 탈락하지만 명문대생도 탈락한다. 출신 학교가 좋지 않다고 취업이 어렵고 출신 학교가 좋다고 취업이 쉬운 것은 아니다. '출신 학교가 어디냐'보다 분명한 목표의식과 다양한 경험, 그리고 평소의 성실한 자세가 취업의 지름길이다.

전공이 적성에 맞지 않아요!

　　주변에 보면 전공과 적성이 달라 힘들어하는 사람들을 흔히 볼 수 있다. 특히, 취업을 앞둔 학생들은 전공으로 고민이 이만저만 많은 게 아니다. 적지 않은 학생들이 전공 공부를 해보니 어렵고, 학점도 좋지 않아 본인과 잘 맞지 않은 것으로 생각한다. 취업을 전공을 살려 준비해야 할지, 해보고 싶은 것을 해야 할지 고민하면서 전공을 100퍼센트 살리는 직업을 갖는 것에 어려움을 느낀다. 그런데 더 큰 문제는 자신의 적성이 무엇인지조차 잘 몰라서 고민한다. 참 복잡하게 얽혀 있고, 어려운 문제다.

　　그런데 그 문제를 풀기 전에, 먼저 분명하게 말해야 할 것이 있다. 전공과 관련 있는 일을 선택하든 다른 길을 선택하든 전공자라면 앞에서 얘기한 '기본은 해야 한다.'는 것이다. A학점 맞을 재능이 아니거나 흥미가 약하다면, B학점 맞을 정도의 노력은 해야 한다. 전공과 다른 분야에 관심 있다면 목표를 B학점으로 공부하는 전략을 취하라. 현재의 전공 분야 지식이 진로나 취업과 관계없어 보일지라도, 그 지식과 경험은 미래에 큰 자산이 될 수 있음을 명심했으면 좋겠다.

B학점은 최소한의 조건이다

각 분야의 지식은 전혀 예상치 않은 분야에서 강점이 되고 혁신을 이룰 수 있는 단서가 되는 세상이다. 주변에서 보면, 우주공학을 전공하고 방송 아나운서가 되고, 생물학에서 배운 지식과 개념을 가진 학생이 금융상품을 개발하는 직무에서 탁월한 성과를 올리는 경우를 어렵지 않게 찾을 수 있다. 전공 학점이 B학점을 받는 것은 전공자로서 기본이어야 한다. 실력이 있고 없고를 떠나서 그것은 기본에 충실한지 보여주는 지표이자 '성실성'의 문제이다. 기업은 일반적으로 전공 학점에 대해 그렇게 생각한다. 전공이 아무리 어렵더라도 노력과 인내로 최소 요건은 갖춰라. 대학과 학과를 정말 좋아하는 곳으로 바꾸기 전에는 말이다. 앞으로 해야 할 기업에서의 업무는 재미있고 신 나고 멋있는 일만으로 구성되어 있지 않다. 하기 어렵고 하기 싫고 보잘것없는 일들도 섞여 있다. 아무리 훌륭하고 대단한 기업이라 할지라도 신입사원에게는 하찮아 보이는 일들이 줄서서 기다린다. 그게 현실이다. 이런 일들이 주어진다면 선택해야 한다. 주어진 사소한 일을 포기한다면 모를까, 복사와 자료 바인딩 업무를 확실히 하는 과정에서 큰일이 주어진다. 사소한 것에 대충하는 신입직원에 대한 평가는 냉혹할 뿐만 아니라 그 분야의 전문가로 성장할 수 없다. 이런 자세를 가진 직원을 채용하거나 좋게 평가할 기업은 없다. 하기 싫거나 하기 어려워도 인내하고 노력하는 모습만큼은 보여줘야 한다. 경력사원 채용에는 학점보다는 업무 내용과 성과가 가장 중요하지만, 신입사원에겐 전공 학점이 성실도 측면에서 중요한 평가 항목임을 기억하자.

비전공 분야라면 더욱 전략적으로 준비하라

기질, 적성, 하고 싶은 일과 전공이 맞지 않을 때가 있다. 언젠가는 생명공학을 전공한 학생을 상담한 적이 있다. 그가 전공을 살린다면 할 수 있는 일은 연구실 실험 업무가 대부분이었다. 하지만 이 학생은 기질과 적성이 마케팅 업무에 잘 어울리고 본인 또한 하고 싶어 했다. 게다가 패션에 대한 관심이 남달랐다. 이럴 때는 어떻게 해야 할까? 희망 업무는 마케팅, 무역 분야였고, 관심 분야는 의류 업계였다. 희망하는 업무가 전공과 완전히 다르다면, 일단은 전공이 유용하게 활용될 수 있는 분야에 속한 기업도 희망 기업으로 남겨둘 필요가 있다. 생명공학과 가까운 의료, 제약, 바이오 등의 분야도 염두에 두고, 그 분야에 있는 기업들도 목표 기업으로 설정하는 전략이 필요하다. 생명공학 전공자에게 의료, 제약, 바이오 등의 분야는 생소하지 않을 뿐만 아니라 전공이 강점이 될 수도 있다. 그 분야에 속한 기업의 제품과 서비스를 좀 더 쉽게 이해할 수 있기 때문이다. 그렇다면, 마케팅 업무에 관한 지식과 경험을 쌓되, 의료, 제약, 바이오 분야와 의류 분야에 맞춰 준비하는 것이 효과적일 수 있다. 전공학점은 기본을 유지하고, 전공을 통해 경험한 실험의 다양한 방법론과 이론들이 마케팅 업무에 어떻게 도움이 될 수 있는지를 설명할 수 있으면 좋다. 그러나 '집 나가면 고생이다.'라는 말처럼, 전공과 관계없는 분야에 진출하려는 구직자는 몇 배의 노력이 필요하다는 것은 알아야 한다. 분야가 생소하면 지식을 쌓는 데 시간이 필요하다. 거기에다 전공과 관계가 먼 업무를 익히는 데에도 전공 공부에 준하는 노력이 필요하게 된다. 취업은 상대적 경쟁이 존재한다. 기업 분야나 업무와 관련 있는 전공자가 아무래도 유리한 것은 사실이다. 그렇기에 전공과 다른 진로를 준비할 때에는 좀 더 전략적이고 심도 있는 준비가 필요하다.

하지만 실제 전공과 무관해 보이는 업무와 분야에 최종 합격한 구직자들 역시 많다. 전공과 다른 분야로 취업하려는 구직자가 알아야 할 것을 우선 세 가지로 정리해 보자.

첫째, 전공을 이기는 것은 경험이다. 원하는 분야의 경험을 많이 쌓아야 한다. 인턴이나 아르바이트, 공모전 등 직무와 관련된 경험을 착실하게 쌓는 것이 유리하다. 즉, 다른 분야의 전공자라고 하더라도 일찍부터 특정 직무에 관심을 갖고 꾸준히 활동한 사항을 어필할 수 있다면 충분히 경쟁력을 가질 수 있다. 산업디자인을 전공하는 한 학생은 대학 시절부터 온라인 팬클럽 활동으로 커뮤니티 운영 경험을 가지게 되었다. 그러면서 대학 시절 내내 온라인 홍보 대행사의 아르바이트 업무를 지속적으로 쌓았다. 대학생 시절이었지만 남들보다 많은 업무를 수행할 수 있을 정도가 되었다. 온라인 홍보 대행 업무가 재미있고, 적성에 잘 맞는다고 한다. 업무 공간이 온라인이다 보니 사진, 이미지와 같은 디자인적 요소가 많이 중시된다. 전공이 디자인이라 홍보 업무에 필요한 웹 디자이너와의 대화가 누구보다 손쉽다고 한다. 업무는 전공 분야가 아니지만, 대학 시절 지속적으로 온라인 홍보 업무 경험을 바탕으로 큰 규모의 홍보 대행사 프로젝트 진행 담당자로 활동하기 시작했다.

둘째, 전공 분야가 유리한 업종에 속한 회사를 목표로 하면 좋다. 예를 들어, 컴퓨터 공학을 전공했지만, 시스템 개발 업무가 아니라 영업, 마케팅 등의 직무를 희망한다면 IT 분야 기업을 목표로 두는 것이 효과적일 수 있다. 원하는 직무는 영업, 마케팅이지만 전공 지식이 기업의 비즈니스와 문화를 더 잘 이해할 수 있기 때문이다. 전공과 직무가 직접적인 관련은 없었지만, 전공에 기초한 역량과 다양한 경험을 바탕으로 취업에 성공한 사례를 살펴보자. 한 신문사를 통해 만난 학생은 전공이 독문학이었다. 대학 시절부터 다양한 경험을 쌓았고, 대학 3학년 시절 인디음악가들의 음반 제작 및 공연 기획사를 친구들과 함께 차렸다. 인디음악 시장을 조사하고, 음악가들을 만나 비즈니스를 준비하는 과정을 통해 마케팅, 기획, 이벤트, 제휴, 홍보가 무엇인지 점차 알게 되었다. 독문학 전공학점은 기본을 유지했고, 대학 생활의 경험을 바탕으로 대학 4학년 여름방학을 맞아 영화 관련 기업에서 마케팅 인턴을 할 수 있었다. 이 학생은 희망하는 업무와 전공이 직접적인 관련은 없어 보이지만, 문화와 비즈니스를 이해할 수 있는 다양한 경험으로 그 간격을 좁혔다. 그뿐만 아니라 독문학 전공은 음악과 영화 관련 산업을 더욱 깊이 있게 이해하고 접근할 수 있는 힘을 주었다. 인문학 전공이 문화 산업에 관한 이해를 높여 마케팅 역량을 끌어올릴 수 있었고, 이 학생은 인턴 과정을 마치고 영화 관련 기업에 최종 입사할 수 있었다.

셋째, 직무에 필요한 기본 스펙과 지식을 갖춰라. 해당 전공이 아닐 경우 지원 직무와 관련 있는 전문 자격증으로 자신을 드러낼 필요가 있다. 국내 시중은행의 인사 담당자와 토크쇼를 진행한 적이 있었다. 나는 인사 담당자에게 은행 취업을 위해 '금융 3종 세트' 자격증이 필요한지 물었다. 그는 "필수는 아니지만 나쁘지는 않다."라고 답했다. 어차피 은행에 입사하면 반드시 취득해야 할 자격증이기에 있으면 나쁘지 않다는 의미다. 그런데 만약, 경상계열이 아닌 이공계열 지원자가 금융권 입사 의지를 이들 자격증으로 보여준다면 어떨까? 분명 이 경우에는 프리미엄이다. 신입사원에게는 자세, 잠재력 그리고 지원 의지가 매우 중요하다. 비전공자가 해보고 싶은 직무가 있다면, 그것에 대한 증명을 관련 자격증, 아르바이트 및 인턴 경험을 통해 드러낼 수 있다.

취업에 불리한 전공자를 위한 취업 전략

'취업에 취약한 전공', 다른 말로 하면 '취업문이 좁은 경우'가 있을 수 있다. 그래서 최근에는 취업문을 넓히고자 복수전공하는 선택하는 경우도 많다. 사범대, 어문계열일 경우가 특히 그렇다. 그러나 만일 졸업을 코앞에 두고 고민할 경우에는 전공을 무시하기보다는 전공이기 때문에 더 강점이 되는 것에 집중하는 것이 좋다. 자신이 잘할 수 있는 것과 하고 싶은 일에는 분명한 차이가 있다. 전공자로서 강점이 될 수 있는 기업 분야나 업무 분야가 분명히 있을 수 있다. 이것을 기준으로 취업 진로를 찾는 것이 현명한 방법이다. 자신이 가지고 있는 장점을 고려하지 않고, 하고 싶은 분야나 업무를 찾는 것은 "축구 동아리 경험으로 박지성처럼 축구선수가 되는 것이 꿈이야!"라고 말하는 것과 마찬가지다. 대학 전공 졸업자는 그 분야를 접하지 않은 일반인에 비해 이미 전문가다. 전공과 다른 분야를 준비할 수는 있지만, 지금의 전공이 장점이 될 만한 분야로 연결하는 것은 하나의 원칙에 가깝다. 그래야, 잘할 가능성이 높다. 다시한 번 강조하건대, 기업은 잘할 수 있는 사람을 채용하려 한다. 예를 들어, 교직을 이수한 대졸자는 학교 선생님의 길이 아니라면 교육에 관련된 기업이나 직무가 좋은 대안이 될 수 있다. 단지, 그 기업의 강사만이 아니라, 그 교육 관련 기업의 영업, 마케팅, 기획 등의 업무를 좀 더 잘할 가능성이 높다. 또한 아동, 청소년, 일반 직장인을 위한 알찬 교육 관련 기업들이 엄청나게 많다. 게다가 일반 기업체에서는 인사 관리 분야가 있을 수 있다. 동시에 기업에 HR 서비스를 제공하는 HR 전문 기업들도 있다. 미리 조사하고 준비한다면, 다른 전공자들보다 손쉬운 접근이 가능하고, 취업 경쟁력을 갖출 수 있다. 이처럼 전공 분야가 강점이 될 수 있는 분야를 찾아보고 부분적으로 경험하여 도전한다면, 새로운 분야의 취업이 전혀 어려운 일은 아니다.

연봉만 보고 입사하면 6개월도 못 간다

하고 싶은 일을 하는데, 그 분야의 일이 경제적 보상이 낮은 때가 있다. 보상이 낮은 이유는 그 분야의 시장 규모가 작아서 발생할 수도 있고, 대기업이 아닌 중소기업이기 때문일 수도 있다. 예를 들면, '공연 기획' 업무 분야가 그렇다. 문화 예술에 관한 상당한 지적 능력이 필요한 분야지만 국내 공연 시장이 상대적으로 작아서 경제적 보상이 낮다. 공연 기획 분야에서도 특히, 클래식 공연 기획은 더 그럴 수 있다. 공정무역, 사회복지 등에 관련한 직업은 매우 가치 있는 분야임에도 한국사회에서는 상대적으로 보상이 낮다. 또한 하고 싶은 분야의 일을 해도, 소규모 회사에서 시작하는 경우도 있다. 유사한 업무라도 대기업이냐 중소기업이냐에 따라 급여와 복리후생에는 상당한 차이가 있다. 게다가 기업의 업종에 따라서도 보상의 차이가 발생한다. 금융업이냐 제조업이냐에 따라 경제적 보상 수준은 차이가 있다.

'내가 하고 싶은 일'이 비전 있는 일이다

1980년, 미국의 스롤리 블로토닉 연구소에서 미국 아이비리그 대학 출신 졸업자 1,500명을 대상으로 직업 선택 동기에 따른 '부의 축적 여부'를 조사한 적이 있다. 그중 1,245명(83%)은 '돈을 많이 버는 직업'을 선택했고, 255명(17%)은 '좋아하는 일'을 선택했다. 그리고 20년이 지난 2000년, 1,500명을 전수 조사했는데 흥미로운 결과가 나왔다. 백만장자가 된 사람은 101명이었는데, 이들 중 무려 100명이 과거 '좋아하는 일'을 선택한 사람에서 나왔던 것이다. 이 조사 결과는 젊은 구직자들에게 중요한 시사점을 던진다. '좋아하는 일', 다시 말해 '하고 싶은 일'이 얼마나 중요한 동기가 되어야 하는지 알려준다.

대학을 졸업하고 직업을 선택하는 것은 새로운 시작을 의미한다. 시작할 때, 가장 중요한 직업 선택 동기가 보상이나, 사회적 시선이 되지 않았으면 한다. '하고 싶고, 좋아하는 일'을 선택하게 되면 두 가지 순기능이 있다. 첫째는 잘할 수 있도록 스스로 노력한다. 시키는 일만 하지 않고, 새로운 시도와 도전을 멈추지 않는다. 그런 상황이라면 그 일에 관한 한 다른 누구보다 전문성을 빨리 획득할 수 있을 것이다. 그런 후의 경제적 보상은 누구도 예측할 수 없다. 둘째는 일을 쉽게 그만두지 않는다. 신입사원의 3년 이내 이직률은 불행히도 남자가 36퍼센트, 여자가 49퍼센트에 이른다. 이직하는 이유는 여러 가지가 있겠지만, 아마도 '좋아하고, 하고 싶은 일'을 기준으로 선택했다면 이 비율은 달라졌을 것이다. 돈과 사회적 시선 때문에 직업을 선택하지 않고, 하고 싶어서 선택한 일이었다면 말이다. 아침 일찍 일어나기 어려워하는 우리 둘째딸도 자신이 원하는 수영장이나 소풍 가는 날에는 누구보다 일찍 일어난다. 하고 싶은 정도가 강하면 생활에 임하는 태도도 '당연히' 달라진다. 인사 담당자들 사이에는 하나의 속설이 있다. '연봉만 보고 입사하면 6개월 못 가고, 회사 이름만 보고 입사하면 1년 이상 못 버티고, 직무를 보고 입사하면 1년 이상 간다.'라는 속설이다. 직무를 보고 입사한다는 것은 곧 '하고 싶은 일'에 지원한다는 말이다. 해보고 싶은 업무, 좋아하는 직무를 생각하고 입사해야 직장 생활에 성공할 수 있다. 직장 생활을 시작하는 사람이라면 반드시 기억해야 한다.

영문학을 전공한 한 학생을 상담한 적이 있다. 그 학생은 영화 마케팅 또는 국제회의 기획 분야에서 일하기를 원했는데, 고민 끝에 비교적 규모가 작은 국제회의 및 전시 기획 업무를 하는 기업에서 인턴 생활을 3개월 동안 경험했다. 인턴을 통해 전시 기획 업무가 어떤 일인지 알게 되었지만, 그 일이 엄청난 체력 소모를 요구한다는 것과 박봉이라는 사실을 동시에 깨달았다. 워낙 성실하고 적극적으로 임했기에 기업은 학생에게 정규직 전환을 제안했으나, 심각한 고민을 하게 되었다. 재미와 보람까지 느끼는 업무였지만, 때로는 밤 샘 작업까지 하는 노력에 비해 경제적 보상이 상대적으로 낮았기 때문이다. 당시 나는 하고 싶었던 일이라면, 잘할 수 있는 일인지 기회가 왔을 때 하는 것이 좋다고 조언했다. 물론 보상은 경험과 실력이 쌓인 뒤에 생각하는 것이 순서이며, 이후 사장이 될 수도, 보상이 좋은 외국 기획사로 옮길 수 있다는 것도 함께 설명했다. 결국 이 학생은 고민 끝에 그 길을 가기로 결정했다. 그 학생이 지금도 여전히 그 일을 계속 하고 있는지 알 수는 없다. 다만 그때 그 학생이 내게 했던 말은 지금도 뿌듯한 기억으로 남는다. "해보고 싶었던 일을 내가 잘할 수 있는지 배우고 느껴봐야 할 그 소중한 기회를 '적은 액수 차이의 돈' 때문에 포기하려 한 것 같아요." 중간에 분명 어려움은 있겠지만 정말 멋진 결정이다. 분명히 더 큰 기회가 올 것이라 믿는다.

경제적 보상이 모든 것은 아니다

보상이 큰 것과 가치 있는 일이 같지 않을 수 있다. 삶의 가치에 영향을 주는 것은 경제적 보상만이 아니다. 시기에 따라 다양한 가치들이 조합되고, 우선순위가 바뀌기도 한다. 명문대를 나와 외국계 은행 본점에서 근무하는 여성에게 딸이 둘 있었다. 남녀차별이 상대적으로 적어 부서장급까지 승진도 했고 많은 연봉을 받았다. 그러나 고된 업무와 반복되는 야근으로 가족과 함께할 수 있는 시간이 적었다. 그러면서 둘째딸의 정서에 문제가 있음을 발견했다. 의사는 놀

이치료를 권고했다. 어린 딸에게는 엄마가 필요한 순간이었다. 은행 퇴직을 고민하자, 주위에서는 '그 좋은 직장을 왜 그만 두냐?'며 대부분 말렸다. 오랜 고민 끝에 결국, 퇴직하여 둘째 아이의 안정을 위해 노력했고, 아이는 조금씩 나아지는 모습을 보였다. 그런 일이 있고 몇 년 후, 둘째아이가 다니는 학교에 비정규직으로 다시 취업했다. 지금은 딸아이와 함께 출근하며 아이의 친구이자 엄마로 역할을 감당하고 있다. 비록, 큰 경제적 보상을 포기했지만, 아이에게 중요한 것은 돈 많이 버는 엄마보다는 함께 있어주는 엄마였다. 너무나 힘들어하는 딸의 초등학교 시절에 엄마만이 줄 수 있는 또 다른 가치를 위해 이 여성은 직업을 바꾸었다. 특별한 경우이기는 하지만 여성들에게는 빈번하게 일어나는 일이고, 남성이든 사회에 새롭게 진출하는 대학생들이든 보상보다 더 많고 다양한 가치를 기준으로 직업을 선택할 때, 좀 더 행복에 가까워지는 것은 사실이다.

취업 준비는 나를 찾는 과정이다

취업 준비와 진로 선택은 '나를 찾는 과정'이라는 관점을 가져야 행복할 수 있다. 최근 일본에서 수년간 임종 직전의 환자를 돌본 호스피스 간호사가 낸 책 제목이 〈죽을 때 후회하는 스물다섯 가지〉다. 죽기 직전 가장 후회하는 것 중 하나가 '내 뜻대로 한 번 살아봤다면….'이다. 임종을 앞둔 환자들은 평생 자기 뜻대로 살아보지 못한 것에 대해 가장 후회를 많이 했다고 한다. 다른 사람들의 시선이나 기대에 맞추는 '가짜 삶'을 사느라, 정작 사람들은 자신이 정말 하고 싶은 것을 누리며 사는 '진짜 삶'에 관한 용기를 내지 못했던 것에 대한 깊은 아쉬움이다. 아직 경험이 부족하고, 취업에 급급한 여러분에게는 이 말이 귀에 쏙쏙 들어오지는 않겠지만, 정말 귀담아 들을 필요가 있는 말이다. 보상은 사회적 시선과도 관계를 맺는다. 사회적 시선에 얽매이면 자신의 인생을 살아가기 어려워진다. 내가 하고 싶고, 내가 좋아하는 일을 찾는 데 노력하기보다는 세상의 기준과 시선으로 일을 찾지 말았으면 좋겠다. 남들이 이야기하는 곳에 집중하다 보면, 남에 의해 자신의 인생이 좌지우지된다. 자기 인생은 없어진다. 이 세상에 유망 직업은 없다. 내가 하고 싶은 일을 한다면, 내가 하는 일이 최고의 유망 직업이 될 수 있다. '아는 사람은 좋아하는 사람만 못하고, 좋아하는 사람은 즐기는 사람만 못하다.'는 공자의 말씀, 절대 잊지 말자.

인턴은
스펙 이상의
스펙이다

결론부터 말하자면, 인턴은 '금턴'이다. 인턴은 매우 효과적인 취업 스펙이며, 솔직히 괜찮은 인턴 자리를 얻기란 쉽지 않다. 최근 꽤 많은 기업은 공채와 인턴을 통해 직원을 채용한다. 과거에는 인턴을 했더라도, 다시 공채에 다시 지원해야 하는 과정을 밟았다. 하지만 최근에는 더 많은 기업에서 인턴을 통해 정규직으로 전환하는 추세이다. 어느 유명 대기업은 인턴을 통해 신입직원의 70퍼센트까지 채용하거나 모든 신입직원을 인턴을 통해 채용하기도 한다. 이 추세는 계속 증가하여 앞으로 '신입 공채'보다 '인턴'을 통한 신입사원 선발 비중이 더 커질 것으로 전망된다. 이제 인턴은 정규 신입사원으로 입사하기 위한 채용 단계로 인식될 정도다.

경험은 어학과 학점보다 중요하다

그렇다면, 기업에서 인턴 비중을 높이는 까닭은 무엇일까? 비슷한 스펙, 능력 그리고 비슷하게 대답하는 지원자 중에서 인재를 구별하기란 쉽지 않다. 이럴 때, 기업 입장에서 2개월 이상의 인턴 과정은 이력서와 면접에서 확인할 수 없는 구직자의 조직 적응력, 인성, 자세, 업무처리 능력, 이해력 및 커뮤니케이션 능력을 종합적으로 확인할 기회가 된다. 남녀가 사귈 때는 잘 몰랐던 부분을 결혼해서야 알 수 있는 것과 비슷하다. 하지만 기업 입장뿐만 아니라, 진로를 고민하는 구직자 입장에서도 희망 업무와 기업을 미리 경험해 볼 좋은 기회다. 구직자는 인턴을 통해 내가 잘할 수 있는 업무 분야인지, 기업문화가 나와 잘 맞는지 확인할 수 있다. 이러한 경험은 어학과 학점보다 더 효과적인 스펙으로 작용한다. 인턴 경험은 서류 심사를 통과하거나 가산점의 혜택을 받는 경우가 많다. 공기업이든 일반 기업이든 인턴도 희망하는 기업 분야와 업무를 중심으로 지원하고 경험하는 것이 좋은 전략이다.

인턴을 경험한 두 학생이 있다. 한 학생은 의료경영을 전공하고, 보건복지부의 인턴을 했다. 정부기관의 인턴임에도, 단순 보조 업무가 아니라 책임과 권한이 있는 프로젝트와 건강보험료 산정에 관한 업무를 수행했다. 이 학생은 빠릿빠릿하게 일했고, 제일 중요한 덕목인 성실함을 보여줬다. 정부기관이기에 인턴에서 정규직 채용은 불가능했지만, 정부산하 출연기관이나 대형병원에 추천해 주겠다는 약속도 받았고, 인턴 업무 기간도 더 늘려서 할 수 있는 기회를 제공받았다. 이 학생은 이 경험을 통해 인턴 업무가 일반 기업의 업무 분야와 관련되는 것이 무엇인지도 얻을 수 있었다. 단순히 인턴 경험을 통해 병원뿐만 아니라, 다양한 진로 분야도 발견할 기회까지도 얻은 것이다.

다른 학생은 마케팅 업무를 원하는 이공계 전공자였다. 그 학생은 대기업 의류 유통기업에서 인턴을 경험했다. 2개월의 짧은 인턴이었지만 무척 치열하게 일했다. 거의 매일 퇴근 시간이 저녁 10시에 가까웠다. 그 기업의 정직원이 팀장이 되고, 인턴사원들이 팀원이 되어 프로젝트를 공동으로 수행했다. 길거리에 나가 직접 설문조사를 했고, 조사 내용을 분석해 그 기반으로 함께 사업 기획 자료를 만들었고, 인턴사원 전체가 중국으로 건너가 시장조사와 함께 준비한 프로젝트를 발표했다. 기업 임원들의 평가를 통해 그 학생이 속한 팀이 대상을 받았다. 그러나 그 팀의 팀원 중 1명만 정규직으로 채용되고, 그 학생을 포함한 3명은 채용에 탈락하게 되었다. 오히려 1등을 하지 못한 다른 팀에 속한 인턴사원들은 대거 정규직으로 채용되었다. 그 학생이 탈락한 이유는 인턴들과 팀장 간의 신뢰에 문제가 생겨 갈등이 자주 발생한 것이라고 한다. 프로젝트 수행 결과는 좋았지만, 함께 화합하고 이해하지 못한 것은 그 기업의 인재상에 들어맞지 않다는 이야기를 듣고 말았다. 이 학생은 정규직 전환 실패라는 상처를 입었지만, 너무나 값진 경험과 교훈을 얻었다. 하나는 이공계 전공자로 의류 유통업계의 마케팅 기획업무가 무엇인지 경험으로 알게 되었다. 또 하나는 기업에서 '함께 일한다.'는 것이 어떤 것인지 배웠다. 이 두 학생은 인턴 경험이 직접적인 정규직 채용 기회를 얻진 못했지만, 도서관 책상에서는 얻을 수 없는 귀한 자산을 가졌다고 생각한다.

공기업 인턴과 일반 기업 인턴을 구분해서 이야기해 보자. 공기업 인턴은 자발적 필요보다는 국가 정책에 의해 실시한다고 봐야 한다. 청년 실업이 사회적 문제가 되면서 각 공기업 및 공공기관에서 '청년 인턴제'를 많이 실시하고 있다. 과거에는 청년들에게 실업의 소낙비를 피할 기회를 제공했다는 의미 이상은 없었다. 공기업에서는 '청년 인턴'을 생산성 향상이나 채용의 단계로 활용하기보다는 청년 실업 문제를 해결하기 위한 수단으로 사용했다. 필기시험, 인·적성 검사 및 면접 과정을 통해 공정성을 획득해야 하는 공기업 채용의 특성 때문에 인턴을 통한 정규직 채용이 쉬운 일은 아니다. 하지만 최근의 공기업 인턴 경험은 서류 심사의 가산점 획득이나 서류 심사 통과의 혜택을 준다. 이런 추세는 앞으로 공기업 청년인턴제가 정책적으로 정착되고 발전하면서 청년 인턴제를 통한 정규직 입사 기회가 확산할 것으로 보인다. 그렇기에 공공사업에 대한 비전에 관심 있는 구직자에게 공기업 인턴은 도전해 볼 만한 과정이라고 생각한다. 이런 가능성 때문에 공기업 인턴을 선택할 때에도 희망 업무와 업종 분야를 정해서 지원하는 것이 좋다. 예를 들어, 정부기관 중 지식경제부 산하 공기업과 정부출연기관에 속한 공기업 인턴을 집중적으로 경험하는 전략을 취하는 방식이다. 이후 지식경제부와 관련된 업종의 공기업이나 일반 기업에 진입하는 데 좀 더 도움이 될 수 있다. 또는 자신의 전공 분야와 관련된 공기업을 미리 조사하고 인턴을 확인하는 것도 좋은 전략이 된다.

일반 기업의 인턴은 크게 대기업과 중견, 중소기업에서 실시한다. 대기업은 자체 비용으로 실시하지만, 중소기업은 고용노동부가 지방자치단체나 협회 등을 통해 실시하고 있다. 인턴은 특히, 대기업 중소기업 가릴 것 없이 경험했으면 좋겠다. 경험해 보고 싶은 업종(기업 분야)이나 직무를 기초로 결정하는 것이 좀 더 바람직해 보인다. 인턴 과정을 통해 '정규직 진입에 실패하면 어떻게 하지?'라는 망설임은 불필요하다. 신입시절 있을 수 있는 실수와 실패는 미래를 위한 아주 큰 보약이다. 실수와 실패의 두려움보다는 실수를 보완하고 고치는 과정이 더 중요하기 때문이다. 보통 인턴은 2~6개월 정도의 과정을 밟는다. 인턴 과정을 통해 바로 채용되거나 졸업 후에 채용하는 방식을 취한다. 또한 학점과 연계되거나 해외근무 및 어학연수가 함께 이뤄지는 인턴 프로그램도 있으니 잘 확인하고 경험해 보자.

인턴, 기업문화를 파악하는 중요한 기회

인턴 경험은 제한적이지만 기업문화를 파악할 수 있으며, 기업 예절과 격식이 무엇인지 알게 된다. 인적 네트워크가 될 취업 선배를 확보할 수도 있다. 물론 업무에 관한 한 현장에서만 보고 느낄 수 있는 것을 이해할 수 있게 된다. 책에서는 절대 얻기 어려운 것들이다. 어느 LCD 제조업체에서는 인턴에게 제품 개발 과정에 필수적으로 수행하는 성능테스트 업무를 맡기기도 한다. 건설업체 인턴 참여자는 '설계 관련 교육 및 직장 내 교육 훈련으로 현실적인 업무역량을 가질 수 있었다.'고 한다. 업무에 관련한 경험 이외에 연수, 합숙교육, 견학, 세미나 등을 통해 실무 및 직장 생활에 관한 기본을 다질수 있는 것도 유익한 경험이 된다. 또한 인턴 과정에서 개인별 혹은 팀별로 크고 작은 프로젝트를 준다. 이 프로젝트에서 수행하는 경쟁사 분석, 사업개발을 위한 시장조사 등의 과제들은 모두 평가의 일환이라는 것을 잊지 말고 대처하는 것이 중요하다. 특별히 팀 프로젝트 수행에 튀는 아이디어를 제안하는 것도 중요하지만, 팀원들과 협력하는 자세를 보여주는 것은 더욱 중요한 자세임을 명심하자. 가족적이거나 보수적인 분위기를 가진 기업문화가 존재하므로 인턴을 거치는 것이 문화 충격을 줄이는 좋은 기회이다.

상담으로 만난 한 학생이 인턴 5개월째에 깨닫게 된 내용을 공유하며 인턴의 중요성을 강조한 적이 있다. 그 학생은 "겨우 5개월 생활하고 다 배웠다고 할 수 없지만 이 말 하나는 진리인 것 같습니다. 아무도 하지 않는 일 내가 먼저 하기, 팀 가족들 한 분 한 분께 인사하기, 모르는 사람도 회사 내에서는 무조건 인사하기, 아침 체조 참가하기, 금요일마다 화분 관리하기, 마지막으로 지각은 절대 하지 않기가 생각보다 지키기 어렵다는 것을 알았습니다. 하지만 아직 사회 초년생들에게는 이런 기본적인 자세가 가장 중요하고, 어떻게 보면 업무 잘하는 것보다 이런 자세가 더 중요하다고 생각합니다. 저도 많이 모자라고 아직 배울 것도 많고, 천방지축 초년생이지만 사회 경험을 통해 자신감 빵빵하게 충전했습니다!" 사회생활의 기본을 인턴 경험을 통해 배웠다고 할 수 있다. 인턴은 업무 지식과 함께 직장 생활의 기본을 배울 수 있는 절호의 기회이며, 가장 빵빵한 스펙이다.

선배와의
전화 한 통이
운명을 바꾼다

부모의 품을 떠나 어린이집이라는 낯선 곳으로 가기 싫어 우는 다섯 살배기 어린아이가 있다. 어린아이에게는 엄마와 떨어져 낯선 곳으로 가야 하는 두려움과 막막함이 있다. 어린이집이 낯설고 무얼 하는 곳인지, 그곳에서 어떻게 행동해야 하는지 잘 몰라서 그렇다. 그러다가 한 주일 정도 지나면 가장 재미있는 곳이 '어린이집'이라고 말한다. 어린이집에서 '친절한 선생님'을 만나면서 적응할 수 있었기에 오히려 재미있는 곳으로 바뀐다. 그리고 자신의 꿈은 '선생님'이라고도 말한다. 이젠 어린이집이 두렵지 않다. 거기에는 선생님께서 계시고, 내가 무엇을 어떻게 행동해야 하는지 잘 알기 때문이다.

취업 멘토, 선택이 아니라 필수다

어린이집을 두려워했던 어린아이처럼 대학 졸업생들도 마찬가지다. 다가오는 취업은 잘 몰라서 오는 두려움이 있다. 취업을 준비하는 대학생들도 마찬가지로 직장을 '재미있고 가고 싶은 곳'으로 변화시켜 줄 '친절한 선생님'을 만나면 좋다. 나보다 먼저 세상으로 나갔던 취업 선배는 어린이집의 선생님과 같다. 취업 선배는 직장의 업무 방식을 알려주고, 맛있는 간식까지 주시는 선생님이다. 취업 선배는 훌륭한 롤모델, 멘토다.

취업을 준비하는 후배들은 취업 선배로부터 어떻게 진로를 결정했는지, 입사 준비는 어떻게 했는지, 다니는 회사, 업종, 업무는 무엇인지, 그 회사의 입사 조건이나 그 업무에 필요한 역량은 무엇인지를 알아낼 수 있다. 또한 취업 선배의 실패와 성공담을 귀담아들을 필요가 있다. 취업 선배들은 힘든 취업 과정을 이미 경험했기에 후배들이 겪는 두려움, 아픔, 혼란을 이해하고 도움을 줄 수 있는 '멘토'다. 이처럼 '취업 선배'의 이야기를 들으면 지금까지 보지 못했던 것을 보게 된다. 기업의 홈페이지나 구인 공고를 통해서는 알 수 없었던 것, 막연하게 생각했던 기업 예절, 실제 업무 내용, 채용 절차와 기업의 인재상에 맞는 기준이 무엇인지를 알 수 있게 된다. 이를 통해 심리적 안정을 찾을 수 있다. 막연했던 취업 준비를 지금 어떻게 시작해야 하는지 힌트를 얻게 된다. 막연함은 없어지고, 두려움은 안개처럼 사라지는 경험을 얻는다. 취업 선배 1명, 2명, 3명,

그리고 10명을 만나면서 취업 준비는 구체적이 되고, 두 주먹에 힘이 모이게 된다. 같은 학교, 같은 학과 선배만이 취업 선배가 되는 것이 아니라 주위의 모든 사람을 취업 선배로 만들 수 있다. 쑥스러움과 주저함을 내던지고 취업 선배를 찾아내고 만나는 것이 또 다른 능력이라고 생각한다.

그럼 어떻게 취업 선배를 만들고 만날 것인가? 학교, 동아리, 동네 선배 그리고 친척, 친구 언니와 누나, 인터넷 인맥 모두가 여러분의 '취업 선배'가 될 수 있다. 다양한 업무와 기업에 진출해 있는 선배 리스트를 만들고 연락하고 만나라. 아는 사람이 별로 없다고 생각하면 다음과 같이 행동하라. 인터넷 검색엔진에서 희망하는 직무와 기업에서 일하는 직장인들의 정보를 찾아보라. 채용공고에 나와 있는 인사 담당자 이름과 연락처를 확인하라. 취업 사이트 인맥에서 내 고등학교, 대학교 선배를 찾고, 내 옆에 있는 친구의 선배를 검색하라. 대학 동창 명부를 들고 희망하는 기업에서 일하는 학교 선배에게 전화하고 메일링하며 본인의 열정을 보여줘라. 관심 있는 직무 관련 온라인 카페 모임에 가입하고 참여하여 취업 선배를 만나라. 취업 선배는 제일 훌륭한 취업 교과서이며 커리어 멘토가 될 수 있다.

지방 대학생들이나 주변에 멘토를 구하기 어려워하는 학생들도 많이 본다. 학교나 학과의 특성상, 학교 선배를 찾기가 쉽지 않은 경우도 있다. 비슷한 상태에 있던 한 학생이 온라인을 통해 취업 선배를 만난 경우를 볼 수 있었다. 한 신문사의 취업 컨설팅으로 만난 학생이 있었다. 지방 소재 대학의 이공계 대학생이다. '플랜트 공정설계' 분야에 뜻을 두고 취업 준비를 하고 있었다. 나는 상담 시간에 "플랜트 공정설계에서 하는 업무 내용이 무엇이고, 그것을 위해 어떤 것을 준비하셨나요?"라고 물었다. 그 학생은 "플랜트 공정설계는 전기, 계장, 파이핑 등 타 설계 부서에 영향을 줍니다. 그에 필요한 화공 공정설계, 열역학, 유체역학 등 설계 프로젝트를 경험했고, 플랜트 공정설계에 필요한 팀워크 능력, 끈기, 글로벌 마인드를 이러저러하게 준비하고 있습니다."라고 답했다. 그 학생은 희망 직무와 그 직무를 잘하기 위한 능력은 무엇인지 좀 더 구체적으로 알고 있었다. 그 학생에게 "공정설계에 필요한 지식과 능력은 어떻게 확인했는지?"라고 물어보았다. 학생은 지원하는 기업(D엔지니어링)의 직원 정보를 인터넷 검색엔진으로 찾아내 그 기업의 플랜트 공정설계 업무에 관한 질문을 했고, 그 질문을 받은 기업 담당자는 학생의 열정을 높이 사면서 구체적 업무 내용과 필요한 능력이 무엇인지 알려줬다고 한다. 이 학생은 인터넷을 매개로 친절한 '취업 선배'를 만났다.

멘토를 통해 불안감을 떨쳐라

희망하는 일이 생소하고, 그 일을 하는 사람들이 적을 때는 도움 받을 취업 선배를 만나기가 어렵기도 하다. 대학에서 디자인 전공을 했지만, 남들에겐 생소한 SNS(Social Networking Service)를 이용한 홍보 업무 경험이 있는 취업 준비생을 상담한 적이 있었다. 상담 결과

이 학생은 온라인 및 SNS를 통한 홍보 업무 시장이 아직 성숙하지 않아 불안해하고 있었다. 또한 온라인 및 SNS 홍보 관련 시장의 가능성에도 확신이 없었다. 졸업 후, 해왔던 온라인 홍보 분야에 비전을 갖고 도전해야 할지, 아니면 전공을 살려 다른 길을 가야 할지 고민하고 있었다. 그래서 온라인 및 SNS 홍보 분야에서 몇 년간 사업을 하는 사람을 멘토로 소개해 주었다. 멘토를 만난 후, 소감 글은 이렇다. "화요일에 오 선생님께서 소개해 주신 송 대표님을 만나고 왔습니다. 송 대표께서는 소셜미디어 관련 홍보업체를 운영하고 계셨기 때문에, 제가 하고자 하는 방향에 조언을 주실 수 있을 거라는 말씀을 들었어요. 제가 저의 커리어패스를 소셜미디어 홍보 쪽으로 맞추려고 했을 때, 소셜미디어는 최근에 생긴 분야라 불안하게 느껴졌거든요. 분명히 열풍이 불고 있긴 한데, 과연 발전 가능성이 있는 분야일까, 그게 가장 궁금했어요. 그런데 대표님의 말씀을 듣고 보니, 제가 걱정할 부분이 아니었다는 것을 깨달았고, 오히려 제가 이쪽 산업에서는 굉장히 필요한 인력으로 거듭날 수도 있다는 사실까지 알게 되었으니까요. 즉, 개발되지 않은 분야이기 때문에 앞으로 더 개발할 수 있는 여지가 많다는 거죠. 저는 가까운 미래만을 보고 있었지만, 대표님의 말씀을 듣고 좀 더 먼 미래를 내다볼 수 있게 되었습니다. 약 1시간도 채 안 되는 짧은 대화를 나누었지만, 너무나 유익한 시간이었습니다." 멘토를 통해 이 학생은 불안함을 떨쳐버렸고, 미래에 관한 자신감마저 가지게 되었다.

'의사 집에 의사 나고, 판사 집에 판사 난다.'라는 말이 있다. 부모가 의사라면, 부모를 통해 자연스럽게 의사라는 직업이 무엇인지 알게 된다. 의사가 되기 위한 준비와 그 삶은 어떤지 부모를 통해 배운다. 부모가 롤모델이 되는 경우이다. 이처럼 롤모델은 직업 선택에 큰 영향을 준다. 골프의 박세리, 축구의 박지성 선수는 예비 선수들에게 롤모델이다. 그 영향력은 대단하다. 진로 선택과 취업 준비에 롤모델은 중요하다. 부모, 형제, 친척, 학교 선배, 동아리 선배, 선생, 유명 인사들은 취업 준비를 하는 학생들에게 롤모델이 될 수 있다. 반기문 유엔사무총장은 초등학교 시절, 당시 변영태 외무부 장관의 강연을 듣고 큰 감명을 받아 외교관의 꿈을 결심했다고 한다. 이 결심 후, 외국인을 만나면 스스로 먼저 말을 걸 정도로 영어를 열심히 했고 그래서 고등학교 시절 한국대표로 미국을 방문, 케네디 대통령과 만나면서 외교관의 꿈은 더욱 분명해졌다고 한다. 반기문 사무총장에겐 변영태 장관과 케네디 대통령이 그의 롤모델이었다. 롤모델은 꿈을 꾸게 한다. 롤모델은 목표를 이루기 위한 행동을 하도록 한다. 롤모델은 지금의 어려움을 이기는 힘이 된다. 취업을 준비하는 후배들이여! 직업을 고민하면서 자신의 롤모델을 가지고 있는가? 그냥 대기업 다니는 선배를 롤모델로 삼으라는 말은 아니다. 꿈을 가지고, 그 꿈을 이루려고 지금도 계속 실천하는 사람을 찾아라. 더 작게는 하고 있는 일에 소명을 발견하고 자기계발을 멈추지 않는 사람을 찾아보라. 그들이 어떻게 진로를 고민하고, 실천했는지를 확인하자. 롤모델을 통해 지금 무엇을 준비해야 하는지에 대한 방법론을 배울 수도 있지만, 미래를 위해 지금의 어려움을 참고 극복할 수 있는 이유를 얻을 수 있다. 더 나아가 평생의 직업관에 큰 영감을 얻을 수도 있다. 롤모델은 지금의 연봉 수준, 기업 규모(대기업/중소기업), 사회적 시선과 편견을 이겨낼 힘이 될 수 있다. 이 과정을 통해 얄팍한 기술과 처세를 배우는 것이 아니라 꿈과 경력 로드맵을 그려보는 시간이 되었으면 한다. 조금 더 멀리 보고 직업을 선택하는 지혜를 얻었으면 좋겠다. 취업 준비를 통해 내가 만나야 하는 롤모델, 취업 선배를 찾아 그들을 통해 용기와 현실적인 지혜를 얻도록 하자.

2

연애하듯이
기업을
공부하라

공채는 취업의 '꽃' 이다 | 왜, 매번 서류 심사에서 탈락할까? | 연애하듯이 기업과 사귀자 | 취업전선,
SNS로 뚫어라 | 독서 토론, 생존의 문제다 | '나' 라는 존재를 정확히 알고 취업에 도전하라 | 나만의
취업 메뉴판을 만들라 | 목표 없는 시계보다 방향 있는 나침반이 필요하다 | 10곳을 지원하면 100곳
의 기업을 분석하라 | 기업 정보, 주식 투자하듯이 나서라 | 취업은 스케줄 관리와의 싸움이다

공채는 취업의 '꽃'이다

공채는 사회에 진출하는 학생들이 만나는 첫 관문이다. 대학 입학을 위해 수학능력시험을 치러야 하는 것처럼 말이다. 개념적으로는 취업 방식에 공채, 추천 및 소개, 헤드헌팅, 사내 추천 등의 방식이 존재한다. 공채를 제외한 나머지 취업 방식은 신입사원보다는 경력사원 채용에 대부분 사용된다. 기업의 규모와 채용 인원의 수와 관계없이 신입사원의 채용을 '공채'라고 보면 쉽게 이해할 수 있다.

우선, 우리는 기업에서 신입사원을 채용하는 공채 방식이 과거와 비교해 어떻게 바뀌었는지를 확인할 필요가 있다. 계절이 변함에 따라 옷을 바꿔 입어야 하듯 기업의 공채 방식이 바뀌면 취업 준비도 달라져야 한다. 이 부분에 관한 이해가 부족하면 취업 준비의 전체 흐름이 흐트러질 수 있으니 잘 이해했으면 좋겠다.

통합 채용에서 직무(직군)별 채용으로 변화

예전에는 신입사원을 기업에서 통합으로 채용한 후 교육 과정을 통해 직무 배치하는 경우가 대부분이었다. 예전의 내 세대는 신입 공채 임원 면접에 합격한 시점에도 내가 어떤 직무나 직군에 배치되었는지 몰랐다. 하지만 요즘의 기업은 대부분 직무와 직군 중심으로 인재를 채용한다. 이 변화는 취업을 준비하는 구직자가 주의 깊게 대처해야 할 내용이다. 과거에는 자신의 전공과 기본적인 인성을 갖추는 게 중요한 취업 준비였다면, 이제는 전공과 인성뿐만 아니라 자기가 선택한 직무에 관한 지식과 경험을 어느 정도 가지고 있느냐가 매우 중요한 평가 잣대가 된다.

정규직 중심에서 비정규직(계약직) 확대

기업 입장에서는 전체 인건비를 줄이기 위한 방식으로 시작되어 효율적인 인력 관리 차원으로 발전한 경우이다. 경제 성장이 둔화되면서 일자리 수 자체가 줄어든 이유도 있지만, 계약직의 등장은 신입 공채를 준비하는 학생들에게는 달갑지 않은 변화다. 업무 내용과 수준이 계약직에 맞는 업무로 구분되기도 하지만, 정규직으로 전환하기 위한 채용 단계로 계약직으로 우선 채용하는 기업도 많아졌다. 취업문이 좁아진 구직자 입장에서는 비정규직 업무를 통해서 희망하는 직무와 업종을 이해하고 필요한 지식과 기술을 쌓을 기회로 활용하는 것도 필요한 취업 전략이다.

정기 채용에서 수시 채용 방식으로 확대

보통 매년 3월과 9월은 정기 공채 시즌이 시작되는 달이다. 상하반기 공채 중 하반기 공채에서 채용하는 인원이 보통 더 많다. 같은 회사의 상하반기 공채 지원 숫자도 하반기에 더 많다. 단순히 2월 졸업 예정자가 더 많은 것이 이유다. 경력사원 채용은 수시채용으로 바뀐 지 오래되었고, 신입사원도 기업에 따라 채용 시점과 채용 인원을 불규칙하게 바꾸거나 수시로 채용하는 기업들이 늘어나고 있다. 일례로 한 시중은행은 2011년 하반기 공채를 9월이 아닌 8월에 공고를 내고, 모집 마감한 경우가 있었다. 보통 9월에 공채가 시작된다고 생각했던 학생들은 지원할 준비가 되지 않았었고, 그 결과 평균 입사경쟁률도 상대적으로 낮아진 결과를 보였다. 평소 은행 입사를 준비했던 학생 중에는 때 이른 공채 시점으로 지원조차 못한 경우도 발생했다. 이와 같이 점차 많은 수의 괜찮은 기업들이 공채 시점을 정하지 않고 수시로 다양한 시점에 채용공고를 내는 경우가 많아졌다. 이 변화를 눈여겨보는 것이 좋다. 신입 공채도 이제는 때를 가리지 않고 진행하는 기업들이 있다는 것도 기억하자. 점차 공채 시즌 개념이 약해지고 있으므로, 공채 시즌에 노출된 광고만을 보고 지원하기보다는 주요 채용 사이트의 공채 정보를 평상시에도 받아 보면서 지원 전략을 수립하는 것이 좋다.

학력 중심에서 실무 능력 중심으로 변화

실무 능력을 중시하는 경향은 IMF 외환위기 경험과 대학진학률의 변화에 따른 영향이 크다. 최근 기업은 '바로 활용할 수 있는 인재'를 뽑고 싶어 한다. 특히, 대기업보다 중소기업에서는 이러한 경향이 더 강하다. 중소기업의 교육 인프라가 대기업에 비해 취약하기 때문이다. 따라서 '경력직 같은 신입'을 원하는 기업들로 인해 신입사원의 정규직 진입이 만만치 않게 되었다. 이런 상황에서 인턴, 아르바이트, 계약직과 같은 '경험'이 취업의 한 과정으로 자리 잡고 있음을 기억하자.

다른 하나는 대학진학률이다. 7~80년대에는 고등학생의 대학진학률이 10퍼센트 이내였다. 하지만 2010년을 지나면서 고등학생의 대학진학률은 80퍼센트를 넘어섰다. 쉽게 말하면, 한국 사회에서 젊은 사람들은 대부분 대졸자라는 말과 같다. 대졸 인플레가 극심한 상황으로 더는 '대졸'이라는 학력이 능력 자체를 의미하지 못하는 세상으로 변했다. 과거에는 '대졸'이면 복잡하지 않게 채용하던 것이, 이젠 '대졸' 중에서 실무 능력이 있는 신입사원을 선발하려고 한다.

오프라인 채용에서 온라인 채용 방식으로 변화

내가 겪었던 시절만 하더라도 대학 게시판과 신문광고를 보고 공채 정보를 얻었고, 공채에 지원하려면 해당 기업의 지원 서류를 받아 사진 붙이고 자필로 이력서와 자기소개서를 작성하여 방문 또는 우편으로 제출했다. 이런 절차다 보니, 동시에 여러 군데 지원하는 것은 거의 불가능했다. 지금은 이메일이나 온라인 채용 시스템을 통해 좀 더 쉽게 지원할 수 있다. 이런 방식은 경쟁률을 높였다. 자격 조건이 되든 안 되든, 기업에 관한 조사와 준비도 없이 채용공고를 보고 일단 지원해 보는 구직자들이 많아졌다.

16년간 대기업에서 인사 업무를 하고 있는 분의 이야기를 들어보면 "예전에는 지원서가 400에서 600개 정도였기에, 3~4일 동안 밀폐된 사무실에서 일일이 지원 서류를 검토했다. 팀원이 1차로 지원서를 보고 괜찮은 지원자를 A박스, 부족한 지원자를 B박스로 분류하면 팀장이 A박스에 있는 지원자를 다시 확인했다. 하지만 온라인 입사 지원으로 바뀌면서 지원자 숫자가 10~20배 이상 증가하게 되었다. 그 이후로 먼저 회사에서 만든 심사 조건으로 서류 심사를 하고, 서류 심사에 통과된 지원자의 지원서를 출력하여 자세히 검토한다."고 말한다. 이처럼 온라인 채용 시스템을 통해 지원자에 관한 필터링과 서류 심사 과정을 진행하는 기업이 많아졌다. 기업에서는 효율적인 채용 비용 때문에 서류 심사 과정을 강화하고, 그러다 보니 취업 준비생들은 스펙 준비에 몰입하게 되었다. 이로 인해 신입 공채에서 서류 통과의 기준은 스펙이 있느냐 없느냐로 결정된다는 오해도 발생하고 있다. '나중에 도움이 되겠지', '없는 것보다 있는 것이 낫겠지'처럼 목적이 불분명한 스펙 열풍이 불게 된 것이다. 이와 같은 현상이 지원자에게 유리한 것인지 불리한 것인지는 알 수는 없다. 하지만 분명한 것은 과거와 비교해 공채 정보를 실시간으로 파악할 수 있고, 마음만 먹으면 동시에 100개 이상의 기업에 지원할 수도 있게 되었다는 것이 중요하다. IT 기술의 힘을 조금만 빌리면 공채 정보를 찾고 입사 지원하는 데 한결 편리한 세상이다. 하지만 서류 검증은 점차 까다로워졌다. '몸과 마음으로 준비'해야 작성할 수 있도록 만들고 있다. 기업의 제품이나 영업점을 방문했던 후기나, 면접에서 물어볼 세밀한 질문들을 입사지원서에서 작성토록 한다. 이런 변화는 다른 각도로 보면 취업 준비가 더 어려워진 이유이기도 하다.

지금까지 간략하게 기업 공채의 채용 패턴의 변화를 살펴보았다. 지금부터는 공채 기업을 구분해 보고, 구분되는 기업의 세부 특징을 알아보자. 공채 기업을 크게 공기업, 일반 기업, 은행권(금융권)으로 나누고, 별도 외국계 기업으로 나누어 공채의 특징을 살펴보자.

먼저 채용 선발에 있어 좀 보수적인 형태를 취하느냐 아니냐를 먼저 짚어야 한다. '보수적인 기업'은 '열정이나 스토리보다 기존의 스펙과 점수에 더 중점'을 두는 기업이다. 예외는 있지만, 채용 선발 평가 시 학점이 차지하는 비중이 상대적으로 높고, 필기시험 성적이 상대적으로 중요하다. 보수적 기준은 보편적 관점에서의 공정성과 기존의 사회적 통념을 많이 반영하는 특성을 보인다. 남성 우대와 연공서열에 대한 분위기가 여전히 남아 있다. 또한 학교와 학력에 상대적으로 많은 점수를 부여한다. 보수적인 기업에 가까운 기업은 공기업, 은행권, 오랜 시간이 필요하거나 안정된 사업구조에 있는 기업에서 좀 더 많이 나타나는 경향이 있다. 보수성 정도를 매긴다면, 공기업>은행권>일반 기업>외국계 기업 순으로 많이 나타난다. 일반 기업에서 업종의 특성에 따라 중공업, 건설, 석유화학과 같은 기간산업에 있는 기업들은 IT, 유통, 패션과 같은 트렌드에 민감한 기업군보다 보수성이 더 강한 경향을 보인다.

공기업 공채

공기업은 상대적으로 높은 고용안정, 자기계발과 여가, 좋은 복리후생 등으로 구직자에게 인기가 높다. 특히, 학력과 연령 제한 폐지로 공기업 지원 자격이 완화하면서 경쟁률은 천정부지로 높아지고 있다. 공기업의 서류 심사는 내부에서 정한 스펙으로 점수화하여 서류 합격자를 뽑는 경우가 많다. 주로 학점, 어학 점수, 관련 분야 자격증, 관련 분야 경력 그리고 자기소개서 등이다. 그리고 보훈, 장애, 인턴 경험 등이 가산점으로 작용한다. 서류 통과자에 한해서 여러 유형의 필기시험을 본다. 직무 관련 전공, 상식 및 영어시험을 치게 되고 이런 시험을 치를 수 없는 작은 공기업들은 인·적성 검사만으로 대체하는 경우가 있다. 공기업 규모가 크고 채용 예산이 충분한 기업은 가능한 많은 지원자를 필기시험에 응시하도록 한다. 공기업에서 시험 결과는 중요한 항목이다. 지원자 간 변별력을 분명하게 할 수 있고, 객관성이 증명되기 때문이다. 공기업의 기술직은 관련 자격증이 있고 필기시험에 좋은 점수를 받으면 면접에서 큰 실수하지 않으면 유리할 수 있다. 최근 역량 면접과 같은 구조화된 질문과 평가를 하는 공기업이 있으니, 면접유형에 따른 세밀한 준비도 치밀하게 하는 것이 좋다.

금융권 공채

은행권에 지원하는 구직자는 좀 특별한 준비를 하는 경우가 많다. 증권투자상담사, 파생상품투자상담사, (금융)자산관리사, 공인재무설계사, 펀드투자상담사, 선물거래상담사와 같은 자격증을 준비하고 있는 것이 대체적인 특징이다. 이와 같은 자격증을 가지고 있는 지원자들은 은행을 포함한 금융권 분야에 일관되게 지원하는 것이 좋다. 은행 및 금융권의 인턴 경험은 지원하는 기업과 다른 기업이라도 충분히 가산점이 될 수 있다. 은행권의 서류 심사는 몇 개의 스펙보다 이력서 전체와 자기소개서를 갖고 등급화하여 합격자를 선별하므로 학교, 학점, 어학, 경험, 자격증 및 자기소개서에 의해 많은 영향을 받는다. 물론, 금융상식과 인·적성 검사를 통한 필기시험, 합숙 면접, 임원 면접 과정을 거치게 되므로 금융 관련 지식과 소양을 쌓는 것이 필요하다. 한편으로는 신입 공채뿐만 아니라 계약직 창구 상담직도 적성과 능력에 맞게 도전해 보는 것도 필요하다.

일반 기업 공채

최근에는 일반 기업들이 서류 전형에서 학력이나, 어학 성적 등을 평가에서 제외하거나 축소하는 등 지원 자격 조건을 완화하며 '열린 채용'을 하는 경향을 보이고 있다. 지원자들은 좀 더 넓은 기회를 얻게 되기는 했지만, 자기소개서와 다양해진 면접에 관한 부담은 오히려 늘어났다는 말이다. 이들 기업은 지원자의 실무지식을 높이 평가하고, 더 복잡하고 다양해진 면접이 진행한다. 따라서 이들 기업에서 확대 운영하고 있는 인턴제도나 공모전에 적극적으로 도전하는 것들도 좋은 취업 전략이 될 수 있다.

산업 분야(업종)와 희망 업무를 연결하여 그 안에 있는 기업에 집중하는 것도 매우 중요한 전략이다. 한 설문조사에 의하면, 어느 분야와 업무를 할 것인지 결정하지 못하고 취업 준비하는 구직자가 70퍼센트에 이른다고 한다. 대기업이나 중견기업이나 상장사 채용에서는 지원자의 2퍼센트 이하만이 합격하는데, 직무 분야에 관한 목적을 명확하게 준비한 30퍼센트의 지원자 중에서 결정될 확률이 높다. 이는 취업 준비 학생들이 가장 많이 실수하고 어려워하는 부분이다. 이제 취업 준비는 도서관에서 전공과 영어 공부를 해야 하는 것과 더불어 절반의 시간은 희망하는 직무, 업종, 기업을 몸으로 탐색하는 과정에 투자해야 하는 세상이 되었다. 점차 기업별 채용 단계의 선발 방식과 기준이 더 다양해지고 있기에 목표 기업에 맞게 미리 조사하고 준비할 필요가 있다. 일반 기업은 공기업에 비해 서류 심사와 인·적성 검사에 통과하게 되면 면접 과정이 제일 중요한 단계이다. 영어 면접, PT 면접, 토론 면접, 역량 면접 등 다양한 면접 방식에 따라 효과적으로 준비하는 것이 필요하다. 축구를 방송으로 보는 것과 직접 축구를 해보는 것과는 많은 차이가 있듯이 실전 중심으로 연습하는 것이 좋다.

외국계 기업 공채

외국계 기업은 좋은 근무 환경, 성별에 대한 차별이 적다는 인식 때문에 구직자들이 특히 선호하는 기업이다. 외국계 기업은 경력직 위주로 더 많이 채용하기 때문에 신입 대졸자에게는 여전히 좁은 문이다. 외국계 기업은 국내 기업에 비해 실무 능력과 경험을 더 중요하게 평가하기 때문에, 우선 일반 기업에서 경력을 쌓은 후, 외국계 기업에 진입하는 방식도 좋은 전략이다. 따라서 인턴 과정에 도전하는 것도 좋은 전략이다. 또한 결원 및 신규 채용을 수시로 진행하므로 해당 기업의 인재풀에 미리 이력서를 등록하는 것도 좋다. 사내 추천제도가 많이 활용되므로 외국계 기업의 임직원 등 인적 네트워크를 활용하는 전략도 놓치지 말자.

왜, 매번
서류 심사에서
탈락할까?

    2011년 국내 상장사 입사경쟁률을 조사했다. 대기업 52 : 1, 중견기업 68 : 1, 중소기업 42 : 1로 나왔다. 상장사 전체 평균 입사 경쟁률은 55 : 1이다. 55 : 1을 백분율로 환산하면 1.8퍼센트가 된다. 100명이 지원하면 그중에서 1.8명이 합격한다는 뜻이다. 내부 채용 과정을 더 자세히 살펴보면, 지원자의 대부분(80% 이상)이 서류 심사 단계에서 탈락하는 것을 볼 수 있다. 취업 과정에서 면접은커녕 서류 심사에서 탈락하는 경험자가 제일 많은 것이 현실이다. 서류 심사의 내부를 살펴보도록 하자.

서류 심사, 고르는 것이 아닌 거르는 것이다

채용 인원은 비슷하지만, 온라인 지원으로 과거와 비교해 10배 이상 지원자가 많아졌다. 기업에서는 실제적인 채용 단계인 필기시험, 인·적성 검사, 각종 면접을 위한 시간, 장소와 관련된 비용 문제를 고려하지 않을 수 없다. 보통 채용 인원의 10배에서 20배 정도만 서류에서 통과시키기 때문에 채용 인원과 비교해 너무 많은 지원자가 몰리는 경우, 지원자 대부분은 지원자는 서류 심사에서 탈락할 수밖에 없는 구조가 생긴다. 채용공고 특성에 들어맞지 못하는 지원자(자격 미달자)가 아니라면 다음 단계의 전형(필기, 인·적성, 면접 등)을 통해 그 사람의 실력과 됨됨이를 평가하는 것이 최선일 수 있지만, 자격 조건에 들어맞는 지원자가 너무 많을 경우(보통 경쟁률 10 : 1 넘을 경우) 비용과 업무의 효율성 때문에 서류 심사에서 채용 예정 인원의 10배 수를 넘는 지원자는 서류 심사에서 탈락하게 된다. 서류 심사는 지원자들 간의 상대평가이기 때문이다. 특히, 인기 있는 업무나 기업일 경우에 경쟁은 훨씬 치열하여 명문대 출신이거나 외국어 점수가 높아도 서류 심사에서 탈락하는 경우가 비일비재하다. 예를 들면, 인사 업무나 국외 마케팅과 같은 업무는 신입 구직자들이 가장 많이 알고, 하고 싶은 직무 분야라서 그런지 경쟁률이 상대적으로 높은 편이다.

다음 쪽의 표는 어느 기업의 서류 심사 사례다. 주요 항목을 학점, 외국어 점수, 자기소개서로 평가했고 자격증과 가산 항목(장애/보훈)을 더해 총점을 매겼다. 총점이 80.636점 이상이면 서류 심사에 합격이고, 그 미만이면 탈락한 경우이다. 보통 위로부터 몇 명까지 합

학점	외국어	자기소개서	자격증	가산점	총점
29.098	23.182	29	0	0	81.280
27.900	28.333	25	0	0	81.233
28.227	25.758	27	0	0	80.984
29.056	25.909	26	0	0	80.965
28.491	29.394	23	0	0	80.885
28.551	27.273	23	1	1	80.824
29.020	19.697	32	0	0	80.717
27.060	22.576	29	1	1	80.636
29.362	28.182	21	1	1	80.544
28.818	28.636	21	1	1	80.454
28.304	28.030	22	1	1	80.335
29.269	26.061	25	0	0	80.329
28.724	27.576	20	2	2	80.300
28.519	25.606	24	1	1	80.125
28.740	26.212	25	0	0	79.952
28.771	18.939	32	0	0	79.711
28.177	25.455	26	0	0	79.631
28.880	20.455	30	0	0	79.335
28.974	27.121	21	1	1	79.096

합격자

탈락자

✚ 국내 모 대기업의 서류 심사 사례

격자를 할 것인지를 결정해서 나온 결과다. 몇 점 이상 받아야 합격하기보다는 해당 직무의 채용 인원을 기준으로 몇 배수까지 서류에 통과시킬 것인지를 결정하는 방식이다. 서류 심사 합격자 선정은 채용 예정 인원과 지원자 수의 관계에서 결정된다. 표를 보면 합격 커트라인 주위에 1~2점 차로 상당히 많은 지원자가 몰려있는 것을 알수 있다. 실제 여러 기업의 사례를 살펴보면, 기업에서 평가하는 항목과 항목별 가중치에 따라 같은 지원자들이라도 합격과 탈락이 바뀔 수 있는 상황이다. 또한 기준이 바뀌어서 탈락자가 서류 합격자로 바뀌면서 그 지원자가 최종 합격하는 경우도 있다. 이처럼 서류전형 합격자와 탈락자를 구분한 것이 능력을 결정하는 역할보다는 인·적성 또는 면접과 같은 본격적인 심사를 위한 사전 단계 작업으로 이해할 수 있다. 국내 S기업이 서류 심사 방식을 학점과 영어 점수가 일정 수준 이상이면 직무능력검사 단계로 갈 수 있도록 한 것은 나름 이해할 만한 조치로 보인다.

시중은행 경우 100여 명 채용에 1만 명가량 지원하는데, 9,000명 정도가 서류 전형에서 탈락한다. 지원자 대비 90퍼센트가 서류에서 탈락한다. 이 비율로 보면 지원자 대부분이 서류에서 탈락한다. 서류 심사에 합격하는 것은 낙타가 바늘귀를 통과하는 것에 비유할 수 있다. 이런 상황에서 서류 심사 탈락은 어찌 보면 일반적이다. 서류 심사 통과가 오히려 특별한 사례에 들어간다고 봐야 한다. 어느 유명 외국계 기업에서 신입 인턴을 채용한 적이 있었다. 외국계 기업은 인턴을 통해 입사하거나 경력직 중심으로 채용하는 특성 때문에 대졸 신입에게는 좋은 기회였다. 이 외국계 기업이 인턴 지원을 받을 때, 지원 분야를 60여 개까지 세분화하여 모집했다. 취업 전문가들이 보기에도 각 모집 분야 업무를 구분하기 어렵거나 모집 분야가 생소했던 것도 있었다. 모집 결과 대학생들이 잘 아는 마케팅, 인사관리 업무에는 높은 경쟁률을 기록했다. 반면, 생소한 업무 분야나 세분화된 분야는 미달하거나 5 : 1 미만을 기록했다. 마케팅과 인사 업무에 지원했던 우수한 지원자들은 너무 높은 경쟁률로 대부분 탈락했고, 미달이거나 경쟁률이 낮았던 업무 분야의 지원자들은 상대적으로 손쉬운 절차로 인턴을 시작했다. 이런 경우를 보면, 지원하는 방식에도 나름의 지혜가 필요하지 않을까 싶다.

자기소개서의 비중이 높아지고 있다

자기소개서는 서류 심사 단계에서 자세히 보는 기업이 있고, 서류 심사 이후에 자세히 보는 기업이 있다. 자기소개서 때문에 탈락하는 경우는 다음과 같다. 자기소개서에 다른 회사명을 사용하는 경우이다. 이런 경우는 뜻밖에도 많이 발생한다. 또한 자기소개서의 분량을 500자라고 정했는데, 50퍼센트 미만인 250자 이하의 글을 작성한 경우에는 지원자의 자세에 문제 있다고 평가한다. 자기소개서 분량은 기업에서 제시한 글자 수의 70~90 퍼센트를 작성하는 것이 바람직하다. 띄어쓰기 오류나 오타가 생기는 경우는 의미가 더 중요하기에 탈락의 원인은 안 된다. 다만 꼼꼼하지 못하다는 것을 나타낼 수는 있다.

서류 심사 방식을 점수화하는 기업은 학점, 외국어, 관련 자격증과 경력을 중심으로 평가한다. 서류 심사를 점수화하지 않고 등급을 매기거나, 정성적으로 'PASS OR FAIL'로 하는 기업에서는 이력서 모든 항목과 자기소개서를 종합 평가하게 된다. 이럴 경우에는 일관성 있는 경험과 준비가 있는 지원자, 어느 분야든 열정을 엿볼 수 있는 지원자들이 눈에 띄게 된다. 어떤 방식으로 서류 심사를 하더라도 서류 심사라는 것이 지원자 평가 수단으로 변별력이 낮다는 것을 인정하는 분위기다. 이런 이유로 서류 심사 방식을 자기소개서 중심으로 하거나 새로운 방식을 시도하는 기업들이 등장하고 있다. 수년간 채용 과정을 보지만, 서류 심사 통과와 탈락의 차이가 대부분 근소하므로 크게 좌절하거나 일희일비할 필요가 없다. 배우자를 만나는 것도 사람의 힘으로 안 되는 것처럼, 자기에게 맞는 기업이 따로 있다고 생각하는 것으로 이해하면 된다. 서류 심사에서 탈락한다고 인생이 끝나는 것은 아니다. 포기하지 않는 마음과 더불어 '꼭 대기업이어야 해!'라고 말하기보다는 '꼭 이 분야의 이 일을 했으면 좋겠어!'라는 자세로, 자신의 현재 상태에 맞는 기업을 빨리 찾고 경험하는 것이 가장 빠르고 현명한 취업 과정이다.

연애하듯이 기업과 사귀자

지원한 기업이 어떤 경쟁 환경에 있고, 주요 상품 전략은 무엇인지를 알아야 하는 것보다 "밤새 시키는 일을 무엇이든지 하겠습니다!"라고 대답하는 것이 과거의 취업 전략이었다. 몇 년 전 한 대학생이 경남에 있는 중공업회사에 지원하기 위해 일주일 걸려 서울에서 뛰어갔다고 한다. 결국 그 학생이 합격했다는 이야기가 있다. 이런 사례를 들면서 '구직자는 기업에 관한 열정을 보여줘야 한다.' 는 강의를 했었던 기억이 난다. 과거에는 열정을 하드웨어적 모습으로 강조했지만, 이제는 그 열정이 소프트웨어적인 모습으로 보여줘야 할 시대가 되었다. 기업의 입장과 상태가 많이 바뀌었기 때문이다. 이성을 감동하게 할 수 있는 '연애의 기술'처럼 구직자는 기업에 감동을 주었으면 좋겠다. 하나의 이야기를 보자.

구직에도 '연애의 기술'이 필요하다

같은 학과에 두 남학생(강현, 강민)과 한 여학생(윤서)이 있다. 이 여학생은 남학생들에게 호감을 주는 스타일이다. 강현과 강민 역시 윤서에게 호감을 느끼게 되었다. 강현은 윤서가 정말 좋아 공부가 손에 잡히질 않는다. 윤서와 연애하는 상상으로 하루하루를 보낸다. 윤서와 놀이공원과 테마파크에서 즐거운 데이트 생각에 항상 빠져 있다. 정말 윤서와 사귀고 싶은 마음이 하늘에 닿았다. 이제 강현은 용기를 내어 프러포즈하기로 결심한다. 윤서가 수업 있는 날 건물 앞마당에서 기다린다. 한 달간 열심히 아르바이트로 모은 돈으로 뮤지컬 티켓을 준비했다. 수업에 맞춰 급히 오던 윤서를 보자 "윤서야, 나는 네가 정말 좋아. 나랑 사귀자. 뮤지컬 티켓을 준비했어."라고 한다. 수업에 들어가야 하는 윤서는 약간 당황스러웠지만, "왜 나랑 사귀고 싶은데?"라고 묻는다. 강현 머뭇거리며 "넌 예쁘고 매력적이야, 너에게 정말 잘해주고 싶어, 진심이야." 하며 다시 한 번 용기를 내어 말한다. 강현은 정말 용기를 내어 솔직하게 대답하고 행동했다. 그것뿐이다.

강민은 윤서가 마음에 있어, 윤서의 수업 과목과 좋아하는 커피는 무엇인지, 주로 어떤 옷을 입는지 등을 확인하고 기억해 둔다. 그러던 어느 날, 강민은 시험공부에 지쳐 도서관 휴게실로 나온 윤서에게 다가가 "피곤해 보이는데, 카푸치노 한잔 마실래?"라고 말한다. 평소 카푸치노를 좋아했던 윤서는 기분이 좋아졌다. 커피를 건넨 강민 "어제 입었던 보라색 치마와 귀걸이가 잘 어울렸는데, 오늘 청바지 패션은 밝고 산뜻하게 보여서 내 기분까지 좋은데."라고 말한다. 윤서의 기분은 당연히 좋아진다. 커피를 거의 다 마신 후, 강민 "요즘 공부하는 통계학 수업이 어려우면, 내가 좀 도와줄까? 그리고 나는 심리학이 어려워. 네가 좀 도와줄래? 그러면서 우리 좋은 친구 하자."라고 자연스럽게 가까워진다. 윤서는 강민의 행동에 마음이 움직인다.

취업 시장도 윤서에게 많은 남자가 동시에 프러포즈하는 상황과 같다. 이런 상황에서는 치밀하지 못하고 충동적으로 보이는 행동은 윤서의 마음을 움직이지 못한다. 마구잡이로 접근하면 곤란하다. 취업 환경도 많이 변했다. 너무 많은 구직자가 같은 기업에 지원한다. 이제는 지혜가 필요한 시점이다. 위 사례에서 윤서는 강현보다 강민을 선택한다. 강민은 윤서를 이해하려고 노력했고, 윤서가 관심 있고 원하는 것에 대해 말하고 행동했기 때문이다. 윤서 입장에서 강현과 강민의 행동은 다르게 느껴질 수 있다. 둘 다 진심으로 윤서를 좋아했다 할지라도, 윤서의 입장에서는 '강민의 행동에서 좀 더 관심과 배려'를 느낄 수 있다. 모든 것은 상대방을 이해하는 것으로부터 시작해야 한다. 상대방을 이해하면서 상대방이 중요하게 생각하고 좋아하는 것이 무엇인지 알게 된다. 상대방이 중요하게 생각하는 것을 말하고, 상대방이 좋아하는 것을 제안할 수 있어야 상대방의 마음을 얻을 수 있다. 강민이 윤서에게 보인 행동은 '열정'으로 받아들일 수 있는 행동이었고, 강현은 마음만 있었지 관심을 표현하는 기술이 없었던 것이다.

기업도 사람이다. 기업은 자기 기업에 관심 있는 구직자를 거절하지 않는다. 인사 담당자는 구직자의 열정을 스펙보다 중요하게 생각한다. 여기서 열정의 잣대는 '기업에 대해 얼마나 많이 알고 있는가?'이다. 열정은 관심이다. 관심 있어야 기업을 자세히 조사하고 알아본다. 혹시, 급하게 취업 준비하면서 지원하게 된 기업이라 할지라도, 오랫동안 그 기업을 알고 있었던 것처럼 기업의 역사와 강점 그리고 경쟁 전략이 무엇인지를 말할 수 있게 준비해야 한다. 기업은 이력서와 자기소개서를 통해, 그리고 면접에서 한 말과 행동을 보면서 지원자의 열정을 느끼고 싶어 한다. 드립 커피를 정말 좋아하는 이성 친구에게 크림, 설탕이 들어 있는 봉지 커피의 절묘한 맛을 강하게 주장하지 말아야 하는 것처럼 기업이 관심 있는 분야를 알고 이야기하는 자세가 필요하다. 정말 우리 기업에 오고 싶어 하는 지원자가 누구인지를! 기업에 감동을 줘야 한다. 그래야 취업에 성공한다. 연애를 잘하는 것과 취업에 성공하는 기술에는 공통점이 있음을 이해하고, 연애도 취업도 성공하자.

연애처럼 기업도 주의 깊은 관심을 원한다

연애할 때, 조심해야 할 항목이 있듯이 기업에 지원할 때 주의해야 할 것이 있다. 조용한 카페에서 한 남자가 여자친구(윤서)의 손을 잡는다. 아주 진지하게 말한다는 것이 자기도 모르게 "윤지야."라고 말하면 어떻게 될까? 여러 기업에 자기소개서를 카피해서 넣을 때 다른 기업의 이름이 들어가 있는 경우와 같은 경우다.

배려 깊고, 부드러운 남자를 원하는 여성에게 큰 근육과 마초성을 자랑하며 접근하는 남자가 있을 수 있다. 재무회계 직무에 지원하는데 개방적이고 활동적인 모습을 강점이라고 소개하는 경우다. 회계 업무에는 꼼꼼함, 성실함, 얌전함, 정직함 등의 기질이 강점일 수 있는데 말이다. 여자친구와 놀이공원 갈 때 복장과 여자친구 친구들 모임에 초대받았을 때의 복장은 다르게 입을 필요가 있다. 여자친구 친구들의 모임에 초대받아 가는데 구겨진 면바지와 운동화 차림은 여자친구의 마음을 상하게 할 수도 있다. 유통기업에서 1차 면접 시 정장 대신 자유 복장을 요구한다. 자유 복장이 찢어진 청바지와 헐렁한 티셔츠를 입으라는 의미는 아니다. 자유 복장이지만 직업과 고객에 대한 진지함이 묻어나는 복장이어야 하는 것처럼 말이다.

연애할 때 양다리가 밝혀지면 대부분 망가지게 된다. 더군다나, 결혼해서는 '당신만을 사랑해!'라고 배우자에게 증명해야 할 의무가 있는 것처럼 말이다. 기업은 기업에 대한 충성도를 높이 평가한다. '많은 유통기업 중에 왜 우리 회사에 지원했나?'에 관한 질문은 영원히 계속되는 항목임을 기억하자.

취업전선,
SNS로
뚫어라

　　"이력서는 됐고, 트위터 주소를 보내세요." 미국 뉴욕의 벤처 캐피털회사인 유니온스퀘어벤처는 투자 애널리스트를 모집하면서 이런 공고를 냈다. 트위터, 포스퀘어, 징가 등 정보기술(IT) 업체에 주로 투자해온 이 회사는 지원자들에게 이력서 대신 자신의 웹 보유 현황을 보여주는 트위터 계정이나 블로그 주소를 보내달라고 요청했다고 한다. 유니온스퀘어벤처의 공동 경영자인 크리스티나 카시오포는 "더 훌륭한 자질을 지닌 후보를 걸러내기 위한 과정"이라면서 "이력서는 지원자에 관한 깊이 있는 정보를 제공하지 못한다."고 말하기도 했다. 인터넷, 소셜 미디어 기업에 주로 투자하는 회사인 만큼, 애널리스트뿐 아니라 다른 직종을 뽑는 데도 활용하겠다고 한 것이다.

온라인 질문지로 지원자를 가리는 회사도 있다. 마케팅 스티커를 제작하는 스티커자이언트닷컴은 수년 전부터 해당 직종의 자질을 가늠할 수 있는 내용의 온라인 설문으로 지원자를 뽑아왔다. 그들은 "이력서는 이제 잠재력 있는 직원을 가늠할 최선의 방법이 아니다."고 말하기까지 한다. 아직까지 우리나라에 일반적인 방법은 아니지만, 미국의 경우에 이력서 없이 링크드인(www.linkedin.com)과 같은 소셜네트워크서비스(SNS)나 동영상 파일, 온라인 퀴즈 등으로 구직자의 적격성을 판단하는 회사가 늘고 있음을 참고로 알아두었으면 한다.

SNS, 취업의 새로운 트랜드

SNS(Social Network Service)를 활용한 취업 전략은 국내에서도 점차 이슈가 될 것이다. 아직까지는 IT 분야의 기업이나 헤드헌팅 분야에서 구직자의 SNS 계정을 확인하고 점검하는 수준이지만, 조만간 이력서 대신 개인의 SNS 계정을 알려달라고 하는 시대가 곧 등장할 것이다. 개인의 SNS 계정이 이력서에서 볼 수 없는 개인의 생각과 관심을 더 잘 보여줄 수 있기 때문이다. 일부 기업들은 취업용 SNS 계정을 만들어 구직자와 소통하기도 한다. 트위터와 페이스북을 통해 취업 관련 Q&A, 채용공고 및 직무와 기업 관련 정보를 준다. 이런 활동은 기업의 이미지 개선뿐만 아니라 채용정보를 구직자를 통해 공유시켜 확산시킨다는 장점이 있다. 개인 구직자 입장에서는 인턴 및 공채 일정, 그 기업의 주요 인재상, 그리고 각 직무에 필요한 역량이 무엇인지 확인해 볼 기회가 된다. 희망하는 업종과 기업 리스트가 정리되면, 기업 홈페이지에서 SNS 계정을 확인하고 팔로우 및 친구 신청하여 평소에 기업 정보를 확인하고 점검하는 습관을 갖도록 하자.

SNS 인맥도 스펙이 되는 시대

취업 시장에 SNS 기반의 기술이 어떻게 적용되고 있는지 확인하고 활용할 필요가 있다. 국책연구기관인 한국개발연구원(KDI)이 2011년 11월에 발표한 〈인적 네트워크의 노동시장 효과 분석〉 보고서에 따르면 2003~2007년 일자리를 구한 표본 집단 6,165명 중 3,477명(56.4%)이 친구나 친척·가족 등 인맥을 통해 일자리를 구했다고 한다. 공개 채용보다 추천과 소개에 의한 취업자 수가 더 많다는 뜻이다. 소개와 추천을 다른 말로 하면 '인맥'이다. 소개와 추천은 수면 아래에 있기에 누구나가 접근할 수 없는 특성이 있다. 어느 나라든 소개와 추천은 '음지의 영역'이다. 직업을 구하려는 구직자 입장에서 인맥은 운이고, 특혜에 가깝다. 이런 측면에서 SNS는 새로운 기회를 제공할 수 있다. 내가 모든 사람을 알 수 없지만, 나로부터 4.6단계를 거치면 만나고 싶은 사람을 만날 수 있다. 내가 몰랐던 사람을 친구의 친구, 친구 동생의 선배를 거치면 만날 수 있다는 이야기다. SNS는 이것을 가능하게 만들 수 있는 특징을 가지고 있다. 페이스북을 사용하다 보면, 친구의 친구이거나 학교 동창의 친구를 만나고 소개받아 온라인 인맥을 넓히기도 한다. 만일, 내가 하고 싶은 직무 분야에서 일하고 있는 사람을 알고 싶다면 내 친구의 친구를 통해서 만날 수 있지 않을까? 내가 지원하고 싶은 기업의 인사 담당자나 직원을 모른다면 내 친구의 친구를 통해 만날 수 있는 것이 SNS다. 이 SNS를 통해 나의 일자리 정보와 소개 및 추천의 기회가 닿을 수 있다. 취업 일정이 상대적으로 부족하다면 모를까, 장기적인 준비 과정에 있는 학생이라면 적극적으로 활용해 볼 만한 방법이다.

인맥 서비스(nugu.incruit.com)는 취업과 SNS를 연결하는 두 가지 특성이 있다.

첫째, 지금까지는 이력서를 나 혼자 작성하는 개념에서 친구와 일했던 선후배가 함께 작성할 수 있는 개념이 등장했다. 내가 대학에서 배운 전공과목이나 수행한 프로젝트, 친구들과 진행했던 공모전과 동아리 활동의 내용을 작성할 때 친구, 선배, 교수님의 이름과 그들의 추천글을 기록할 수 있는 이력서로 발전하고 있다. 내 이력서에 나를 알고 있는 교수님, 선후배 및 아르바이트 사장님도 나에 관한 추천 멘트를 이력서에 기록할 수 있다는 얘기다. 이력서는 단지 나의 주장으로 그치지 않고 나를 알고 있는 사람들이 나를 소개하고 설명할 수 있는 프로필로 발전하고 있다.

둘째, 친구의 친구를 통해 기업의 인사 담당자, 직무 담당자를 소개받을 수 있다. 내가 알고 있는 선후배를 통해 희망 기업의 인사 담당자나 직무 담당자를 온라인으로 만나 인맥 관계를 형성할 수 있다. 진행 중인 채용공고에 있는 인사 담당자를 인맥으로 연결할 수 있도록 하고 있다. 연결된 인사 담당자에게 나의 인맥 홈페이지를 통해 나의 꿈과 비전, 그리고 특징들을 자연스럽게 호소할 수 있는 기회가 될 수 있다.

이제 SNS는 단지 기업의 SNS 계정을 팔로우하는 단계를 뛰어넘어 SNS 기능을 통해 인사 담당자와 연결하고, 내 SNS 계정으로 나를 홍보하는 도구로 발전하고 있다. 특히, IT 분야나 변화의 속도가 빠른 업종과 직무를 선택하는 구직자들은 깊이 있게 활용하면 좋은 도구가 될 것이다.

독서 토론,
생존의
문제다

회사에서 인재를 뽑을 때 과연 자신만의 능력이 뛰어나면 뽑을까? 그렇다면 개인의 정보처리 능력과 감성적 아이디어 능력을 표현할 수 있는 IQ(지능지수, Intelligence Quotient)와 EQ(감성지수, Emotional Quotient)를 집중적으로 평가해서 뽑아도 별 문제 없을 것이다. 하지만 IQ와 EQ는 옛날의 기준이다. 능력도 중요하지만 취업한 기업에 만족을 느낄 수 있어야 하고 기업에서도 이 인재를 뽑아 의도한 방향으로 일의 결과물을 꾸준하게 내놓기를 원하기 때문이다. 그런 의미에서 최근에는 NQ(공존지수, Network Quotient)와 CQ(창조성지수, Creativity Quotient), WQ(표현지수, Writing Quotient) 등 다양한 지수로 사람들을 평가하기도 한다. 그중 글로벌 기업들이 선호하고 있는 지수가 바로 WQ이다.

WQ, 정리된 생각을 효과적으로 표현하는 능력

WQ는 단지 글을 잘 쓰는 능력을 원하는 것이 아니다. 자신이 생각하고 그것을 상대방에게 설득할 수 있게 표현하는 능력이다. 그러기 위해서 스스로 생각하는 프로세스와 시스템이 있고 그것을 글로, 말로, 행동 등으로 표현하는 능력이다.

이들 기업들은 채용 과정에서 자기소개서, 인성 면접, PT 면접, 토론 면접, 시뮬레이션 면접 등의 다양한 과제를 주고 그것을 해결하는 과정을 통해 WQ 능력의 정도를 파악하게 된다. 이 과정에서 지원자가 하는 일은 단 한 가지다. 바로 '자신만의 기업과 직무에 대해 정리한 생각을 상대방에게 전달하는 과정'이다. 이력서와 자기소개서는 글을 통해, 인성 면접은 말을 통해, PT 면접은 말, 시각적 자료, 행동을 통해, 토론 면접은 말을 통한 서로의 의견 조율을 통해, 시뮬레이션 면접은 주어진 과제를 해결하면서 말, 행동, 시각적 표현 등 다양한 복합적 표현을 통해 지원자가 하고 싶은 말을 효과적으로 설득력 있게 전달해야 한다.

기업에서 그 다양한 면접을 하는 이유는 그걸 통해 지원자의 다양한 WQ 능력을 파악하고 기업에 적합한 인재를 찾기 위한 것이다. WQ를 제대로 발휘하기 위한 조건은 3가지이다. 지원자가 갖춰야 할 역량이기도 하다. 첫째, 다양한 정보와 경험을 많이 접할 것(Input). 둘째, 받아들인 정보와 경험을 생각하고 체계화할 것(Process). 셋째, 체계화된 생각을 상대방이 이해와 설득할 수 있게 효과적으로 전달할 것(Output)이다. 이 세 가지 조건을 갖춘다면 기업이 원하는 WQ을 겸비한 핵심 인재가 될 수 있다.

독서와 토론만큼 생각을 확장시키는 툴은 없다

이 3가지 조건에서 거론한 '입력(Input)→처리(Process)→결과(Output)' 3단계가 만들어지면 하나의 시스템(System)이 형성하게 되어 어떠한 정보를 입력(Input)해도 자신만의 생각 프로세스(Process)에 의해 의도하는 결과(Output)를 전달할 수 있게 된다.

이 3가지 조건을 단기간에 갖출 수는 없지만, 지름길이 없는 것은 아니다. 그 비법은 바로 토론이다. 어떤 경우든 취업 준비의 기본은 지원자가 각자 다른 환경에 성장하면서 어떤 가치관을 따르고 있으며, 그 생각을 얼마나 의도한 방향으로 사고 있으며, 정리된 내용을 설득력 있게 표현할 수 있는지가 기본이 되어야 한다. 이를 위한 가장 효과적인 방법이 바로 독서 토론과 문화 토론이다. 혼자서 책을 많이 읽고, 영화나 연극을 아무리 많이 봐도 공유를 하지 않는다면 바로 별 감흥도 없이 잊히게 된다. 그러나 토론을 통해 남들과 생각을 나누면 자신의 의견을 말하고 남의 의견을 들으면서 다양한 관점으로 생각을 확장하고 접근하면서 생각을 구조적으로 정리하여 말할 수 있게 된다. 물론 그 속에서 상대방에 관한 다양한 생각과 관점을 수용하고, 또 그 관점을 통해 다른 방향으로도 전개해 보고 정리된 생각을 체계화하면서 효과적으로 표현하는 연습을 하게 된다. 이 과정이 바로 자기소개서 작성, 각종 면접에 대비하면서 WQ를 키우는 가장 직접적인 준비가 된다.

독서 토론 경험이 풍부한 지원자는 면접 때 떨지 않고 자신감 있게 자신의 의견을 전달한다. 평소에 꾸준히 독서 토론을 통해서 생각의 지평을 넓히고, 자신의 생각을 남에게 말하고, 자신과 생각이 다른 사람들과 대화하는 연습을 해야 한다. 독서 토론은 바로 '진짜로 그렇게 느끼고 생각하며 효과적으로 말하는 능력'을 키우는 일이다.

어디서부터 시작해야 할지 모른다면 자신에게 쉬운 책부터 시작하는 것이 좋다. 소설, 수필, 역사, 인문, 무엇이든 상관없다. 그냥 책을 읽고 끝이 아니라 그 책 속 인물과 저자의 입장에서 생각하고 다음 전개를 상상하면서 읽다 보면 눈에 보이는 내용뿐만 아니라 뒤에 숨어 있는 흐름까지 파악할 수 있게 된다. 그런 후 각자의 생각을 다른 사람들과 나누기 시작하면 된다. 자신이 미처 알아채지 못한 새로운 흐름의 문을 발견할 수도 있게 되어 새로운 재미가 느끼게 될 것이다.

독서뿐만 아니라 영화나 연극도 마찬가지다. 영화를 보면서 자신이 주인공이라면 저란 장면에선 이렇게 대사를 하거나 행동을 할 텐데, 또 자신이 감독이라면 이런 배우를 써서 이렇게 표현해 보고 싶은데, 라는 내용을 공유하고 토론을 하다 보면 지금 본 영화보다 더 가치 있는 영화를 새롭게 만들어 낼 수 있다. 다른 사람들과 다양한 생각을 나누다 보면, 처음에는 수다처럼 느껴질지 모르지만 그 과정이 습관이 되면 남이 쉽게 따라 하지 못하는 나만의 WQ 생각 시스템(WQ Thinking System)이라는 것이 자연스럽게 형성된다. 이 훈련을 통해 자신의 자기소개서에 기업에서 의도하는 무슨 말을 어떻게 효과적으로 써야 할지, 면접 때 어떤 질문에도 자신만의 생각을 설득력 있게 대답할지, PT 면접에 자신만의 관점에서 체계화한 메시지를 기억에 남게 효과적으로 표현할지 알게 될 것이다.

기업 CEO들이 조찬 모임을 자주하는 이유

기업의 CEO들도 형식의 차이는 있지만 이런 식의 토론 모임을 갖는다. 자신만의 생각의 한계를 느끼기 때문에 많은 책을 보고, 비슷한 상황의 CEO끼리 모여 정보에 관한 내용을 서로 토론하고 다음 예상되는 사회와 경제, 문화의 패러다임을 예측하여 경영에 적용하는 방식이다. 그래서 CEO나 리더들은 새벽의 아침잠을 줄이면서까지 조찬 세미나나 조찬 미팅을 하게 되는 것이다. 새벽같이 모여서 특정 주제의 강의나 책에 관한 내용을 정리해서 전달해 주거나 그 내용을 공유하고 각자의 생각을 토론하는 시간을 통해 스스로 업그레이드하려고 노력한다.

지금 당장의 취업뿐 아니라 미래의 핵심 인재, 유능한 리더가 되기 위해서라도 독서와 문화를 토론하는 습관을 지금부터 하면 좋다. 물론 혼자서 하는 것보다 같이 할 수 있는 모임이 필요하다. 자신에게 적합한 모임과 커뮤니티를 찾아보고 별로 없다면 스스로 만들어서 운영해 보는 것도 좋다. 그것을 기획하는 순간에 벌써 자기소개서에 쓸 수 있는 이슈 소재가 생기게 된다. 이 모임을 통해 단지 독서와 문화의 토론 공유만 이루어지는 것이 아니라 사람 간의 소통을 알게 되고, 운영하면서 필요한 리더십이 발휘되며 성과를 만들기 위한 목표 지향적 능력이 개발된다. 스펙을 쌓는 데 단기간에 집중하는 노력을 독서와 문화를 토론에 쏟아 습관화로 만든다면 취업에 적용하는 효과는 두말할 소리가 없고, 취업 후에 여러모로 자산이 될 것이다.

'나'라는 존재를 정확히 알고 취업에 도전하라

취업도 인생을 살아가면서 겪게 되는 하나의 문제 해결 과정이다. 인생 속에서 기본 교육을 마치고 나오면, 사회 속으로 뛰어들기 위해서 처음으로 맞닥뜨리는 관문이 바로 취업이다. 물론 취업 대신 다른 선택을 할 수도 있겠지만, 대부분은 학교를 졸업하면서 취업을 생각하고 그에 맞춰 준비하고 있을 것이다.

그런데 '문제 해결'의 과정에서 '문제'가 성립이 되려면 다음의 두 가지 포인트를 알아야 한다. 우선 문제 해결을 통해 얻고자 하는 기대치가 되는 결과 포인트 지점(원하는 목표)을 알아야 하고, 또 하나는 지금 출발하고자 하는 현재 포인트 지점(현실 속의 나)을 알아야 한다. 두 포인트 사이의 차이가 생기는데 그것이 바로 '문제'라고 정의할 수 있다.

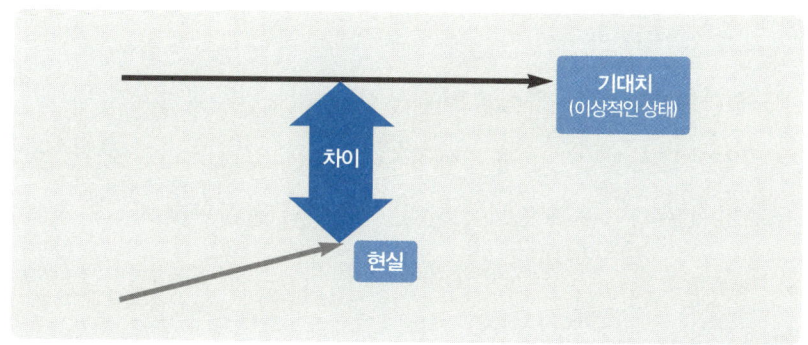

　자신이 봤을 때 취업의 문을 열고 채용되는 것이 기대치가 되는 결과 포인트이다. 스스로 아직 준비가 덜 되었다고 생각하는 자신의 현재 포인트 위치가 파악되면 그 사이에 차이를 '문제'라 하고, 그 차이를 줄여나가는 것이 '문제 해결'이다. 부모님 관점에서 봤을 때 졸업을 앞둔 아들이 무조건 채용될 것이라고 본다면 '문제'가 성립되지 않는다. 부모님 처지에서 보면 아들의 현재 위치에 대한 기대치가 초과되어 있기 때문에 차이가 만들어지지 않기 때문이다. 그러나 현실은 녹록치 않다. 아들 입장에서는 현재 자신의 수준을 파악하고 그 차이를 알아야 한다. 그리고 그 차이를 줄이기 위한 과정이 취업을 준비하는 문제 해결 과정이다. 제일 먼저 자신의 현재 위치를 파악하는 것이 자기 분석을 통해 취업을 위한 문제 해결의 출발점을 제대로 파악하는 길이다. 제일 올바른 문제 해결은 출발점과 도착점을 알았을 때 그 사이의 직선을 그어 지름길을 만드는 과정이 효과적인 문제 해결의 방법이다.

'나'를 객관화하라

그렇다면 여러분은 자신을 제대로 알고 있는가? 취업하기 위해서는 취업의 당사자인 '나'에 대하여 좀 더 깊이 있게 객관적인 관점에서의 자신을 파악하고 있어야 한다. 과거부터 현재까지 자신의 모습을 속속들이 잘 알아야 회사에 내가 어떤 사람으로 필요한지 자신 있게 표현할 수 있기 때문이다.

취업이 어려운 상황에서 많은 취업 준비자들이 취업 자체에 집착하는 경향이 있다. 그러다 보니 정작 자신이 원하는 올바른 삶을 배제한 채 취업의 문 앞에서 서성거리곤 한다. 하지만 나와 내 삶의 방향을 잃어버린 취업은 반드시 후회가 뒤따른다. 고3 학생이라면 수능과 입시, 대학 가기만 머릿속에 가득할 것이다. 그런데 몇 년이 지나고 대학 졸업을 앞둔 지금, 대학 입시에 대해 관심이나 있을까? 절대 아닐 것이다. 지금도 마찮가지다. 지금 머릿속에 '취업'만 있다는 것은 자신의 인생을 살면서 열어야 할 관문 중 하나의 문 앞에 와 있을 뿐이다. 그 문 중에 자신에게 맞는 올바른 문을 열기 위해서 자기 분석을 통해 출발점과 방향을 정하게 되는 것이다. 방향 없이 열심히만 달리다 보면 나중에 다시 돌아와야 할 수 있으니 출발 전에 제대로 알고 출발해야 한다.

취업을 위한 문제 해결은 자기 분석을 통해 '나(I)'를 알고, 기업 분석을 통해 들어가고자 하는 '기업(Company)'을 알고, 직무 분석을 통해 적성에 '직업(Job)'을 알고 겹쳐진 부분을 표현해야 그 기업이

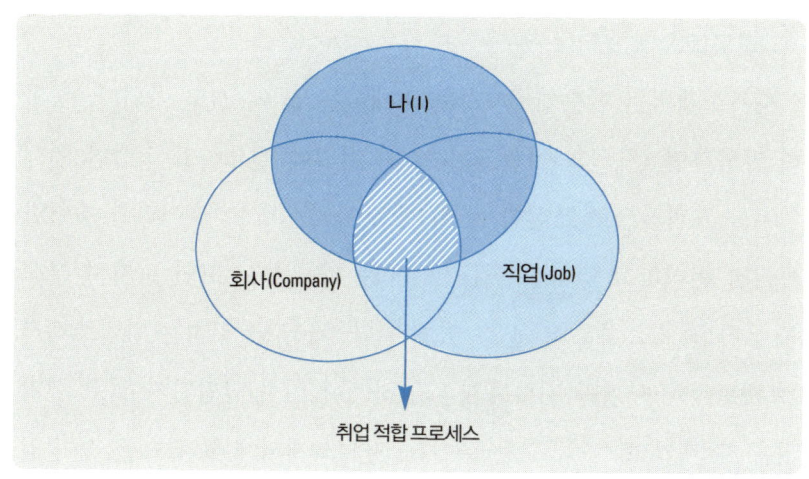

나(I)

회사(Company)　　　　직업(Job)

취업 적합 프로세스

적합한 핵심 인재임을 표현할 수 있게 된다. 취업의 문제 해결 과정
에서는 자기 분석을 통해 출발점을 파악하고, 기업 분석을 통해 도
착점을 확인하며, 직무 분석을 통해 출발점과 도착점을 연결하는 지
름길과 방향을 확인할 수 있게 된다.

　문제 해결의 출발점인 '나'를 제대로 알기 위해서 맹목적으로 스펙
만 쌓으며 일자리를 구걸하는 '나'가 아니라 태어난 날부터의 '과거'
부터 현재 시점의 '현재' 가고자 하는 '미래'까지 파악해 자신을 분
석해야 한다. 취업에 대한 마인드를 바꾸면 같이 '일해보지 않겠느
냐?'고 여러 기업에서 손을 내밀 것이고, 자신은 기업에 적합한 '핵
심 인재'로 그 기업 중에 골라서 취업을 할 수도 있다. 자기소개서를
통해 자신이 적합한 핵심 인재로 인정받기 위해선 그 기업에 맞게 자
신을 잘 표현해야 하는데, 그렇기 위해서라도 자기 분석은 필수다.

나를 모르는데, 자기소개서?

자기소개서는 단순히 '자기를 소개하는 글'이 결코 아니다. 정확히 말하자면 '자신의 어떤 역량이 이 기업에 필요하고 적합한 인재인지를 효과적으로 표현한 글'이 바로 자기소개서다. 이러한 개념만 확실히 인식하고 있다면 '뭘 써야 하는가?' 하는 고민은 자기 분석을 통한 정보로 채워 넣을 수 있게 된다. 가장 안 읽히는 자기소개서는 객관적인 사실만 지루하게 나열하거나 인사 담당자가 읽고 싶지 않은 자랑만으로 가득 담은 글이다. 자기소개서에 꼭 필요한 것이 있다면 바로 '자신만의 진정성 있는 스토리'다. 그렇기 위해서는 살아오면서 사소하지만 가치 있는 경험과 정보로 기업에 적합함을 보여주는 스토리의 흐름을 완성해 내야 한다.

그러나 정작 자기소개서를 쓰기 어려운 이유 중 하나는 무슨 경험을 어떻게 써야 할지 몰라서 그런 경우가 많다. 그러다 보니 남의 자기소개서를 참고해서 자신의 얘기인양 짜깁기해 자기소개서를 완성하게 된다. 이처럼 진정성이 없는 자기소개서는 읽히지도 않고 필터링된다. 설령 운이 좋아 면접을 가게 되었더라도, 자기소개서와 딴판으로 다른 사람이라면 자기소개서는 물론 사람 됨됨이 자체에 신뢰가 가지 않는다.

많은 학생들이 자기소개서에 쓸거리가 없다고 하소연하는 경우를 보는데, 실은 20년 넘게 살아오면서 그 많은 경험들을 정리해 보지 않았기 때문에 그런 것이다. 결국 자기소개서란 자신이 얼마나 괜찮

■ 자기분석

성 명		생년월일	
연락처		E-Mail	
주 소			

■ 학력 사항

기 간	학교명

■ 성적 / 외국어 / 자격증

학 점	
외국어	
자격증	

■ 취미 / 특기사항 / 경험

취 미		특기사항	
경 험			

■ 경력 (교내외 활동 / 공모전 / 인턴십 / 봉사활동 / 아르바이트)

기 간	내 용

➕ 자기분석표

고 기업에 적합한 인재인지를 설명하는 일종의 상품소개서라 할 수 있다. 사람들은 상품소개서를 보고 마음에 드는 상품은 실물을 직접 보고 싶어 한다. 기업 인사 담당자가 자기소개서를 보고 마음에 들었다면 당연히 면접에 부르고 싶은 생각이 들 것이다.

자기 분석은 정량적인 정보와 정성적인 정보를 통해 분석을 할 수 있다. 정량적인 정보는 일명 우리가 말하는 스펙이다. 그 부분을 글로 정리해놓으면 이력서가 된다. 이 부분은 지원자를 비교하기 위한 학교, 학점, 외국어, 자격증, 봉사활동, 공모전, 인턴십 등의 정략적인 정보가 들어가게 된다.

정성적인 정보는 과거에서 현재까지의 자신을 기억에 남는 경험들을 기반으로 주관적으로 정리하는 것이다. 자신의 가지고 있는 특징과 장점, 속성의 모습을 마인드맵으로 시각적으로 표현함으로써 숨겨져 있는 가능성과 역량의 에피소드 소재를 표현하게 된다. 다음과 같은 항목을 중심으로 A4 한 장에 적어나가면서 정리해 보자.

신상정보(외모, 가족), 성격, 좌우명, 학력(초등, 중등, 고등, 대학), 경력, 관심사, 특기, 취미, 인맥, 멘토, 좋아하는 것, 비전 등의 항목을 중심으로 마인드맵을 작성한다.

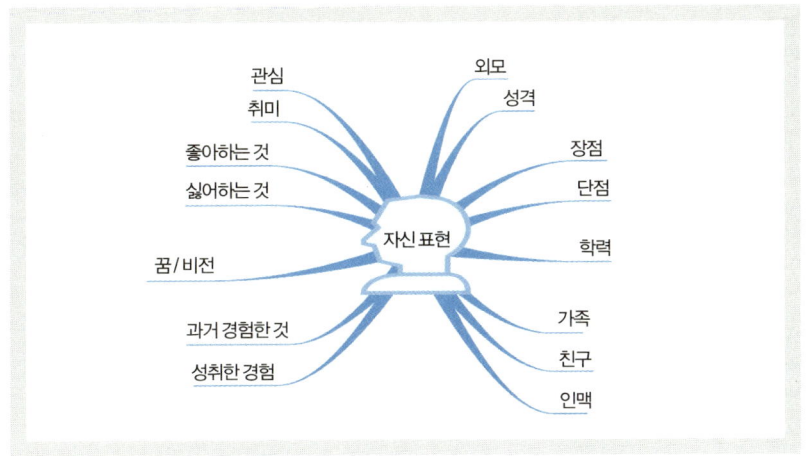

+ 나에 대한 모든 것, 마인드맵

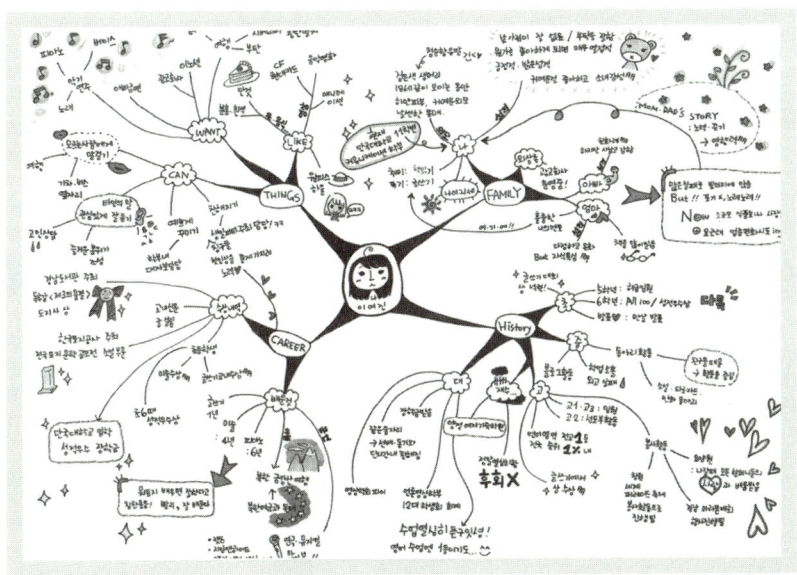

+ 마인드맵 실제 사례

나만의
취업 메뉴판을
가져라

취업 로드맵 프로세스를 살펴보면 자기 분석과 기업 분석, 직무 분석을 통해 교집합으로 중첩되는 부분을 찾아서 적합한 인재임을 보여주는 것이 올바른 취업 프로세스이다.

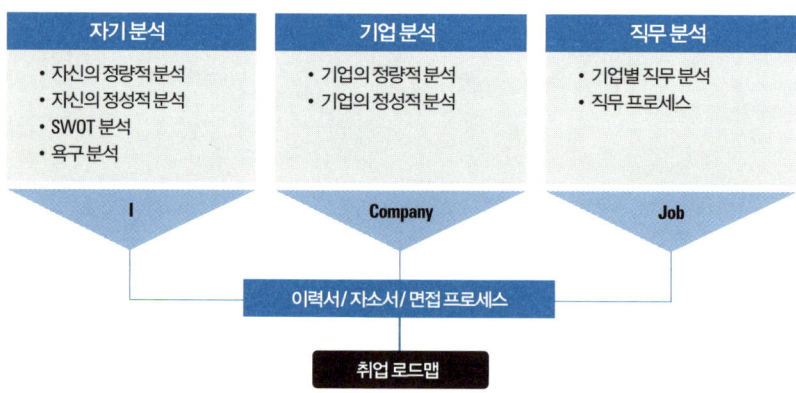

좀 더 구체적으로 살펴보면 자기 분석을 통해 자신의 정량적 / 정성적 분석을 하고 다른 지원자와 다른 차별적 전략을 표현하기 위한 SWOT 분석, 자신의 비전을 통해 방향을 설정하는 욕구 분석을 함으로써 자신이 기업에 적합함을 메뉴판처럼 골라 쓸 수 있게 된다. 그런 도착점을 확인하고 지원하는 기업을 제대로 파악하기 위해서는 정확한 기업 분석과 방향을 찾아야 한다. 여기에 필요한 것이 직무 분석을 통한 올바른 취업 로드맵 프로세스이다.

그렇다면 다른 지원자와의 차별점은 어떻게 표현할 수 있을까? 어처구니없게도 대부분의 지원자들의 실수가 잦은 부분인데, 스펙을 쌓기 위해 노력하는 모습을 보면 스스로 기업에 필요한 인재임을 차별화하는 데 집중하는 것이 아니라, 그 수준에 맞추려고 노력한다. 차별화는 물론 자신이 보통 수준에도 이르지 못한다는 것을 에둘러 말하는 것 같아 안쓰러울 때가 많다.

예를 들어, 토익 점수에 목숨을 거는 지원자가 뜻밖에 많다. A와 B, 2명의 지원자의 토익 점수를 비교할 때 A는 800점, B는 890점이라고 하자. 인사 담당자가 봤을 때 A와 B의 차이는 뭘까? 둘 다 800점대의 토익 점수라면 인사 담당자의 눈엔 800점과 890점의 차이는 앞에서 누누이 강조했던 것처럼 생각보다 크지 않다. 하지만 지원자 입장에서는 A의 경우 600점에서 800점의 토익 점수를 올리는 것과 B의 경우 800점에서 890점의 점수를 올리는 것 중 어디가 더 많은 노력과 시간이 들까? 공부를 해본 사람들이라면 쉽게 알 수 있겠지만 분명 B가 더 많은 노력과 시간을 도서관에서 할애해야 한다. 그런데 인정받는 것은 들인 노력에 비하면 효과가 크지 않다. 따라서 어느 수준에 점수를 올려놓았다면 그 다음은 기업에 맞는 인재임을 드러 낼 수 있는 강점에 중점을 둬야 한다.

자기 객관화의 시작, SWOT 분석

자신을 드러낼 강점을 제대로 파악하기 위한 분석으로 SWOT 분석을 하게 된다. 원래 기업의 경영 분석 기법이지만 최근에는 취업을 준비하는 지원자라면 SWOT 분석을 한 번 이상 접했을 것이다. 기업에서 SWOT 분석은 내부적인 관점에서의 기업의 강점(Strength)과 약점(Weakness), 외부적인 환경요소로서 기회(Opportunity)와 위협(Threat) 요인으로 구분하여 다른 기업과 차별화된 대응 전략을 찾는 데 활용된다. 이렇게 복잡한 것을 왜 취업 지원자가 해야 할까? 하지만 잘 생각해 보면 자신의 인생을 경영하는 것은 누구인가? 바로 자신이다. 그러므로 남들보다 더 자신의 인생을 효과적으로 경영하기 위해 SWOT 분석을 한다고 생각하면 된다.

자신의 SWOT 분석을 통해 내부 환경을 파악하여 강점과 약점을 발견하고, 외부 환경을 파악해 기회와 위협을 찾아낸다. 이를 토대로 강점은 살리고 약점은 죽이고, 기회는 활용하고 위협은 억제하는 차별화된 전략 포인트를 수립하는 것이다. 이때 사용되는 4요소를 강점·약점·기회·위협(SWOT)이라고 하는데, 강점은 다른 지원자와 비교하여 강점으로 인식되는 것은 무엇인지, 약점은 남들과의 비교했을 때 약점으로 인식되는 것은 무엇인지, 기회는 외부 환경에서 유리한 기회 요인은 무엇인지, 위협은 외부 환경에서 불리한 위협 요인은 무엇인지를 찾아낸다. 자신의 강점과 약점을, 자신 외부의 기회와 위협을 대응시켜 취업이라는 목표를 달성하려는 SWOT 분석에 의한 차별화 전략의 특성은 다음과 같다.

① SO 전략(강점-기회전략) : 기회를 활용하기 위해 강점을 사용하는 전략을 선택한다.
② ST 전략(강점-위협전략) : 위협을 회피하기 위해 강점을 사용하는 전략을 선택한다.
③ WO 전략(약점-기회전략) : 약점을 극복함으로써 기회를 활용하는 전략을 선택한다.
④ WT 전략(약점-위협전략) : 위협을 회피하고 약점을 최소화하는 전략을 선택한다.

SWOT 분석에 대해 전문적으로 얘기했지만 실제 자신의 내용으로 분석할 때는 그리 어렵지는 않다. SWOT 분석은 도서관에 앉아 몇 시간 머리 싸매고 쓴다고 잘 써지는 것도 아니다. 우선은 남들이 좋아할 법한 내용만 적으려고 하지 말고 우선은 사소한 부분까지 모두 파악하는 것이 중요하다. 그래서 A4 종이 한 장을 반으로 접고,

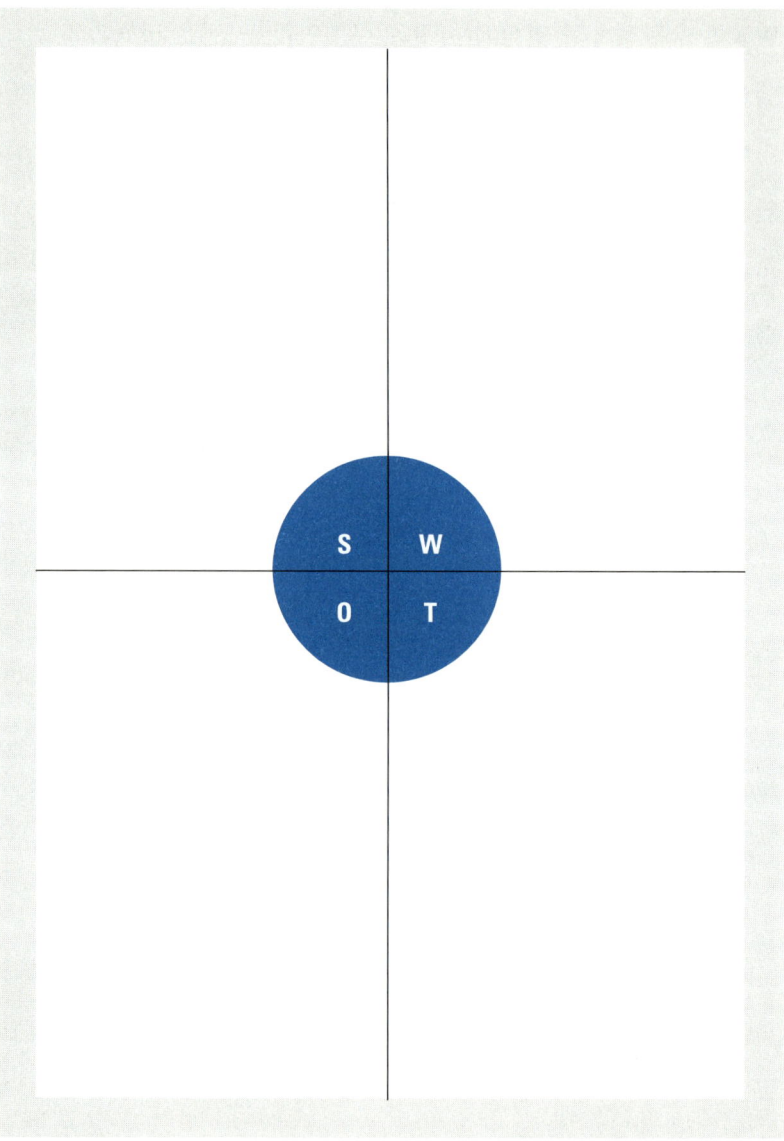

➕ SWOT 분석

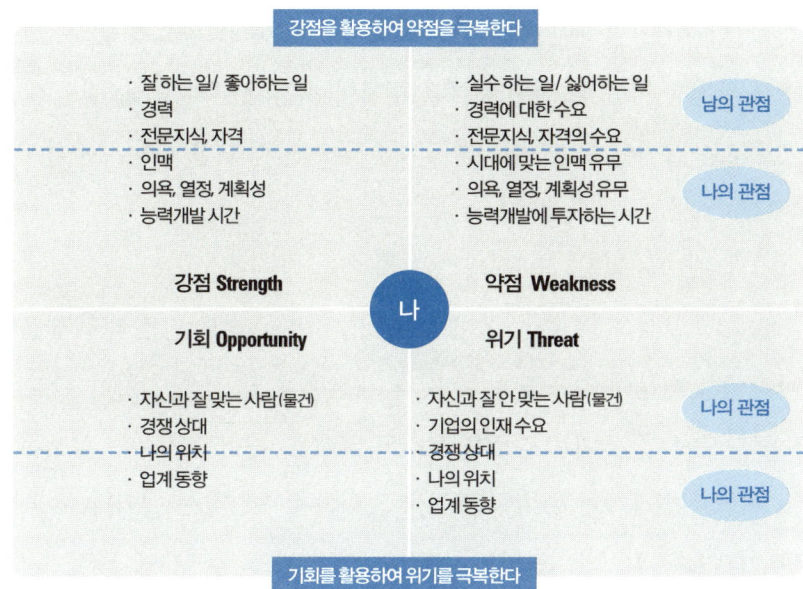

· 잘하는 일/ 좋아하는 일
· 경력
· 전문지식, 자격

· 실수 하는 일/ 싫어하는 일
· 경력에 대한 수요
· 전문지식, 자격의 수요

남의 관점

· 인맥
· 의욕, 열정, 계획성
· 능력개발 시간

· 시대에 맞는 인맥 유무
· 의욕, 열정, 계획성 유무
· 능력개발에 투자하는 시간

나의 관점

강점 Strength　　　**나**　　　**약점 Weakness**

기회 Opportunity　　　**위기 Threat**

· 자신과 잘 맞는 사람(물건)
· 경쟁 상대
· 나의 위치
· 업계동향

· 자신과 잘 안 맞는 사람(물건)
· 기업의 인재 수요
· 경쟁상대
· 나의 위치
· 업계동향

나의 관점

나의 관점

기회를 활용하여 위기를 극복한다

✚ SWOT 분석 활용

또 반으로 접어서 펴게 되면 4등분이 만들어지게 된다. 한 영역당 강점·약점·기회·위협(SWOT)을 할당하고 주머니에 가지고 다니면서 버스나 지하철 타고 이동할 때, 친구 기다릴 때, 수업 쉬는 시간 등 틈틈이 보고 써내려가는 것이 좋다. 처음에는 강점을 1~2개 적고 더는 떠오르지 않는다면 바로 약점으로 넘어가서 적고 또 안 떠오르면 고민하지 말고 기회, 위기 이런 식으로 넘어가면서 적으면 된다.

여기서 주의해야 할 것은, 강점을 넣을 때 남이 얘기하는 것을 중심으로 넣지 말아야 한다는 것이다. SWOT를 제대로 분석하려면 남이 보는 관점에서만 분석하면 안 된다. 자신 안에서 보는 관점에서도 분석해 차별화 포인트를 찾아낼 수 있게 된다. 그래서 강점·약점·기회·위협 영역의 중간에 점선 하나를 더 만들 필요가 있다. 그래서 강점을 적을 때 점선 윗부분은 남이 보는 관점의 강점, 점선 아랫부분은 자신이 보는 관점의 강점을 적으면 더욱 효과적인 분석이 된다.

SWOT 분석을 다 한 다음에는 무엇을 해야 할까? 강점과 약점을 파악했기 때문에 강조해야 할 것과 개선해야 할 것을 찾아야 한다. SWOT 분석을 토대로 강점은 살리고 약점은 죽이고, 기회는 활용하고 위협은 억제하는 차별화된 전략 포인트를 수립하는 것이다. 하지만 이게 말처럼 쉽지는 않다. 강점과 약점 등을 한꺼번에 드러내고 감추는 것은 쉽지 않다. 그렇기 때문에 강점을 좀 더 정교하게 다듬을 필요가 있다. 하지만 이상하리만큼 많은 사람이 선택하는 것은 바로 약점 보완이다.

머리는 강점을 살려야겠다고 생각하지만, 많은 지원자들이 자신의 약점에 먼저 집중한다. 사람은 누구나 남에게 보여주고 싶지 않은 부분을 먼저 개선하고 싶은 본능이 있기 때문이다. 간단한 예를 들어, 자신의 강점이 '머리를 대면 1분 안에 어디서든 잠들기'라고 해보자. MT나 워크숍 등 외부 나오면 잠자리가 바뀌어서 잘 자지 못하는 사람이 있는 반면, 어디서든 쉽게 잠을 잘 수 있다는 것은 자신만의 강점이 될 수 있다. 그에 반해 약점으로 코골이와 이갈이라고 하자. 워크숍을 왔는데 자신은 푹 잤는데 같이 잤던 사람들이 이 사람의 잠

버릇 때문에 못 잤다고 불만을 토해내면 아마도 남들과 함께 자는 것이 신경 쓰일 것이다. 그래서 개선하고자 이비인후과에 가서 코골기와 이갈기 치료를 한 달 동안 개선했다고 하자. 그럼 뭐가 달라졌나?

그저 '보통사람'이 된 것뿐이다. 그 약점이 없었던 사람과 같아졌을 뿐 뭔가 특별해진 것이 아니다. 적지 않은 시간과 노력을 들여 그저 보통사람이 된 것인데, 이건 좀 억울한 일이다. 강점에 집중하라는 말은 바로 이런 이유에서 나온 말이다. 공들여서 부족한 약점을 보완해 봐야 변별성을 갖추기는 어렵다. 그 대신에 자신이 직무에 적합하고 차별화된 핵심 인재임을 드러내는 일에 집중하는 것이 훨씬 효과적이다. '홈런왕' 이승엽 선수에 팬들이 주목했던 것이 홈런 수였지 삼진과 아웃 수가 아니었음을 명심하자.

자신의 강점을 통해 차별화된 핵심 역량이 유일한 것이라면 약점들이 있어도 치명적인 것만 아니라면 신경 쓰지 않게 된다. 사람은 모든 것에 완벽할 수는 없다. 그러나 자신에게 필요한 것에는 집중할 수 있다. 강점이나 약점을 쓸 때 보통 단점에 대해서는 오래 고민하지만, 강점은 뜻밖에 대충 쓰는 사람들이 많다. 그러나 이 부분이 곧 자신과 다른 지원자의 차별점이 된다는 사실을 확인해야 한다.

보통 자기소개서에서 강점과 약점을 한꺼번에 묻기 때문에 강점은 아무리 많이 써봐야 3가지 이상을 넘지는 못한다. 여기에 에피소드까지 덧붙이려면 한 가지 강점만 써도 공간이 부족하다. 그래서 이 부분에는 자신의 삶에서 가장 자랑하고 싶은 것, 남들도 이것 하나만큼은 인정해 주는 점을 써야 한다. 인사 담당자 입장에서 보면 다른 지원자와 가장 구별되는 차별화 포인트를 표현하라는 질문으로 이해해야 한다.

자기소개서의 핵심은 이처럼 바로 강점을 누가 더 효과적으로 드러내느냐는 것이다. 강점을 쓰기는 사실 쉽지 않다. 자신을 잘 알고 있다고 하지만 막상 쓰려고 하면 뭐가 강점인지 잘 두드러져 보이지 않기 때문이다. 그러나 입사에 필요한 자기소개서라는 전제를 생각하면 조건이 확실해진다. 즉, 한 인간으로서가 아닌 직장인으로서의 강점, 다시 말해 회사생활에 부합하는 부분을 써야 한다는 의미다.

포괄적 의미의 인간으로서 강점과 사회인으로서 강점은 같을 수도 있지만 다를 수도 있다. 이 점을 구분하기 위해서는 회사에서 요구하는 인재가 어떤 모습인지 파악하고 있어야 한다. 예를 들어, '마술을 배워서 남들 앞에서 보여줄 수 있는 능력'이 있다고 하자. 개인적으로는 남들이 쉽게 하지 못하는 강점일지 모르지만, 기업 입장에서는 이벤트 회사가 아닌 한 높게 평가할 역량은 아니다. 그러나 내성적인 성격이 있던 자신이 마술을 배우고 나서는 '어떤 모임이든 마술을 보여주면서 어색한 분위기를 이끌고 소통하는 방법을 이끈다.'라고 한다면 바로 회사생활에 필요한 강점으로 발전할 수도 있다. 지원한 기업에 필요하고 성과를 창출할 수 있는 역량이라면 무엇이든 전략적으로 접근할 수 있다.

좋아하는 일 – 중국어 읽기, 중국영화 보기
자격증 – 한자검정 2급
의욕 – 군인정신에서 나오는 끈기
열정 – 중국사람처럼 중국어를 잘하고 싶다는 열정
주위인맥 – 학원가 선생님, 볼링선수 등 여러 방면 인맥
능력 – 남들보다 뛰어난 수학적능력

성격 – 게으르고 태만
현재 상황 – 갓 전역해서 사회에 적응이 덜 됨
독서 – 한 달에 한 권도 읽지 않을 정도로 독서량 미미
능력 – 남들보다 언어적 능력이 떨어짐
확실히 정하지 못한 목표, 그로 인한 목표의식의 결여

↑ My think 강점 Strength your think ↓

전역한 지 2개월 – 하고자 하는 열망이 많다
중국어 – 하고 싶은 열정이 강렬
글씨를 잘 쓰고 손재주가 있고 악기를 다룰 줄 아는 등
여러 방면에서 재능이 있음
수능 및 모의고사에서 보여주듯 수학적 능력이 뛰어남

↑ My think 약점 Weakness your think ↓

군대에서 전역한지 얼마 지나지 않아 예전 습관이 나옴
하나의 방면에 집중을 잘 못함
말의 속도가 너무 빨라서 면접 시 불리
신문, 독서량의 부족으로 일반 상식의 부족

기회 Opportunity   나   **위기 | Threat**

자신과 잘 맞는 사람(물건)
중국에 대한 지식이 풍부한 사람
내 생각에 수정을 해주는 사람
경쟁 상대
중국어, 영어 2개 국어에 능통한 자
나의 위치
중국어 연극으로 발음 개선
계속해서 배우려는 부단한 노력
업계 동향
요즘 크게 성장하고 있음
어학에 능통한 인재 선택

자신과 잘 안 맞는 사람(물건)
앞에서는 잘해주고 뒤에서 욕하는 박쥐형 인간
친구보다 이성을 따르는 인간
기업의 인재수요
외국어 능통한 사람을 요구(native speaker)
어문계열보다 상경, 법정계열을 선호
경쟁 상대
외국어에 능통하고 전공에 전문적인 사람
나의 위치
외국어 취약, 어문계열이므로 제2전공 필요
업계 동향
요즘 상승하는 기업으로서 많은 이들의 관심이 집중

✚ 욕구 분석을 위한 SWOT 분석 예시

SWOT 분석을 통해 차별화된 역량을 파악했다면 다음으로는 본
인이 원하는 방향이 무엇인지 알아야 하는 욕구 분석을 해야 한다.
SWOT 분석을 해봤다면 이것은 정말 쉽고, 하면서 즐겁다. 욕구 분
석은 HDBW를 통해 하는 것이다. 자신이 평생 또는 10년 안에 가
지고 싶은 것(Have), 하고 싶은 것(Do), 되고 싶은 것(Be), 그래서 가

야 할 길(Way)을 찾는 분석 기법이다. 그런데 지금 상황으로 보면 가지고 싶은 것이 있어도 시간도 없고, 돈도 없고, 하면서 없는 현실을 보면서 좌절하는데, 이 분석을 할 때는 긴장을 풀고 상상을 통해서 시간, 돈, 필요한 모든 자원이 있다는 전제하에 적어나가기 시작하면 된다.

SWOT 분석을 했다면 욕구 분석에 대한 준비가 끝난 상태이다. SWOT 분석을 위해 A4 용지를 4등분한 것을 가지고 있지 않은가. 뒷면으로 뒤집으면 또 4등분된 영역이 보일 것이다. 거기다 Have/ Do/ Be/ Way 영역을 만들고 지나가다 가지고 싶은 것이 있으면 모두 적어보자.

적을 때는 이것도 자투리 시간을 이용해서 고민하기보다는 우선 욕구만 생기면 바로 적어라. 지나가다가 차를 보고 나도 가지고 싶다면 바로 'Have'에 차를 적어라. 단 차 옆에 ( )를 하고 나서 상세하게 적어야 한다. 가지고 싶은 차의 모델이든지 아니라면 관련 스펙이라도 적어서 상세하게 만들어 놔야 내 것이 될 수 있다. 유형적인 것, 무형적인 것 상관없이 적어가라. 무형적인 것은 가지고 싶은 능력을 적어도 된다. '뛰어난 소통 능력'을 적었다면 또 ( )를 만들고 그 안에 구체적으로 어떤 커뮤니케이션 능력을 갖추고 싶은지 적어야 한다. '뛰어난 커뮤니케이션 능력(지나가는 사람에게도 만 원을 빌릴 수 있는 능력)' 이렇게 말이다. 지나가는 사람한테 만 원을 빌리는데 갚는다는 믿음을 줘서 빌릴 수 있는 커뮤니케이션 능력을 말하는

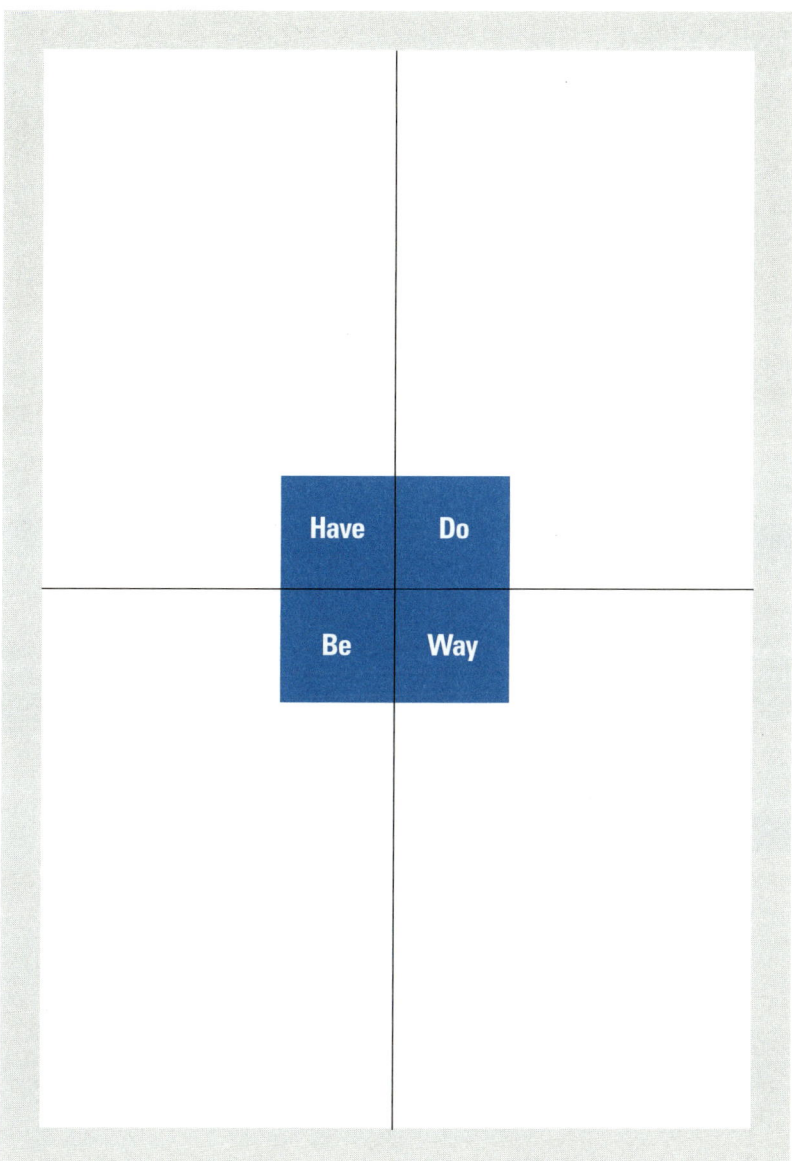

것이다. 이렇게 구체화하면서 상세히 적어나가는 것이다. 같은 요령으로 하고 싶은 것(Do), 되고 싶은 것(Be) 이렇게 3가지를 빼곡히 적은 후 자신에게 제일 중요한 것 5개만 선택하면 이제 연관된 흐름 속에서 무엇을 해야 할지 가야 할 방향이 서서히 보이게 된다. 그런 부분은 'Way'에 적어나가면 된다. 또 다른 좋은 방법의 하나는 텍스트로 욕구 분석을 적어놓고, 그에 해당하는 이미지를 붙여놓으면 동기가 더욱 명확해지는 효과를 얻을 수 있다.

Have	Do
Hsk 10급 그렌저 TG – 은색 풀 옵션 최고급 볼링세트 부모님 제주도 여행 티켓 중국 동남아 배낭여행 자금 각 나라의 특색이 담긴 담배 나만 바라보는 귀여운 여자친구	중국 전역 여행을 떠남(여자친구와 함께) 사내 볼링 동호회를 결성, 일주일에 한두 번 볼링을 즐김 RC카 만들기 중국영화 및 중국연극 감상, 중국문화 평론가가 됨 모교의 학회 및 후배들에게 많은 지원 부모님 제주도 여행 보내드림

Be	Way
STX 랭커 영업실→ 중국으로 팜유 수출 시 책임자 보조 → 계속적인 경험 확충 후 중국 무역 시 책임자 등극 7급 공무원 시험 6과목 준비 → 외교 영사직에 응시 → 합격 후 주중 한국 대사관의 외교관 보좌 대학생활 동안 평생을 같이할 여자친구 만남 → 각자공부를 하다 취업. 이후 행복한 시간을 보냄	중국어 및 영어의 새로운 기반 잡기 → 중국으로 1년간 어학연수 → 돌아온 후, 중국어, 영어, 회계학 공부의 병행 → 졸업 전 HSK 10급 획득, 토익 900점 달성→ 영어권으로 잠시 어학연수 → STX 지원 → 입사 학교 생활과 고시생활의 이중병행 → 학점관리 틈틈이 시험공부 준비 → 당락이 좌우되는 중국어와 국제 정치학에 세심한 준비 → 졸업 후 2~3년까지 목표를 위해 노력 → 합격

✚ 욕구 분석 예시

목표 없는 시계보다 방향 있는 나침반이 필요하다

초등학교 때 방학이 시작하기 전에 다음과 같은 하루를 계획하는 일일 계획표를 만들어 본 경험이 있을 것이다. 나름대로 고민하면서 열심히 만들었던 계획표였지만 매일 보면서 실행한 기억은 많지 않다. 대부분 하루 이틀 시도하다가 결국 그대로 작심삼일에 그쳤을 것이다.

그런데 왜 스스로 만들고 계획한 표인데 지키지 못한 것일까? 그 원인은 바로 자신이 하고 싶은 대로 짠 계획이 아니기 때문이다. 선생님이나 부모님께 보여주기 위한 일일 계획표로, 이상적인 계획을 짜 넣기에 급급했을 것이다. 그러나 실천하지 못했던 더 큰 이유를 조금 더 생각해 보면, 방향이 없기 때문이다. 하루 24시간을 쪼개서 만든 계획표는 맞지만 무엇을 위해 이 시간을 쓸 것인지에 관한 내용이 빠져 있다. 목표가 없이 하루 24시간만 쪼개면서 할 일을 집어넣기에 급급했다. 그러니 막상 '오전 공부' 시간이 되었을 때 스스로 의욕이 생기지 않고, 책상 앞에 앉아 있어도 공부가 될리 만무하다.

목표의 방향 없이 시간을 쪼개다 보면 자신이 어디로 가는지도 모르고 열심히 달리는 것과 같다. 만약에 자신의 장래 꿈이 과학자가 되는 것이라고 그에 맞춰서 일일 계획표를 짰다면 할지 안 할지 모르는 막연한 '오전 공부'가 아니라 '과학 관련 서적에 관한 독서'라는 좀 더 구체적인 계획이 잡힐 것이다. 오후엔 '오후 공부'보다 과학 교실을 보내달라고 스스로 부모님께 요청할 수도 있었을 것이다. 그만큼 가야 할 목표와 방향이 생기면 스스로 그곳을 가기 위한 노력이 생긴다.

나침반은 무슨 정보를 알려주는가? 바로 정북향이다. 그렇다면 여러분 인생의 정북향은 어디를 향하고 있는지 알고 있는가? 대부분 사람들은 뭔가를 해야 한다고 생각하면 먼저 시계부터 본다. 그 작업을 하기 위한 시간을 확인하기 위해서다. 뭔가 빨리 끝내려고 하는 속도를 측정하려는 본능 때문에 시계를 보는 행동이 먼저 나타나는지도 모른다. 그런데 가야 할 방향을 모르고 무조건 빨리 가야 한다고 아무 방향이나 달리기 시작하면 다음에 큰 문제가 생긴다. 열심히 달려왔는데 확인해 보니 가자고 하는 도착점과는 정 반대 방향으로 달려왔는지도 모른다. 그럼 그때 다시 처음 출발점으로 되돌아가기 위해 많은 시간과 에너지를 소비해야 한다.

목표 없는 취업 준비 제대로 될리 없다

초조하다고 남들을 따라 무턱대고 달리기보다는 우선은 가고자 하는 목표 지점과 그에 맞춰 방향을 확인한 후 달리기 시작해도 늦은 것은 아니다. 취업도 똑같다. 남들이 취업을 하려고 달리기 시작한다고 무턱대고 따라 뛰다 보면 자신의 위한 취업 준비가 아니라 남들 따라 어디로 가는지도 모르고 막연히 달리는 취업 준비를 할지도 모른다.

A라는 사람이 그림 퍼즐을 선물로 받아 맞추기를 하게 되었다고 하자. 1,000개나 되는 조각들을 테이블에 쏟아 늘어놓았다. 그리고 뚜껑을 들여다본다. 어떤 그림일까? 그런데 완성된 그림과 조각의 내용물이 다르다. 어떻게 할까? 아마도 버리지는 않을 것이다. 어디서부터 맞춰갈 것인가? 테두리부터 맞춰갈 것이다.

B라는 사람도 1,000조각의 그림 퍼즐을 선물로 받아 맞춘다고 해보자. 이번에 내용물을 보니 다행히도 완성된 그림과 조각의 내용물이 같았다. 어디서부터 맞출 것인가? 물론 B의 마음대로다. 테두리부터 맞춰가던지 그림을 보고 같은 색이나 그림을 보면서 맞출 방법이 더 생길 것이다.

그럼 A와 B 둘 중에 누가 먼저 빠르게 그림 퍼즐을 완성할까? 당연히 완성된 그림을 보면서 맞추는 B일 것이다. 그럼 누가 느릴 것인가? 물어보나 마나 어떤 그림을 맞추는지 모르고 막연히 퍼즐을 대보면서 맞춰가는 A가 확실할 것이다. 둘이 완성되는 속도의 차이는 2배가 날지 10배가 날지는 모른다. 그렇지만 확실한 것은 하나 있다. 완성된 그림이 뭔지 모르는 상태에서 퍼즐을 맞추면 더 늦어진다는 사실이다.

그렇다. 자신 인생의 목표를 정해놓고, 보면서 달리는 사람과 목표가 뭔지 모르는 상태에서 달리는 사람은 목표 지점에 도착하는 속도가 확실히 다르다. 그래서 인생의 목표뿐만 아니라 취업의 목표도 명확하게 정해놓고 준비를 해야 자신의 원하는 방향으로 성취될 확률도 높고 속도도 빠르게 전개될 것이다.

'토끼와 거북이의 경주'라는 동화를 보면 이런 이야기가 담겨 있다. 길을 가다 만난 토끼와 거북이는 고개 위에 있는 깃발까지 빨리 가는 경주를 시작했고, 토끼는 게으름을 피워서 낮잠을 자다가 늦게 되고 거북이는 열심히 경주하여 목표 지점에 먼저 도달했다는 내용이다. 성실하고 열심히 해야 한다는 교훈을 담고 있는데, 지금에 와서 곰곰이 생각해 보면 약간 다른 교훈이 발견된다.

땅에서는 당연히 토끼가 더 잘 달릴 수밖에 없다. 그런데도 토끼가 진 이유는 바로 목표가 서로 달랐기 때문이다. 거북이의 목표는 깃발이 있는 목표 지점에 빨리 도달하는 것이다. 그러나 토끼의 목표는 거북이를 이기는 것이다. 그런 이유로 앞질러 열심히 달려가던 토끼는 뒤를 돌아 거북이가 천천히 오는 것을 보고 안심하고 낮잠이 든 것이다. 이른 시간에 깃발이 있는 목표 지점에 도달하는 것이었다면 토끼는 방심하지 않았을 것이다. 이처럼 목표가 명확하지 못할

때 능력이 있어도 그 능력을 제대로 발휘하지 못할 수 있다. 취업도
마찬가지다. 취업의 목표는 자신에게 맞게 설정하고 그 방향을 위해
준비하고 달려가야 한다. 위에 있는 화살표를 보자. 화살표를 보면
뭐가 떠오르는가?

보통은 '높은 성과', '성공', '발전', '성장' 등의 단어가 떠오를 것
이다. 누구나 지금 성공한 사람을 보면 부러워한다. 그리고 화살표
처럼 자연스럽게 성장하는 곡선의 인생을 살아가고 있다고 느끼게
된다. 그러나 이것은 본인이 아닌 삼자의 눈으로 그렇게 단정하는 것
이다. 실제로는 절대 그렇지 않다. 실제 본인의 입장으로 가서 자세
히 살펴보면 성장 곡선을 타면서 잘 가고 있는 것처럼 보이지만, 정
작 그 자신은 힘든 계단을 오르락내리락하며 열심히 올라가고 있는
것이다. 때로는 넘어지기도 하고 미끄러지기도 하면서 올라가고 있

는 것이다. 그러나 남들은 결과만 놓고 쉽게 성장하고 있다고 단정한다.

취업을 앞둔 자신을 보라. 자신만 지금 엄청나게 힘든 것처럼 느낀다. 그러나 성공한 모든 사람은 자신의 자리에 오르기까지 수많은 과정을 겪고 스스로 극복하면서 그 자리에 도착하게 된 것이다. 목표를 세우고 나침반을 통해 방향을 제대로 확인한 후에 자신의 페이스에 따라 달리기 시작하라. 지금은 힘들게 느껴지겠지만 어느 순간 고개를 들었을 때 분명히 정상을 향해 달려가고 있는 여러분을 볼 수 있을 것이다.

10곳을 지원하려면 100곳의 기업을 분석하라

이제 기업 분석을 통해 가고자 하는 도착점을 파악하는 단계이다. 가끔 기업 분석은 하지도 않고 자기소개서만 써놓고 기업마다 모두 뿌리는 지원자가 있는데, 그건 한마디로 전단을 마구잡이로 뿌리는 것과 같다. 전단을 뿌릴 때는 정해진 고객보다는 불특정 고객을 향해 뿌리는 경우가 많다. 전단을 뿌려본 경험이 있는 사람이라면 쉽게 알겠지만 반응도는 극히 일부에 불과하고 대부분이 휴지통으로 들어간다. 자기소개서도 마찬가지다. 기업에서 관심을 가질 수 있게 써서 제출해야 면접의 기회가 만들어진다. 기업 분석도 제대로 파악하지 않고 자기만의 자기소개서를 써서 제출하면 전단을 나눠주는 것과 별반 다를 바 없다.

■ 지원/희망/선호 기업

NO	기업명	지원부서	비 고
1			
2			
3			
4			
5			
6			
7			
8			
9			

✚ 지원/희망/선호 기업

먼저 자신이 어떤 기업에 관심이 있는지, 어떤 기업에 가고 싶은지, 지원하는 기업을 먼저 리스트업해야 한다. 기존에 가고 싶어서 관심 있게 지켜보던 기업이 있다면 바로 정리하면 되고, 그렇지 않았다면 머릿속에 선호하던 기업 3개만 적어보자.

관심을 가지면 기업이 새롭게 눈에 보인다

기업 이름과 부서를 적는 데 부담을 가질 필요는 없다. 우선 관심이 있다면 적어보자. 그런 후에는 기업의 정보를 하나씩 분석해 보면 된다. 그런데 기업 분석을 하다 보면 자신이 미처 알지 못했던 새로운 기업들을 알게 된다. 자신이 지금 알고 있는 기업이 몇 개나 되는지 생각해 보자. 아마도 수십 개를 넘지 못할 것이다. 그런데 우리

나라에는 크고 작은 기업이 300만 개가 훨씬 넘는다. 일반적으로 머릿속에 선호하는 기업은 BtoC 대기업 정도만 알고 있을 뿐, 기업 간의 BtoB 기업 중 자신과 잘 맞는 기업이 있는지조차 모른다. 그러므로 선호하는 기업 분석을 통해 관련된 주변 기업들을 파악하면서 그런 기업을 찾는 것도 기업 분석의 시작이라고 할 수 있다. 그래서 관심이 생기는 기업을 리스트에 계속 추가해 나가야 한다.

관심 있는 기업 정보를 파악하는 방법은 뜻밖에 쉽다. 기업 홈페이지를 통해 정보를 수집하고, 포털사이트에서 기업명이나 CEO와 임원의 인터뷰 기사 등을 검색하면 어느 정도 정보는 파악된다.

- 기업의 전체적인 개요
- 기업의 비전과 모토
- 회사의 특징
- CEO가 추구하는 가치관
- 성장의 속도, 규모, 과정, 앞으로의 가능성
- 회사에 관한 대외적인 평가와 관련 기업
- 회사의 이미지

이 중에 자신이 지원하는 직무와 역량, 역할에서 적합한 점이 있다면 바로 그 점을 부각해서 자신의 지원 기업과 잘 맞는 핵심 인재임을 강조해야 한다. 이때 포인트는 기업의 비전을 알고 있는 것이 중요한 것이 아니라 기업의 비전이 자신의 비전과 잘 맞는다는 것을 강조하여 적합한 인재임을 효과적으로 표현해야 한다. 자신의 핵심 역량을 통해 기업의 성과를 창출하고, 자신의 만족과 성장이 시너지를 낼 수 있도록 표현하여, 기업을 쉽게 그만두지 않고 꾸준히 종사할 것임을 신뢰감 있게 강조해야 한다.

기업 분석, 기업의 비전과 자신의 비전을 조율하는 작업

평생 직장의 개념이 사라지고 자기의 몸값과 성장을 위해 이직이 현명한 선택이라고까지 생각하는 것이 오늘날의 현실이다. 최근에는 1년 미만의 신입사원이 하던 일을 그만두고 이직을 결심하는 경우가 많아졌고, 짧지만 다니던 직장을 그만두고 다시 신입으로 지원하는 사람도 많이 볼 수 있다. 하지만 신입이 1년이 안 되어 이직하면 그 짧은 경력은 절대 인정받기 어렵다. 일반적으로 1년 미만의 이력이 두 번 이상이라면 다음 번 지원하는 기업에서는 그 이력을 보고 조직에 적응을 못 하는 지원자로 단정하기 쉽다. 그러므로 취업의 첫 단추는 정말 중요하고 그래서 기업 분석을 제대로 해야 한다. 다급한 마음에 무조건 달려가기보다는 그 기업이 정말 자신하고도 맞는지 스스로 확인을 해야 한다. 그래서 면접은 단지 기업에 필요한 인재로 면접을 당하고 오는 것이 아니라 자신 스스로는 기업이 자신에게 맞는지를 확인하러 가는 자리이기도 하다.

대학을 갓 졸업한 지원자라면 취업을 위해 기업과 직무를 단지 4

년 공부한 것으로만 선택하는 것은 좀 더 신중할 필요가 있다. 막연한 기대감으로 들어갔다가 자신의 적성에 안 맞는다고 고민하다가 이직하게 되면 그 이후 이직한 기업에서는 만족할 수 있을까? 절대 아니다. 전 세계 어느 나라 대기업이든 작은 기업이든 취업 후 2, 3년까지는 힘든 과정을 거치게 마련이고, 지금 자신이 누구처럼 되고 싶어 하는 기업의 리더가 있다면 그 리더도 사회 초년엔 이런 과정을 분명히 거쳐왔다.

요컨대, 기업과 직무를 제대로 파악하고 기업의 비전과 자신의 비전이 부합하는 일을 하면서 성장의 시너지와 발전 기능성이 보이는지를 확인해야 한다. 기업 분석과 직무 분석이 왜 중요한지 이 대목에서 더욱 절감해야 한다. 자신이 좋아하는 일이라면 자기 계발과 역량 개발을 통해 헤쳐 나가게 되고 그런 과정이 자신을 더욱 성장하게 한다. 어떤 일이든 오래 하면 익숙해지고 원하는 어느 정도의 성과는 얻을 수 있다. 그러나 적성에 맞는 직업을 선택한다면 그 익숙해지는 시간이 짧아지고 그 한계를 넘는 리더의 모습에 가까워지게 된다.

일을 좋아만 할 수는 없다. 그렇지만 지금 이 순간만이라도 자신이 선택한 직업을 통해 달라질 10년 뒤, 20년 뒤 다가올 미래를 한번 그려보자. 어떤 모습으로 성장해 있을지, 그리고 은퇴하게 될지. 그래서 더욱 직무에 대해서 자신이 힘들어도 즐겁게 수용할 수 있는 그 일에 대해 좀 더 고려해야 하는 것이다.

기업 정보, 주식 투자하듯이 나서라

"왜 우리 회사에 지원하는가?" 또는 "왜 이 일을 하려고 하는가?"라는 질문에는 질문자의 다른 의도가 있다. 이 질문은 우리 회사를 얼마나 알고 있으며, 본인이 뽑힌다면 어떤 역할을 할 수 있는지를 확인하려는 의도가 숨겨져 있다. 직무적인 부분을 물어보는 질문은 조금 다른데, 직무란 회사를 옮기더라도 바뀌지 않는 경우이기 때문에 회사에 관한 관심만을 표현할 것이 아니라, 직무에 관한 이해와 스스로 어떻게 할 것인지에 대한 의지가 담겨 있어야 한다. 그래서 바로 취업 앞에 있는 부분만을 강조하는 것보다 장기적인 방향까지 함께 제시해 줘야 하는데, 그 부분이 비전으로 표현된다.

기업과 직무를 제대로 분석하기 위한 단계로 들어가면 정량적인 분석과 정성적인 분석을 할 수 있는데 첫째, 정량적인 분석은 앞에서 거론했듯이 홈페이지나 검색을 통해 그 기업에 관한 정보를 정리하는 방식이다. 정량적인 정보는 인터넷을 통해 얻을 수 있는 것으로 이들 정보는 모두 파악하는 것이 좋다.

- 지원 기업명
- 지원 분야 / 부서
- 대표자 / 창업자
- 본사 위치 / 공장 위치
- 설립 일자 / 종업원 수
- 홈페이지 / 연락처
- 중장기 목표 / 비전
- 올해의 경영 목표
- 재무상태
- 대표자의 경영 철학
- 기업이 원하는 인재상
- 기업 문화
- 주요 제품 또는 주력 서비스
- 경쟁 기업 (국내 / 국외)
- 사업 환경 분석 (SWOT)
- 지원 분야 / 부서의 주요 역할과 담당 업무
- 학점 수준 / 토익 점수 / 필요 자격증

■ 기업 분석 　　　　　　　　 [1] 기업명 _____

지원부서	

■ 기업정보

홈페이지		연락처	
CEO 성명		특징	
사원수		설립일	
주소			
주요사업			
주요연혁			

■ 채용정보

채용담당자		연락처	
채용시기		채용인원	
응시자격		우대요건	
전형방법		제출서류	

■ 인재상

■ 기업비전 / 경영이념 / CEO가치관

✚ 기업 분석의 정량적 정보

■ 전략정보 / 인맥

성명		근무부서 / 직책	
연락처		E-Mail	

□ 정보전략

□ 역량전략

□ 취업전략

➕ 기업 분석의 정성적 분석

- 실무 경험
- 요구되는 성격과 자질
- 입사지원서 자격 조건 / 우대 사항 / 채용 절차
- 인·적성 검사 방법 / 특징
- 자기소개서 항목
- 면접 종류 및 방법

누구나 알 수 있는 정보는 정보가 아니다

그런데 이런 정량적 정보가 진짜 정보의 가치를 설명할 수 있을까? 물론 그렇지 않다. 모든 사람이 다 알 수 있고 알고 있다면 그건 가치 있는 정보라고 볼 수 없다. 돈이 되는 정보를 모든 사람이 알고 있다고 해서 돈의 가치가 커지는 것이 아닌 것처럼 말이다. 가치 있는 정보는 모든 사람이 알고 있는 것이 아니라 소수만 알고 있든가 아니면 모두가 알고 있는 정보에서 맥락을 바꿔서 새로운 가치를 만들 가능성이 있는 것이 '가치 있는 정보'라고 할 수 있다.

따라서 '인터넷을 통해 홈페이지와 검색을 통해 누구나 얻을 수 있는 정량적 정보가 가치 있는 정보라고 볼 수는 없다. 누구나 얻을 수 있는 정보라면 그것은 사실적인 데이터에 불과하다. 그렇다면 가치 있는 정보는 어떻게 얻어야 할까? 다시 투자자의 입장으로 돌아가보자. 투자자의 입장에서 제대로 된 정보를 어떻게 얻을 수 있을까? 뉴스, 신문만으로는 분명히 부족하다. 중요한 정보는 사람을 통해 얻게 된다. 취업에서도 마찬가지로 가치 있는 정보를 사람을 통해 얻어야 한다. 그 기업을 제대로 알려면 그 기업을 다니고 있는 사람에게 얻어야 한다.

만약에 지원한 기업의 사람을 한 명만 만날 수 있다면 '인사 담당자를 만나야 할까?' 아니면 '지원 분야에 종사하는 실무자를 만나야 할까?' 5년 전만 해도 인사 담당자를 만나는 것이 나았다. 하지만 지금은 실무자를 만나는 편이 좋다. 예전만 하더라도 인사 담당자가 신입사원을 뽑아서 훈련하고 적성에 맞는 부서로 배치하는 것이 관례였다. 그렇지만 지금은 뽑자마자 바로 써먹을 수 있는 실무형 인재를 원한다. 어떤 역량을 가지고 있는 인재들을 뽑을 것인지에 대한 판단 재량의 상당 부분이 부서별 실무자들에게 일임되었고, 실제 면접에도 참여한다.

그렇다면 이제 가장 어려운 문제가 남았다. 어떻게 만나냐는 것이다. 일단 가용할 수 있는 주변 가족, 지인을 통한 인맥을 활용하는 것이 가장 좋다. 그것이 힘들다면 학교 취업센터에 요청하면 졸업한 모교 선배 연락처를 얻을 수 있고, 정중히 요청해서 부담되지 않는 범위 내에서 차한잔 하면서 만날 수 있는 자리를 만드는 것이 중요하다. 가능하다면, 선배 중 그 기업에 2년 미만의 선배보다는 3~5년 이상 경력을 가진 선배를 만나는 것이 중요하다. 2년 미만의 선배를 만나면 대부분이 하는 소리는 비슷하다. "힘들다." 그건 어느 기업이나 똑같아서, 그런 말에 현혹되지 말고 3년 이상 된 선배를 만나야 기업과 직무의 흐름에 관한 얘기를 진솔하게 들을 수 있다.

사람을 통한 정보, 이것이 바로 기업 분석에 있어서 가장 중요한 '정성적인 정보'다. 예를 들어, 선배를 만나 "이번에 제가 이 기업에 지원을 하려고 하는데 마케팅 부서에선 어떤 인재를 뽑는 건가요?"라고 질문했을 때 다양한 답변을 통해 중요한 정보를 얻을 수 있다.

첫째로, "이번에 새로운 그린 에너지 사업 관련 분야를 시작하면서 거기에 담당할 마케터를 뽑는 거야."라는 답을 들었다면 과연 어디에 초점을 맞춰야 할까? 바로 새로 진행하는 '그린 에너지 사업'이다. 이 정보를 알았다면 다른 지원자들은 자기소개서에 자신의 마케팅 역량만 강조하고 있을 때 본인은 '그린 에너지 분야의 새로운 마케팅을 선도할 역량'을 표현한다면 눈에 확 띄지 않겠는가. 그에 맞춰 면접 때는 질문이 쏟아질 것이고 그걸 준비하면 된다.

둘째로, "이번에 기존 사업의 마케팅 담당자가 나가서 대신할 사람을 뽑는 거야."라는 답을 들었다면 이제 무슨 마케팅 외의 어떤 역량을 강조해야 할까? 아무래도 기존 시스템의 이해가 빠르고, 적응할 수 있어야 하며, 리더십도 있어야 하고, 일을 맡길 수 있는 책임감과 일을 주도해 나가는 자신감이 있는 인재임을 표현하면 될 것이다.

셋째로, "이번에 사업 분야가 커지면서 기존 담당자를 도와줄 마케터를 뽑는 거야."라고 하면 리더십보다는 일을 잘 마무리하고, 챙기고, 꼼꼼한 성격의 인재를 뽑을 것이다.

이렇게 사람을 만나서 얻을 수 있는 정보는 단지 일반적인 정보가 아니다. 이것들은 정보 이상의 '정답'을 알고 쓰는 것과 같다. 기업의 정성적인 정보를 통해 자신만의 전략을 짜고 그 기반으로 자기소개서와 면접을 준비할 수 있게 된다. 그렇다고 정량적 정보가 덜 중요한 것은 아니다. 제대로 된 기업 분석은 '정량적 정보'와 '정성적 정보'를 통한 분석이 이뤄져야 직무 분석과 함께 그 기업에 적합한 인재로 표현할 수 있게 된다.

취업은 ─
스케줄 관리와의
싸움이다

구직 준비와 실행 단계에는 모두 시간이 필요하고, 마감이 다가올수록 그 시간은 더욱 간절하다. 아마도 벼락치기 시험 공부할 때의 마음이 이와 비슷할 것이다. 매번 마감 날에 입사 서류를 작성해서 제출한다면 그때마다 턱걸이하는 마음일 것이다. 기업의 입사 서류 준비를 '잘했다.'와 '못했다.'가 아니고 그냥 '시간에 맞춰 냈다.'는 데에 안도할 뿐이다. 떨어져도 정확한 분석조차 어렵다.

월간, 주간으로 나누어 상세하게 정리하라

입사 준비 과정은 시간에 허덕거려서는 곤란하다. 스케줄 전략이 필요하다. 이 전략은 준비와 실행에 필요한 작업에 관한 할당을 미리 해놓아야 한다. 스케줄 전략은 대체로 다음과 같이 수립하는 것이 좋다. 중요한 작업 대부분은 완료가 될 때까지의 물리적인 큰 시간 덩어리가 필요하다.

첫째, 주요 작업 완료를 위해 사용할 수 있는 시간의 큰 덩어리를 미리 만들어 놓는다.

둘째, 큰 덩어리를 쪼개고, 핵심적인 작업에 시간을 할당하며, 물리적인 시간을 분배한다.

자기소개서를 차분하고 여유를 가지고 쓰면 좋겠지만, 대다수 사람들은 접수 마감일에 쫓겨 황급히 떠오르는 대로 써낸다. 이 경우 평소 아무리 꼼꼼한 성격의 소유자라 하더라도 실수를 하게 마련이다. 특히 연도 등을 잘못 기재해 자신의 실수를 그대로 드러내거나, 다른 지원 회사를 기재하는 등 문장력과 관계없는 사소하지 않은 문제들로 서류 전형을 통과하지 못하는 경우가 비일비재하다.

자기소개서 작성에서 심리적 여유는 문장력이나 소재의 다양성만큼 중요하다. 그러므로 자기소개서를 작성하기 위해 평소에 좋은 문구나 소재가 떠오를 때마다 메모해 두었다가 기업의 인재상이나 지원 직무에 맞게 소재를 선택해 작성해야 한다. 이러한 준비가 최종 면접을 원활히 풀어가는 데 해답을 줄 것이다. 취업을 준비하는 다이어리나 플래너를 그래서 준비하고 다녀야 한다.

큰 덩어리부터 정리해 나가는 것이 좋다. 지원하는 기업의 서류 제출 마감일을 파악하여 미리 점검해 놔야 한다. 온라인 제출이 많다 보니 서버에 부하가 걸릴 수도 있으므로 최소 마감 날 1~2일 전에는 여유 있게 제출하는 것이 좋다. 또한 서류를 검토해야 하는 인사 담당자도 많은 양이 몰리면 검토하는 시간이 그만큼 줄어들기 때문에, 우선 접수된 서류를 먼저 점검할 가능성도 있다. 스케줄에는 다음과 같은 준비 과정이 담겨 있어야 한다.

- 기업 분석
- 직무 분석
- 기업 실무자 인터뷰
- 자신의 핵심 역량 및 전략
- 이력서 작성
- 자소서 작성

작업마다 필요한 최소한의 물리적인 시간이 있을 것이다. 이것을 개인적으로 얼마큼 준비했느냐에 따라 지원자마다 필요한 시간은 다를 것이다. 월간 다이어리에 D-day로부터 거꾸로 시간 할당을 하면서 계획을 잡는다. 한 기업만 지원하는 것이 아니기 때문에 여러 기업일 경우에는 겹치는 날을 잘 조율하면서 할당해야 한다. 전체 월이 보이는 다이어리에 할당을 마쳤으면 주간 일정이 보이는 다이어리 공간에 와서 하루에 해야 하는 상세한 작업을 할당하고 작업 시간도 할당하는 과정이 필요하다. 그래야 코앞에 닥쳐서 사소한 작업에 시간을 뺏기지 않고 나를 위한 시간을 활용할 수 있게 된다.

우선순위를 정하고 꼼꼼이 체크하라

매일 작업을 해나가면서 계획한 대로 할 일을 처리하고 있는지 점검하고, 만약에 다른 급하게 닥친 일로 해결을 못했다면 한 주간을 조망하면서 빨리 처리할 수 있는 시간을 확보해야 한다. 그래야 여유를 가지고 지원하는 기업마다 입사서류를 의도한 방향으로 작성하여 제출할 수 있게 된다.

또 스케줄 관리를 하면서 많이 실수하는 것 중 하나가 있다. 공채 기간을 보면 입사 서류 마감이 겹치는 기업이 많기 마련이다. 거의 2주 정도 입사 서류의 '슈퍼위크'라고 할 정도로 몰려 있다. 하루에 5~6개 지원해야 하는 경우도 있는데, 모두 신경을 쓰다 보면 이것저것 모두 신경을 못 쓰고 끝나는 경우도 있게 된다. 지나고 나면 '차라리 하나만 잘할 걸….'이라고 후회가 남는 경우가 있다. 그러나 막상 그 전으로 돌아가도 미련이 남기 때문에 모든 기업에 욕심을 낸다. 이런 때는 하루 마감되는 지원 회사별로 우선순위를 정해야 한다. 지원한 모든 기업에 합격한다고 모두 갈수 있는 것은 아니지 않은가? 똑같이 지원할 때도 자신 스스로 꼭 가고 싶은 기업이 분명 있을 것이다. 그 기업 순으로 1, 2, 3 순서로 우선순위를 정하여 준비해야 하고, 우선순위가 높은 기업에 시간 할당을 더 많이 해야 한다. 우선순위가 떨어지는 기업일수록 욕심을 부리기보다는 기존에 준비하는 기업 중에 유사한 기업을 참고하여 접근하는 편이 수월하다.

그래서 한 주간을 한눈에 파악할 수 있는 다이어리나 하루를 파악하는 플래너를 통해 시각적으로 미리 할당해 놓고 하루의 시작은 미리 짜놓은 이 일정에 맞춰서 실행만 하면 된다.

3

취업 공고 속
기업의 숨은
전략을 찾아라

어떤 기업에 어떤 인재가 채용되었나? | 취업 공고 속에 정답이 있다! | 입사지원서 이면에 숨어 있는
비밀 | 직무능력 검사도 요령이 필요하다 | 면접 방식에 따라 준비 전략도 달리하라 | 면접관, 그들도
똑같은 사람이다 | 첫인상은 외모 80%로 결정된다 | 면접장에서 결코 해서는 안 되는 버릇 | 면접에
도 애드리브가 통한다 | 영어 면접, 알고 보면 별거 아니다 | 임원 면접, 인성과 태도가 중요하다

어떤 기업에 ── 어떤 인재가 채용되었나?

이제 본격적으로 취업 전선으로 들어가 보자. 산업 분야별 최종 합격자의 전공, 학점, 자격증, 경력을 살펴보자. 우선 업종별 최종 합격자를 살펴보자.(자세한 내용은 부록 참조)

건설 업종은 합격자 평균 학점이 3.55점(4.5 만점 기준), 평균 토익 850점이었다. 이공계여서 그런지 낮은 학점(2.51에서 3.2까지) 취득자도 최종 합격자에 있는 것을 볼 수 있다. 건설 관련 자격증인 건축기사, 전기공사기사, 토목기사 등의 자격증 소지자가 꽤 있었다. 또한 건축이나 설계 분야 공모전 성격의 행사에 참여한 경력도 눈에 들어온다.

복지의료 분야는 합격자 평균 학점이 3.68점(4.5 만점 기준), 평균 토익 868점이었다. 공기업이 포함되어서 그런지 다양한 자격증과 사회 경력을 가지고 있는 합격자들이 눈에 띈다. IT 직군에도 역시 관련 자격증인 정보처리기사와 같은 자격증 소지자들이 눈에 띈다.

전기전력 분야 합격자 평균 학점은 3.46점(4.5 만점 기준), 평균 토익 740점이었다. 특정 분야답게 토목기사, 전기안전기사, 건축기사, 수질환경기사, 대기환경기사 등의 자격증 소지자가 상대적으로 많아 보인다. 이 분야는 영어능력, 학점보다는 전공 분야의 전문지식을 증명할 수 있는 자격증과 '전공 필기시험' 능력이 중요함을 엿볼수 있다.

국제외교 분야 합격자 평균 학점은 3.66점(4.5 만점 기준), 평균 토익 951점이었다. 직군의 특성상 영어 능력이 다른 업종에 비해 월등히 높은 것을 알 수 있다. 단순히 토익 점수뿐만 아니라 번역, 작문, 말하기 능력 등이 주요한 평가 요소였음을 알아야 한다. 또한 최종 합격자들의 경력도 공공기관이나 국제기구와 관련 있는 곳에서 경험을 보유한 사람들이 많았다.

에너지화학 분야 합격자 평균 학점 3.59점(4.5 만점 기준), 평균 토익 834점이었다. 경영지원 관련 분야가 많아 다양한 인문계열의 전공자들이 있었고, 아무래도 화공계열의 전공자들이 상대적 강점이 있는 분야다.

외국계 IT 분야 합격자 평균 학점은 3.67점(4.5 만점 기준), 평균 토익 904점이었다. 외국계 IT 분야는 유사업종의 경력자(6개월~2년)들이 많은 것이 특징이고, 외국계의 특성상 평균 영어 능력이 높은 것을 볼 수 있다.

마지막으로 은행권 합격자 평균 학점은 3.8점(4.5 만점 기준), 평균 토익 845점이었다. 합격자의 91퍼센트가 자격증을 가지고 있는 것이 특징이다. 많이 보유하고 있는 자격증은 증권투자상담사, 파생상품투자상담사, 한자 2급(3급, 5급포함), 자산관리사(AFPK), 공인재무설계사(CFP), 펀드투자상담사, 금융자산관리사(FP), 선물거래상담사, 국제재무위험관리사(FRM), 정보처리기능사, 사무자동화산업기사, 국제재무분석사(CFA) LEVEL 1, 정보처리기사, 유통관리사 2급, 국제무역사, 투자자산운용사, 일임투자자산운용사, TESAT 2급(경제 이해력 검증시험), 공인중개사 순으로 나타났다. 물론, 금융 분야 자격증이 없는 최종 합격자의 수도 20퍼센트 정도 있었다. 또한 합격자의 72퍼센트가 사회 경력(인턴포함)을 가지고 있었다. 경력 기업은 국민은행, 신한은행, 동양종합금융증권, 우리투자증권, 삼성생명, 외환은행, 우리은행, 부산은행, SC제일은행, 농협중앙회 순으로 금융권 경력자가 많았고, 그 다음으로 이마트, LG U+, 삼성전자, SK텔레콤, CJ, KT와 같은 일반 기업의 경험자들이 있었다.

입사 스펙은 수능 점수가 아니다

많은 취업 카페를 보면, 학교, 학점, 전공, 영어 점수, 자격증을 공개하면서 어느 기업에 갈 수 있느냐는 질문이 많이 나온다. 사실 이럴 경우에 답하기가 매우 곤란하다. 위에 합격자들의 스펙을 정리했다지만, 그들의 자기소개서, 면접의 내용, 필기시험이나 인·적성 검사의 내용들을 알 수 있는 방법은 없다. 또한 위에서 나열한 스펙을 가지고 있는 지원자들 상당수가 탈락자에 포함된 것도 함께 알아야 한다. 합격과 불합격이 스펙 하나로 설명할 수 없는 것은 바로 그 이유 때문이다. 그렇다면, 스펙을 참조하여 기본 수준을 만들고 자신이 지원하고자 하는 기업과 직무에 관한 철저한 이해, 필기시험과 직무능력검사를 잘 준비하고, 면접에서의 실수를 줄이고 담대하게 자신의 의지와 열정을 피력하는 정도에 따라 당락은 결정된다고 볼 수 있다. 합격자들의 스펙을 볼 때, 그 자체가 합격을 보장한다고 착각하면 절대 안 된다. '스펙에 몰입한다는 것'은 '그냥 취업에 필요할 것 같아 준비하는 것'이다. 한편, 하고 싶은 일을 하기 위해서 쌓이게 된, 가지게 된 것은 진정한 스펙이다. 스펙에 몰입하지 말고 그 이면에 들어 있는 세밀한 취업 준비에 더 초점을 맞추는 전략이 무엇보다 중요하다.

채용 공고 —
속에
정답이 있다!

우리가 아는 것보다 채용 공고 속에는 더 많은 내용이 담겨 있다. 모집 분야와 채용 단계, 지원 자격, 우대 사항, 일정 등이 들어가게 된다. 일반적으로 온라인 채용 공고를 할 때, 사전 광고를 먼저 시작한 후에 지원서 접수를 받는 때도 있지만 대부분 채용 공고와 지원서 접수 시점을 동시에 시작하는 경우가 더 많다. 이런 패턴 때문에 희망하는 기업들이 있다면, 지난 공채 시점과 내용을 확인하거나 공채 예정 시점을 기업 홈페이지, 취업 사이트 등에서 미리 확인하여 모집 분야, 지원 자격, 우대 사항, 채용 단계에 대해 꼼꼼히 확인해 준비하는 것이 유리하다.

기업이 원하는 인재상은 채용 공고에 모두 있다

기업에서 채용 공고를 낼 때는 문구 하나하나에 심혈을 기울인다. 채용 공고에서 서류 심사와 진행하는 평가 항목 기준이 무엇인지 대부분 공개한다. 공채 지원자들은 지원하고자 하는 기업의 채용 공고 내용을 2~3번 읽고 잘 해석할 필요가 있다.

모집 분야는 크게 기술 분야, 경영지원 분야와 같이 문과, 이과 개념으로 크게 나눠 모집하거나 인사/ 영업/ 연구/ 기획/ 재무/ 촬영/ 마케팅/ 설계/ 토목/ 플랜트 등의 세부 직무 중심으로 모집하는 경우가 많다. 최근 추세는 직무(직군) 중심으로 채용하는 패턴이다. 따라서 신입에 대한 공채라고 하더라도, 어떤 업무를 왜 할 것인지를 취업 준비 과정에서 전략적으로 정리하는 것이 필요하다. 자신이 지원하는 업무 분야가 어떤 일을 하고, 그 일을 잘하기 위한 지식, 기술, 자질이 무엇인지를 파악하는 것이 좋다. 그래야 입사지원서의 자기소개서 작성, 그리고 면접에도 큰 도움이 된다.

모집 분야와 함께 지원 자격을 표시한다. 자격에는 주로 군 제대일, 대학 졸업일(예정일 포함), 생년월일, 전공 분야, 영어 점수 등을 정확히 알리거나 희망하는 인재상을 나타내기도 한다. 채용 공고에 이 항목들이 표시되어 있다면 이것은 '단순히' 필터링 조건이다. 필터링이란, 지원하더라도 자격 조건에 해당하지 않으면 서류 심사 대상에서 제외된다는 뜻이다. 즉, 자격 미달이다. 군 제대일, 대학졸업일, 생년월일, 커트라인 영어 점수가 나와 있는 경우에는 해당 여부를 지원 전에 반드시 확인해야 한다. 보통 각 지원 자격에 해당하지 않는 구직자가 서류 전형에 지원하는 경우가 10퍼센트 정도에 이르기도 한다.

우대 사항은 서류 심사 통과 대상자를 의미하거나, 서류 심사에 가산점을 나타낸다. 일반적으로 외국어 능통자, 국가보훈대상자, 장애인, 기업에서 정한 자격증 소지자 등으로 많이 표시한다. 외국어, 보훈, 장애 대상자는 서류 심사에 가산점 형식으로 주어지고, 기업에서 정한 자격증 소지자는 서류 심사 통과에 해당하는 경우가 많다. 물론, 서류 심사 이후 채용 단계에도 우대 사항은 영향을 미친다. 그뿐만 아니라 비슷한 수준에 있는 지원자들이 있을 때는 우대 사항이 최종 선발에 영향을 줄 수 있다.

채용 공고의 예를 들어보자. 모집 분야는 소프트웨어 개발 및 SDK 지원 엔지니어, 학력은 4년제 학사 또는 석사 이상, 전공은 이공계열(전산, 컴퓨터, 정보통신), 토익은 750점 이상, 개발 언어는 자바-C#-C++ 개발 가능자 우대, 정보통신 관련 자격증 소지자 우대라고 나온 채용 공고다. 여기에 나오는 학력, 전공, 영어 점수는 필터링 조건이다. 전문대나 문과 계열이나, 토익 750점 미만이면 자격 조건 미달이라는 의미이다. 여기서 개발 언어를 명시한 것을 의미 있게 보아야 한다. 이 분야의 직무는 위 세 가지 언어로 주로 개발한다는 것을 알 수 있다. 이럴 때는 이력서와 자기소개서, 면접 과정에 이와 관련된 능력을 호소하는 것이 주요한 전략이다. 자바로 개발했던 프로젝트 경험을 소개하고, 그에 관한 지식이 어느 정도인지 드러내는 방식이다.

필터링 조건에 해당하는 항목과 함께 표현되는 인재상은 서류 심사와 면접 과정에서 중요한 평가 항목이 됨을 기억해야 한다. 예를 들어, 기업의 채용 공고 자격에 '높은 도전정신과 열정을 바탕으로 글로벌 금융 전문가로 성장 가능한 인재'라고 공개했다고 하자. 이 문구를 통해 몇 가지 예측해 볼 수 있다. 이 문구에서 '도전정신, 열정, 글로벌, 금융 전문가'라는 단어에 주목해야 한다. '도전정신'은 평소 능력으로 했을 때 이룰 수 있는 것이 아니라, 그 이상의 목표를 설정하고 실천했던 경험적 사례가 있는지를 찾아내어 설명하면 된다. 보통 열심히 해서 얻을 수 있는 것이 도전적 목표가 아님을 기억해야 한다.

여기에서의 '열정'이 요구하는 것은 한 가지 일 또는 관심 영역에 집중했던 경험과 성과는 무엇이었는지, 지원하는 기업에 관한 정보를 얼마나 알고 있으며 관심이 있는지를 보여달라는 것이다. 또한 '글로벌'이라는 문구가 요구하는 것은 외국어 능력과 더불어 타문화를 수용할 수 있는 경험이나 자세를 보여달라는 것이다. 아울러 '금융 전문가'란 문구에는, 금융 관련 전공, 자격증, 경험이 있다면 평가에 유리하다는 의미가 담겨 있다. 이것이 없다면 떨어질 확률이 높다는 것을 간접적으로 말하고 있다. 이와 같이 채용 공고에 나와 있는 자격 조건 문구를 기준으로 호소해야 할 요소와 능력을 정리해서 이력서와 자기소개서 및 면접에서 활용하는 것이 좋다.

한편, 채용 공고에는 서류 심사, 필기, 면접(실무, 임원)과 같은 내용을 표시한다. 필기는 전공, 상식, 영어에 관한 시험과 인·적성 검사로 이루어진다. 보통 공기업은 필기시험을 거의 시행한다. 이 부분은 지원 전에 미리 파악하여 시험 준비가 되었을 때 지원하자. 어떤 학생들을 보면 시험 준비 없이 지원했다가 서류 합격한 후에 공부하기도 하는데, 모두에게 시간 낭비다. 면접에서는 주로 실무와 임원 면접을 분리하고, 실무 면접에서는 영어, 토론, 합숙, PT, 역량 면접 등을 수행한다. 주로 임원 면접은 기본적 자질과 인성을 중심으로 평가하게 한다. 인·적성 검사와 면접을 앞뒀다면 서류 심사 합격자들끼리 지원 기업의 면접 족보를 검토하고 기업에 관한 조사와 공부를 함께 준비하는 것이 효과적이다.

입사지원서 이면에 숨어 있는 비밀

기업 공채를 위한 입사지원서는 기업에서 정한 양식을 많이 사용하지만, 자유 양식의 이력서를 받는 기업도 있으니 상황에 맞춰 준비할 필요가 있다. 보통 기업의 지원 양식을 다운받아 작성하거나 온라인상의 입사지원서에 입력하여 지원하게 된다. 입사지원서의 항목은 상당히 다양하다. 분명한 것은 입사지원서의 모든 항목이 평가나 채용 과정에 필요한 정보임을 알아야 한다. 중요한 항목에 대해 살펴보자.

'인상 관리' 스펙만큼 중요하다

우선 중요한 것이 입사지원서의 사진이다. 우리가 생각하는 것보다 훨씬 중요하다. 인사 담당자를 대상으로 한 설문조사에서도 입사지원서의 증명사진을 '인상을 보기 위해'(78.2%), '외모가 준수한지 보기 위해'(8.4%), '외관에서 나타나는 건강 상태 파악을 위해'(3.9%) 참조한다고 밝혔다. 특히, 서비스업계에서는 더욱 중요하다. 어떤 채용 시스템에서는 입사지원서의 사진에 마우스를 대면, 사진이 크게 보이는 기능을 사용하기도 한다. 서비스와 금융업과 같은 고객 접점에 있는 직무에 지원할 경우에는 더욱 신경 쓸 필요가 있다. 상반신 전체가 나온 사진이나 휴대폰으로 촬영한 느낌을 주는 것보다는 밝은, 미소 머금은, 무겁지 않은 분위기와 어깨선까지 보이는 정장 차림의 증명사진이 좋다. 실제 면접 시 사진의 머리 모양과 너무 다르거나 포토샵 처리를 과도하게 하여 실물과 다른 느낌을 주지 않도록 조심하자. 또한 1년이 지난 사진보다는 최근 3개월 이내의 사진으로 제출하는 자세가 필요하다. 사진 유형도 형식이 중요한 기업과 창의성을 강조하는 기업을 위한 두 가지 정도의 사진을 찍어놓았다가 기업 문화에 어울리는 것으로 사용하는 감각이 있으면 더 효과적이다.

다음은 개인 신상에 관한 항목들이다. 주소, 전화번호, 이메일, 보훈-장애 여부, 취미, 특기, 결혼 유무 등이다. 또는 성장 지역을 받는 경우도 있다. 보훈과 장애는 가산점 영역이므로 심사 평가에서 비슷한 수준의 지원자들 사이에서는 상당한 영향력을 발휘한다. 이를테면, 학점, 어학 등이 비슷할 경우, 보훈과 장애에 관한 가산점만으로 당락이 바뀌는 경우가 있다. 보훈과 장애를 함께 가지고 있으면

둘 중 유리한 것 한 가지에만 가산점을 주는 것이 일반적이다. 기업에서 지원자와의 연락을 휴대폰 번호, 이메일로 사용하기에 메일 수신에 문제없는 메일 계정을 사용하도록 하고 정확한 휴대폰 번호 입력이 참 중요하다. 위험물 관련 시설을 보유하고 있는 기업(전력, 원자력, 제철, 화학 등)은 인근 지역주민을 우대하는 경우가 많다. 다른 항목에 비해 사소한 요소라고 무시하지 말고, 서류 심사나 면접에 사용되는 항목이기에 신중하게 기재하자.

토익 600점 이하라면 기재하지 않는 것이 좋다

학교, 어학, 자격증, 경력, 봉사활동에 관한 항목들이 있다. 학점의 만점 기준, 받은 학점, 이수 학점을 정확히 작성해야 한다. 아무래도 신입사원에게 중요한 평가 척도이기 때문이다. 합격한 이후에 실제 증명서류와 달라 결격 사유가 되는 경우가 종종 발생한다. 학점을 100점 만점 또는 4.5점 만점 기준으로 환산할 경우에는 정확한 계산과 입력으로 추후 문제가 없도록 해야 한다. 최근에는 대학 학점을 학년 구분해서 받는 기업도 있다. 평소에 꾸준하게 했는지를 확인하려는 의도이다. 또한 학력제한을 없애면서 고등학교 성적을 기재하는 경우도 종종 있다.

공인 외국어 점수는 입사지원일로부터 1년 또는 2년 이내의 점수만 유효하게 평가하고 있으니, 본인의 공인 어학 점수 취득일을 잘 살펴보아야 한다. 최근 많은 기업에서 신입 공채일 경우, 평가 어학

명과 커트라인 점수까지도 공개하고 있으니 이 점도 유의할 필요가 있다. 그렇다면 어학 점수에 관한 커트라인 기준을 공개하지 않을 때, 나쁜 어학 점수를 써야 할지 말아야 할지 고민될 수도 있다. 실제 인사 담당자에게 물어봐도 "그래도 써야 한다."와 "안 쓰는 것이 좋다." 고 하는 대답 비율이 비슷했다. 그래도 커트라인 영어 점수가 없을 경우, 써도 될 만한 점수대는 일반적으로 600점이나 700점을 넘었다면 쓰는 것이 낫다. 상식적인 관점에서도 100점 만점에 60점 이상은 되어야 한다. 그렇지만 건축기사, 정보통신기사와 같은 이공계열일 경우 토익 점수 600점 미만인 경우에도 유망 공기업 최종 합격자에 포함되는 사례도 볼 수 있기에 전문 분야의 자격과 전공 실력을 갖췄다면 합격 못하리라는 법은 없다.

자격증은 지원하는 기업이나 업무에 관련된 자격증을 처음 칸에 쓰는 것이 좋다. 그와 반대로 금융 관련 자격증이 있는데, 유통 분야의 비금융 업무일 경우에는 써야 할지 말아야 할지 한번 생각해 봐야 한다. 지원 업무와 좀 상반되어 보이는 자격증은 오해의 소지가 있을 수 있으니 신중한 것이 좋다. 자격증이 있다고 무조건 기재하는 것은 오히려 감점이 될 수도 있다. 자격증이 많은데, 자격증 쓸 공간이 부족하면 중요한 것부터 기재하고 그래도 공간이 남으면 오피스 관련 자격증이나 운전면허증을 쓰도록 하자.

경력과 봉사활동은 사소한 것이라도 작성하는 것이 좋다. 지원자의 사회성과 관심 영역을 보여주기도 하며, 자기소개서와 면접 과정에서 긍정적으로 활용될 수 있기 때문이다. 특히, 인턴, 아르바이트, 공모전 등의 내용은 지원자 평가에 상당한 영향력을 주는 항목이기에 빠짐없이 쓸 필요가 있다.

최근에는 구직 기간이 길어지면서 유의해야 할 것이 있다. 긴 구직 기간을 어떻게 처리해야 하는가이다. 기업 입장에서는 참 중요한 항목이다. 기업은 '미취업 기간 이해할 만한 활동이 있다면 문제없다.'고 생각한다. '영어 공부에 매진했다.'는 식으로 말하면 이해할 만한 행동으로 인정받기 어렵다. 하고 싶은 업무 분야에 관한 교육, 세미나, 공모전 참가, 인턴십, 아르바이트 등을 했다는 답변이 적절하다. 굳이 영어 공부라면 공인 점수가 어떻게 올랐는지 정도는 피력해야 한다. 구직 기간 동안 가만히 있지 않고 구체적인 노력이 있었음을 보여주면 된다.

마지막으로 자기소개서다. 다음 장에서 자세히 다루겠지만, 점점 중요해지는 항목이다. 서류 심사뿐만 아니라, 면접에서도 상당한 영향을 미치게 된다. 기업에서 정한 분량에 가깝게 또는 좀 더 조금 적게 쓰는 것과 가능한 소주제를 넣거나 핵심 문장에 밑줄이나, 볼드 처리하는 것이 효과적이다. 아무래도 짧은 시간에 읽기 편한 구성이 중요하다. 이 밖에도 수상 경험이나 자신의 강점이 될 만한 내용을 이력서에 쓸 수 없었다면, 사례를 통해 자기소개서에 함께 표현하는 것도 좋은 방법이다.

다시 지원할 경우 콘텐츠가 달라야 한다

많은 학생들이 지난 채용 공고에 지원했다가 탈락한 경우, 다시 지원하면 필터링 되는 것은 아닌지 자주 묻는다. 하지만 기업마다 바라보는 관점이 다르다. 어떤 금융권 기업은 여러 번 지원했던 지원자에 대해 '긍정적'으로 평가하기도 한다. "정말 우리 회사에 오고 싶어 하는구나!"라고 평가한다. 그에 반해 어떤 기업에서는 탈락한 사유에 따라 필터링하는 경우가 있다. 종합해 보면 이전 지원에 탈락했지만, 다시 지원할 때 어느 부분이든 이전보다 향상된 모습을 보여주는 것이 필요한 전략이다. 그 기업에 입사하기 위해 더 열심히 준비해서 다시 지원했다면, 기업에는 감동적인 일이 될 수 있다. 다시 지원할 때는 영어 능력, 자격증, 경험, 사진, 자기소개서 등의 내용은 이전에 지원했던 것과 달라져야 함을 기억하자.

입사지원서는 요리에 비유할 수 있다. 지원자에겐 다양한 재료가 있다. 어떤 요리인지에 따라 필요한 재료가 있다. 방울토마토가 필요할 수도 필요하지 않을 수도 있다. 우리가 가지고 있는 성격, 가치관, 전공, 사회적 활동, 취미와 특기, 성장하면서 갖게 된 모든 경험은 입사지원서를 작성하는 데 필요한 재료들이다. 단지 어떤 요리를 구성할 것인지에 따라 집중해서 사용할 것과 조금만 사용하거나 사용할 필요가 없는 것을 고르는 사전준비가 필요해 보인다.

직무능력 검사도 요령이 필요하다

종합직무능력 검사는 보통 인·적성 검사로 불리기도 한다. 세분하면 인성 검사, 상황판단능력 검사, 적성 검사 형태로 나눌 수 있다. 기업마다 자체 검사 도구를 활용하기도 하며, 별도의 외부 평가 도구를 사용하기도 한다. 물론, 추가로 일반 상식 및 영어 능력을 결합하기도 한다.

솔직하되, 기업 문화에 초점을 맞춰라

인성 검사는 업무와 지원자의 인성이 얼마나 잘 맞는지와 잠재 능력에 관한 평가다. 인성 검사는 비슷한 질문이 여러 개 나와 혼란스러울 수 있다. 이럴수록 솔직하게 답변하는 것이 중요하다. 원칙적으로 말하면, 오래 생각하지 말고 본능에 가까운 속도로 결정하는 것이

지혜로운 대처 방법이다. 정답이 없는 질문이기 때문이다. 예를 들어, '나는 활동적이다(예/아니오)', '나는 친구가 많다(예/아니오)'와 같은 질문이 반복되어 나온다. 모든 사람은 상황에 따라 '예'일 수도 있고, '아니오'일 수도 있다. 여기서는 대체적인 성향이 어떠냐의 질문이기에 직감적으로 생각하고 답변하는 것이 좋다. 그래야 답변에 일관성이 생긴다. 만일 생각을 오래 하면 자기 덫에 걸릴 수 있다. 답변의 일관성이 떨어지게 되면 허구성 또는 응답의 신뢰도에 문제가 발생하게 된다. 즉, 정체성에 문제가 생기는 결과가 나온다. 응답의 신뢰도에 문제가 있으면 탈락의 원인을 제공하므로 조심해야 한다.

상황판단능력 검사는 실제 사회생활에서 발생할 수 있는 상황을 제시하면서 어떻게 행동할 것인지를 물어본다. 이 문제는 좀 난해할 수 있는데, 이럴 수도 저럴 수도 있기 때문에 기업의 문화와 인재상에 따라 원하는 답이 다를 수 있다. 예를 들어, 상사가 부정한 방법을 사용한 사실을 알게 될 때 부하직원으로서 어떻게 행동해야 하는가? 1) 상사에게 잘못된 부분을 바로 말하고, 수정되도록 돕는다. 2) 회사 감사팀에 보고한다. 3) 상사의 부정을 묵인한다. 세 가지 중 하나를 선택해야 한다. 여기서 답은 기업 문화에 따라 다를 수 있다. 대부분 기업 조직 생활에서 발생할 수 있는 상황을 주고, 어떻게 행동할 것인가를 묻는 말로 구성된다. 일반적으로 답변은 물의를 일으키지 않고 조직에 잘 융화될 수 있게 하는 방향으로 하는 것이 좋다.

적성 검사는 어떤 채용 과정에서도 기본으로 하는 직무능력 검사이다. 이것은 언어, 추리, 수리 영역, 직무 상식을 보게 된다. 잘할 수 있는 영역이 무엇인지를 알아보는 것이다. 언어 영역은 대입 수능 언어 문제와 유사하다. 이것은 평소에 책, 신문 등을 많이 읽은 사람이 유리하다. 사자성어와 같은 한자의 뜻도 알아야 제대로 답할 수 있다. 평소에 신문 기사나 인터넷 글을 읽을 때에도 글의 의미를 이해하고, 글의 요점을 정리하면서 읽는 습관이 필요하다. 추리 영역은 도형, 언어, 수리 추리 유형이 있다. 규칙에 관한 이해이기에 문제 푸는 방식을 알아두면 도움이 된다. 수리 영역은 데이터통계 분석과 단순 계산의 형식을 취한다. 미적분, 함수, 로그와 같은 다소 어려운 개념보다는 피타고라스 정의, 구의 부피와 넓이, 속력, 거리, 시간, 조합, 순열과 같은 기초 개념을 이해하고 사용할 수 있는가를 알아본다. 수리 영역은 특히 문과생들에겐 매우 어려운 문제일 수 있다. 이 영역에서 차이가 크게 발생하기에 주의할 필요가 있다. 응시하기 전에 기초 수학 개념을 미리 정리해 보고, 비슷한 문제를 연습하는 것도 도움이 된다. 적성 검사에서 가장 많은 차이가 나는 영역이니만큼 주의 깊게 준비하자. 직무 상식은 국사, 과학의 기초 상식과 직무 관련 전공 기초에 관한 지식을 평가한다. 더불어 우리 시대의 이슈와 트렌드에 관한 상식도 묻고 있기에 미리 준비해 두면 좋다.

인·적성 검사도 모의고사가 필요하다

인·적성 검사 또는 직무능력 검사라고 할 때, 지금까지 설명한 것의 일부만 사용하는 기업에서 전체를 다 활용하는 기업까지 다양하다. 문제를 풀 때, 대부분의 학생이 상황 판단이나 적성 검사에 시간이 부족하다고 느낀다. 답을 찍어야 할지 말아야 할지 고민이 생길 때는 사지선다일 경우에는 두 개 중 하나일 것 같은 확신이 드는 것에 한해 찍는 것이 효과적이다. 그렇지 않으면 그냥 놔두는 것이 낫다. 특히, 계산 문제일 경우에는 너무 꼼꼼하게 알고 있는 내용만 신중히 푸는 것보다는 빨리 많이 푸는 것이 더 좋은 전략이다. 아무래도 각종 인·적성 검사는 시험인지라, 실제 시험 시 시험 유형에 관한 당황스러움을 없애기 위해 비슷한 유형의 시험을 몇 번 풀어보는 것이 유리하다. 이것도 기업마다 세부 검사 내용에 차이가 있기에 목표하고 있는 기업에 맞게 미리 준비하는 것이 좋다.

기업에서 인·적성 검사를 통해 탈락시키는 경우는 다음과 같이 정리할 수 있다. 개인의 인·적성에 부합하지 않는 직무에 지원하는 경우, 인성·적성 및 능력 검사의 여러 항목 중에 최하위 점수가 여러 개 나온 경우, 지원자 중에 전체적인 능력 점수가 상대적으로 하위권에 있는 경우이다. 인·적성 검사에 자주 떨어지면, 시중에 나와 있는 일반검사 툴의 결과를 상세하게 분석하여 탈락 이유를 찾고 개선할 필요가 있다. 필요하다면 전문가의 해석을 받는 것도 좋다.

최근에는 인·적성 검사 영역에 '부적응' 척도를 만들어 검사하는 경우도 있다. 이런 항목에는 반사회성, 비사교성, 공격성, 거짓말에 관한 척도를 조사하여 항목별 점수가 너무 높은 지원자를 탈락시키게 된다. 반사회성은 분노감과 충동성이 강하고, 정서적으로 메말라 있으며, 예측 불가능한 행동을 자주 보일 수 있는 성향이다. 또한 사회적으로 비순응적이고, 일반적으로 사회적 규범과 권위적 대상에 대하여 거부 성향 정도를 나타낸다고 한다. 비사교성은 사회적으로 내향적이고 수줍어하며 현실 회피적인 성향이고, 극단적으로 높은 사람들은 다른 사람들과의 관계 형성이 부적절하고 냉담한 성향이다. 또한 자기 비하적이고 타인과의 교류에서 불안감을 느끼는 정도를 표시한다고 한다.

공격성은 기업이나 기업인에 대해 적대적인 감정을 품거나, 그러한 감정을 폭력적 행동으로 표출할 가능성이 높은 정도를 의미한다. 자신이나 집단이 불이익이나 피해를 당했다고 생각될 때는, 주도적으로 나서서 다소 폭력적인 방법으로라도 그러한 문제를 해결하려는 성향의 정도이다. 거짓말은 자신의 취약점을 숨기려 하며, 자신을 남에게 지나치게 잘 보이려는 성향이다. 긍정적이고 바람직한 성향을 누구나가 가지고 있는 것처럼, 위 4가지 항목도 부분적으로 다 가지고 있다. 위 항목 점수가 특별히 높은 지원자(예를 들어, 100점 기준에 80점 이상자)를 구별하여 탈락시키거나 면접에 활용하는 기업들이 늘고 있다. 이런 것은 공부를 열심히 해서 되는 문제가 아니다. 함께 일하는 데 적합한 인성인지를 판단하는 데 도움을 주는 도구들이다. 평소의 인간관계가 이 평가에는 많은 영향을 준다. 친구, 선후배들과 잘 어울리는 것도 취업 준비가 아닐까 한다.

모든 인·적성, 직무 적성 그리고 직무능력 검사의 도구는 개인의 인성, 지적 능력, 조직 적응력 및 직무 분야 흥미를 예측하는 도구이다. 대학을 졸업하고 직업을 탐색할 때, 심리 검사 및 인·적성 검사 도구를 통해 자신을 이해하고, 그 기반 위에 희망 직무를 선택하는 것이 이후 공채 과정을 위해서도 필요한 절차로 보인다. 공채를 준비하면서 해본 인·적성 검사 결과를 가지고 지원 직무와 연결하는 치밀함도 필요하다. 그러나 인·적성 검사를 통해 시험을 준비한다는 생각보다는 자신의 기질과 희망 직무에 적합한지를 다시 한 번 점검하는 기회로 활용하면 좋겠다.

─── 면접 방식에 따라 준비 전략도 달리하라

최근에 와서 면접이 더욱 전문화, 다양화되고 있다. 그렇기에 지원한 기업이 어떤 면접 방식을 채택하고 있는지를 확인하고 준비하는 것이 필수인 시대다. 서류 전형은 기업마다 차이가 크지 않지만 면접은 기업에 따라 다양해지고 있다. 면접 방식을 파악했으면, '왜 이런 방식의 면접을 보는 것일까?'라는 질문을 던져야 한다. 그래야 평가 내용을 정리할 수 있다. 면접 방식에 맞는 평가 항목을 파악하고 면접에 참여하는 것이 필승 전략이다. 면접 시 압박 질문을 하는 이유가 무엇인지, 합숙하면서까지 면접을 보는 이유가 무엇인지, 과거를 추궁하는 이유가 무엇인지, 황당한 질문을 하는 이유가 무엇인지 등등 응시생 입장에서는 면접관 자신에게조차 어려운 질문을 하는 이유를 이해하는 것이 면접을 정복하는 방법의 하나이다.

면접에 임하는 지원자들에게 공통적으로 필요한 자세는 면접관과 아이 컨텍(Eye Contact)을 기본으로 하고, 연습은 하되 준비된 답변이란 인상을 주지 않는 것이다. 기업에 관한 관심과 지식을 노출하여 충성도를 보이는 것도 잊지 말아야 할 전략이다. 지금부터 여러 면접 유형과 준비 방법에 대해 살펴보자.

프레젠테이션(PT) 면접 : 근거가 필요해!

프리젠테이션 면접은 주로 지원자의 전문성을 평가하기 위해 실시하는 면접 유형이다. 면접관 앞에서 자신의 주장을 펼쳐야 하기에 부담이 되지만, 다른 면접과는 달리 지원자가 사전에 준비할 수 있게 시간을 주는 특징이 있다. 직무에 따라 면접 전에 일정 기간을 주거나 10분 또는 30분 정도의 시간을 줄 때도 있다. 우선 프레젠테이션 면접은 특정 주제에 관한 주장이므로, 무엇보다 이를 뒷받침하는 근거 데이터가 필요하다. 이때 추측성 데이터나 추상적인 발언 등은 오히려 주장의 신빙성을 떨어뜨리므로 사전에 업계 동향이나 지원 직무에 관한 전문 지식을 쌓아두는 것이 좋다. 발표자의 화술과 발표 태도도 중요한 평가 요소이다. 프레젠테이션 초반에는 가벼운 유머로 면접관의 주의를 집중하게 하고, 자신의 경험 등을 적극 활용하여 긴장과 흥미를 잃지 않도록 해야 한다. 여기서 가장 중요한 점은 프레젠테이션 후에는 면접관의 공격적인 질문에 대한 답변 태도이다. 일반적으로 "제시한 데이터가 확실합니까?" "주장을 뒷받침하는 근거가 빈약한데요."와 같이 지원자를 압박하는 질문이 쏟아진다. 정성껏 준비한 프레젠테이션이 무시당했다는 기분에 얼굴을 붉힌다거나 공격적으로 대처하는 자세는 절대적으로 금물이다. 면접관이 제시한 반론을 일단 수긍하되 자신의 의견을 다시 한 번 조리 있게 펼치고, 자료 부족이나 프레젠테이션 진행 방식에 관한 지적은 변명하지 말고 겸허히 받아들이는 자세가 좋다.

토론 면접 : 그래서 결론은?

토론 면접은 일반적인 일대일, 다대다 형태의 인성 면접을 제외하고는 대기업들이 가장 많이 실시한다. 집단 토론은 논리력, 표현력, 설득력을 테스트할 수 있으며, 지원자의 지식 수준, 창의성, 문제 해결 능력, 적극성까지 판단할 수 있다. 입사 후 참여하게 될 수많은 회의에서 자신이 생각하는 바를 논리적으로 전달하며 다른 사람의 의견을 경청할 줄 아는 인재를 찾는 방법으로 기업들은 토론 면접을 선호하고 있다. 기업의 인사팀 직원은 "집단 토론을 하게 되면 지원자의 평소 말하는 태도를 파악할 수 있다. 또한 문제에 접근해 가는 과정을 보며 지원자의 논리력, 표현력, 적극성을 판단할 수 있다."고 말한다. 또한 토론 면접은 지원자가 다른 사람들과 얼마나 잘 융화하고 어떤 분야에 적합한지 알 기회가 되기도 한다. 보통 전공이나 업무와 관련된, 찬반양론이 갈릴 수 있는 주제를 주는데, 반드시 결론이 필요한 경우가 많다. 이런 때는 결론부터 말하고 부연 설명을 덧붙이는 것이 좋다. 듣는 사람은 처음에 나오는 말을 주의 깊게 듣기 때문에, 결론부터 말하는 지원자는 주장을 뚜렷하게 펼친다는 인상을 줄 수 있기 때문이다. 또한 자신의 발언만이 정답이라고 과도하게 우기는 것은 보기 흉한 모습이다. 주장은 뚜렷해야 하지만, 그것을 격하게 관철할 필요는 없다. 말하는 것만큼 듣는 것도 중요하다. 남의 의견을 들을 때는 그가 마치 그 동안 알아온 친구라도 되는 것처럼 눈을 맞추고 진지하게 들어라.

토론 면접 시, 실제 인사 담당자들이 평가표를 들여다보면 다음과 같다. 토론 면접의 평가 역량이 '협조 능력'이라면 긍정적 또는 부정적 행동으로 나누어 가점(+)과 감점(−)을 기록하게 된다. 긍정적 평가 행동은 상대방의 옳은 주장에 대해 인정하고 칭찬하는 모습, 상대방의 이야기를 발전시키는 모습, 공동의 목표를 강조하고 유용한 정보를 동료와 공유하는 모습, 자신의 실수나 잘못 생각한 것에 대해 인정하고 수정하는 모습, 의견 제시로 구성원들의 참여를 유도하는 모습 등이다. 이와 다른 부정적 평가 행동은 자신의 의견에 민감하게 반응하여 대결 구도를 만드는 모습, 상대방 이야기가 끝나면 자기 이야기하는 데 급급한 모습, 합의점 도출보다는 자신의 의견이 채택되는 데 초점을 두는 모습, 상대방의 문제점을 지적하는 데 치중하는 모습 등이다. 또한 토론 면접에서 '의사소통하는 능력'을 평가하는 내용은 다음과 같다. 긍정적 평가 행동은 자신감 있고 전달하려는 메시지가 간결하고 분명한 모습, 상대방의 말을 경청하고 고개

끄덕임을 보이는 모습, 주장의 근거를 제시하거나 상대방의 주장을 논리적으로 재해석하는 모습 등이다. 부정적 평가 행동은 토론에 소극적이고 자신감이 부족한 모습, 같은 내용을 길게 이야기하거나 중언부언하는 모습, 상대방의 말에 집중하지 못하는 모습, 주제와 관련성이 부족한 이야기를 전개하는 모습, 기승전결 없는 이야기를 하는 모습 등이다. 토론 면접에 참가하여 평가하는 인사 담당자들은 이와 같은 긍정적, 부정적 행동 기준으로 채점하게 된다.

토론 주제로는 '시사', '전공', '문제 상황'과 관련된 형식을 많이 취하고 있다. '시사' 토론 면접 주제로 '인터넷 용어, 이대로 괜찮은가?', '태아의 성별을 알려주어야 하는가?', '이소연 씨, 우주인의 자격으로 우주에 갔다고 할 수 있나, 우주 관광 아닌가?', '기업의 사회 공헌 활동이 기업 경영에 도움이 될 것인가?', '인터넷상에서 포털 사이트가 광고주에게 돈을 받고 정보를 무료로 제공하는 것에 대해 어떻게 생각하는가?', '배아줄기세포 연구의 찬반', 'KBS 수신료 인상에 관한 찬반 토론', '사형제도 찬반', '스크린쿼터제 찬반', '방과 후 교육에 관한 찬반' 등이 제시된다. 시사토론은 평소 뉴스나 신문을 꾸준히 봐온 지원자라면 면접 때 당황하지 않을 정도의 주제가 제시된다. 시사적인 문제이지만, 남들과 비슷한 답변을 피하려면 자신이 전공한 과목의 관점으로 시사 문제를 해석해 의견을 피력하는 것도 시도해 볼 만한 일이다. '전공' 토론 면접 주제는 '모바일 환경에서 자바 애플릿(Java applet)과 MS의 액티브-X(active-x control) 중 어느 것을 채택하는 것이 좋은가?', 'DTV의 유럽식 방식과 미국식 방식 중에서 기업의 입장에서 어떤 쪽을 선택하겠는가?', '제품을 벽에 연결하는 봉을 설계하는데 열경화성과 열가소성 중에서 선택하시오', '기업이 스포츠 행사를 직접 후원해야 하나, 아니면 앰부시(ambush) 마케팅을 해야 하나?', '중동 전쟁과 선물거래의 역학관계에 대해서' 등의 주제가 제시된다. 이공계·경상계 전공 지원자들은 직무와 전공 연관성이 매우 높기 때문에 토론 면접에서도 전공지식이 뒷받침돼야 말할 수 있는 주제가 나오는 것을 기억하자. 그러므로 전공, 지원한 기업의 산업과 상품에 깊은 이해가 있다면 더 좋은 점수를 받을 수 있다. '문제 상황' 토론 면접 주제는 '삼국지에 등장하는 인물 중 CEO, CFO, 영업 담당 또는 신입사원에 어울리는 인물은 누구인가?', 'A사가 미국 서비스 업체의 주문을 받아 휴대폰을 제조하여 납품해야 하는데 한 부품이 로열티 문제에 걸려 있다. 어떻게 할 것인가?', '제시해 준 몇 가지 물건 중 홀로 무인도에 남겨진다면 어떤 물건을 가져가겠는가?', '물건을 잘 파는데 친절하지 않은 직원과 물건은 잘 팔지 못하는데 친절한 직원이 있다. 그중 한 명과만 재계약할 수 있다면 누구와 계약하겠는가?', '포털 서비스가 앞으로 어떤 방향으로 발전해야 하는지 의견을 피력하라'와 같은 내용이 제시된다. 이런 '문제 상황' 토론에서 중요한 것은 지원자의 창의성이나 문제 해결 능력이다. 물론 고집스러운 모습을 보이지 않는 노력하면서 말이다.

영어 면접 : 진짜 말하기 실력

인크루트에서 실시한 '가장 부담스러운 면접' 설문조사에서 1위가 바로 영어 면접이다. 외국어로 자신의 의견을 표현해야 하는 과정에서 살아남으려면 오로지 영어 점수보다는 진짜 말하기 실력을 쌓는 노력이 중요하다. 우선 다양한 주제에 대해 재빨리 의견을 정리하고, 이를 조리 있게 설명하는 연습이 필요하다. 그렇지 않으면 말 자체엔 문제가 없더라도 주제가 왔다 갔다 해서 횡설수설하는 느낌이 들 수도 있다. 미국 드라마를 시청하거나 영어로 진행하는 뉴스 시청도 도움이 된다. 그러나 드라마의 대사에 자주 등장하는 '음', '아', '예'와 같은 필요 없는 의성어들까지 배워서는 곤란하다. 그 밖에 입사하고자 하는 기업, 내가 일하고자 하는 분야에 관한 용어, 표현 들을 익혀놓는 것도 바람직하다. 일반 회화는 가능한데 관련 전문 분야의 용어들을 모른다면 전문성이 부족한 사람으로 평가받을 수 있기 때문이다. 관련 직종은 물론 기업의 역사, 경쟁 환경에 관한 부분도 영어로 표현할 수 있어야 한다. 최근 중요성이 커지고 있기에 자세한 내용은 영어 면접과 관련된 부분에서 더 살펴보자.

압박 면접 : 감정 조절에 신중하라

'스트레스 면접'이라고 불리기도 하는 면접이다. 실무 및 임원 면접 과정에서 나오게 된다. 곤란한 질문을 계속해서 던지며 의도적으로 지원자를 긴장 상태에 몰아넣고 반응을 보는 방식이다. 따라서 약

간의 황당함과 불쾌함을 기본적으로 동반하는 면접인데, 그것이 바로 면접관이 기대하는 부분이다. 압박 면접에서 받게 되는 질문은 주로 "이 토익 점수를 잘 받았다고 여기 적어놨나요?" "우리 직무엔 어울리지 않는데요."라며 의도적으로 지원자의 스펙이나 역량을 가볍게 평가 절하하는 식이 대부분이다. 하지만 그것은 면접관이 정말 지원자를 무시해서가 아니라, 그러한 곤란한 상황에 얼마나 유연하고 재치 있게 대처하는가를 보기 위해서다. 실제로 업무를 하다 보면 생각지도 못한 돌발적인 상황들이 부지기수로 일어나기 때문이다. 그런데 이런 질문들을 너무 민감하게 받아들여 감정적으로 맞받아치거나 우물쭈물 기어들어가는 목소리로 답변한다면 당연히 좋은 점수를 얻을 수가 없다. 좀 더 자세한 내용은 임원 면접과 관련한 글에서 살펴보자.

역량 면접 : 거짓말은 금물이다

지원자의 과거 경험을 통해 앞으로의 역량과 성과를 예측하는 면접이다. 지원자의 성장 과정, 생활 태도, 잠재 능력, 성향 등을 집요하게 파고들기 때문에 당하는 사람 입장에선 뭔가 취조를 당한다는 느낌에 피곤해질 수도 있는 면접이다. 역량 면접의 기본은 '진실한 답변'이다. 대충 둘러대거나 얼버무렸다간 꼬리에 꼬리를 무는 심층 질문에 백이면 백, 탄로가 난다. 따라서 거짓말로 자신을 과대 포장하는 것은 절대 금물이다. 또한 자신이 예전에 경험했던 사건과 사례를 미리 잘 정리할 필요가 있다. 면접 보기 하루 전날 방에 혼자 앉아서 과거 자기가 했던 경험을 돌이켜보고, 자신이 했던 말과 행동 그리고 다른 사람과의 상호작용을 돌이켜보자. 특히 팀으로 했던 일의 사례를 찾고 팀에서 구체적으로 자신이 어떤 역할을 했는지를 '객관적으로' 정리해 두는 것이 좋다. 면접관은 객관적인 상황을 원하는데, 주관적이고 심리적인 이야기를 하는 것은 곤란하다. 그렇다고 예상 답변을 만들어 곧이곧대로 외워버리는 것은 그야말로 '오버'다. 미리 준비한 것에 얽매여 엉뚱한 대답을 할 수 있음을 조심하자.

합숙 면접 : 누군가 날 지켜보고 있다

면접의 종합 선물세트격인 합숙 면접은 금융권 채용에서 많이 볼 수 있다. 팀워크 훈련, 팀 프로젝트, 찬반 토론, 오락 등의 주요 프로그램을 굳이 합숙하면서 실시한다. 합숙 면접은 세부 프로그램뿐만 아니라 일거수일투족이 모두 평가에 반영된다는 점을 잊지 말아야 한다. 자유 시간을 주기도 하지만 그조차도 질서 있게 생활하는지, 예의는 있는지, 다른 사람들과 어떻게 어울리는지 등을 주시하는 시간이다. 자유 시간이라고 팀원들과 어울리지 않고 휴대폰 삼매경에 빠진다든지, 면접의 어려움을 토로하는 것은 어리석은 일이 될 수 있다.

다차원 면접 : 정신 놓는 순간 OUT!

이제 면접은 면접장 안에서만 이뤄지지 않는다. 산행이나 단체 경기 등으로 지원자의 협동정신을 판단하기도 하고, 술자리에서의 음주가무로 친화력을 알아보기도 한다. 이른바 다차원 면접이다. 이런 다차원 면접에서 가장 유념해야 할 점은, 정신을 놓아선 안 된다는 것이다. 여기서 정신을 놓는다는 것은 뭔가 면접 같지 않은 친근한 분위기에 긴장을 풀고 자신의 숨겨진 모습을 보이는 순간이다. 그것이 바람직한 모습뿐이라면 문제가 없겠지만, 보통 긴장이 풀어진 상태에서 드러나는 모습이란 정돈되거나 예의를 차린 것이 아닌 경우가 많기 때문이다. 면접관은 그것을 노리기에 굳이 이런 면접을 준비해서 일상의 습관을 보고자 한다. 따라서 면접관과 가까워졌다고 말을 편하게 하거나, 분위기에 휩쓸려 평가에 불리할 수 있는 경솔한 행동들을 해도 괜찮다고 생각한다면 '아웃'이 될 수 있다.

전공 면접 : 이공계는 방심 금물!

일반 기업은 전공시험과 같은 필기시험을 보지 않는 경우가 많다. 대신 인·적성 검사에서 전공 관련 기초 상식을 확인하기도 한다. 아니면 면접 과정에서 전공 지식을 확인하는 경우가 있다. 아예 전공 면접을 치르는 기업도 있다. 전공 면접은 주로 이공계열에서 많이 본다. 전공 면접을 하는 이유는 크게 두 가지다.

첫째는 지원하는 회사에 대해서 얼마나 많이 아는지를 확인하는 과정이다. 지원하는 기업의 제품이 무엇인지를 단순히 알고 있는 것에 그치지 않고, 이공계 학생이라면 그 회사의 제품이 어떤 원리와 이론을 바탕으로 만들어지는지, 어떤 공정 과정을 통해서 만들어지는지, 정확히 알고 설명할 수 있는지 판단하기 위해서다.

둘째는 대학 과정으로 이수하면서 배운 전공과 관련된 기초 지식을 얼마나 알고 있는가를 판단하게 된다. 벼락치기로 공부한 학생과 평소 꼼꼼히 정리하면서 깊이 있게 공부한 학생을 구별하는 과정이다. 문과 계열일 경우에는 시사 문제나 업계 이슈에 관련된 질문을 통해 전공이나 지원한 분야의 기초 지식을 바탕으로 답변할 수 있는 능력을 본다. 아무리 사소하고 일반적인 이슈라고 하더라도 자신이 배운 전공 지식에 기초한 대답이 있느냐 없느냐는 중요한 판단 근거가 된다. 신입사원에게 요구하는 것은 탁월한 아이디어나 관점이 아니다. 기초 전공지식을 활용할 수 있는 정도를 평가한다. 이것은 학생들에게 요구하는 기본이다.

면접관,
그들도 똑같은
사람이다

우리가 절대 잊어서는 안 되는 것 하나. 면접은 사람이 한다. 그런데 사람은 편견에 많은 영향을 받는다. 면접관 또한 사람이기에 여러 가지 편견을 가질 수 있다. 면접자 입장에 있는 지원자들은 면접관들이 사람이기에 가질 수밖에 없는 편견들을 이해하고, 그것을 지혜롭게 이용할 줄도 알아야 한다. 몇 가지 중요한 것들을 살펴보자.

초두효과, 처음에 승부하라

초두효과(Primary Effect)는 맨 처음 들어온 정보가 나중에 들어온 정보보다 더 큰 영향을 미친다는 의미다. 면접에서 첫인상이 중요한 이유이다. 첫인상은 보통 외모에서 느끼는 것으로 용모, 복장, 태도,

말투 등 외양적인 것으로 이미지를 형성한다. 첫인상이 좋은 사람이 버벅거리면 면접관은 '긴장했구나!'라고 긍정적인 생각을 하지만, 면접관에게 첫인상이 나쁜 사람은 조금만 버벅거려도 "쯧쯧, 역시 능력이 부족해!"라며 부정적으로 생각한다. 면접관의 마음은 첫 5초, 5분 내에 결정되며 그 마음이 바뀌지 않는 경우가 대부분이다. 나머지 시간은 자신이 내린 결정을 확인하는 데 할애한다. 따라서 첫 5분 동안 아주 좋은 인상을 남기는 노력이 중요하다. 복장, 자세 그리고 최초 자기소개가 중요하다. 교과서를 제작하는 기업 면접에 참여한 적이 있다. 하루에 인성 면접과 외국어 면접을 진행했다. 여러 지원자 중에 외국 대학교 출신인 A군이 있었다. A군은 인성 면접과 외국어 면접에 참여했다. 면접 평가에 참석한 그 기업 최고경영자가 "인성 면접 때, 자세가 삐딱하게 앉았던 A군은 문제 있다고 생각합니다."라고 하면서 면접 종합평가 결과에 부정적인 점수를 주었다. 좋지 않은 첫인상이 다른 면접 내용에 상관없이 영향을 미칠 수 있음을 기억했으면 좋겠다.

빈발 효과, 실수를 만회하는 방법

물론 한 번의 실수로 모든 것이 끝나는 것이 아니다. 빈발 효과 (Frequency Effect)라는 것이 있다. 빈발 효과는 면접 시 첫인상이 좋지 않게 형성됐다고 할지라도, 이후의 행동이나 태도가 첫인상과 달리 진지하고 솔직하면 점차 좋은 인상으로 바뀌는 현상이다. 면접관은 지원자가 첫눈에 마음에 안 들었더라도 의외의 지원자의 행동으로 바뀔 수 있다. 면접에서 처음의 실수에 좌절하거나 주눅 들지 말고, 당당하고 침착하게 면접에 끝까지 임하는 것이 중요하다. TV를 통한 공개 채용에서 면접관으로 참여한 적이 있었다. 치열한 경쟁 상황에서 자기자랑 시간이 있었다. 어떤 지원자는 댄스를, 다른 지원자는 간단한 마술도 선보였다. 그런데 한 지원자가 뜬금없이 '막걸리 마시기'를 하겠다는 것이다. 나는 물론 모든 면접관은 당황했고, TV 프로그램이기도 하기에 하지 않는 것이 좋겠다는 의견으로 그 지원자의 자기자랑은 그냥 넘어가기로 했다. 세련되지 못한 검정 테와 머리 모양을 하고 있던 그 지원자는 대부분 면접관에게 좋지 않은 인상을 심어주기에 충분했다. 하지만 여러 가지 질문과 대답이 오가면서, '막걸리 마시기' 장기자랑을 하겠다던 지원자의 답변들이 예사롭지 않은 모습을 보이기 시작했다. 가장 중요한 'PT 면접'에서 그는 그 기업에서 고민하는 비즈니스 문제를 가장 정확하게 설명하는 모습도 보였다. 첫인상은 좋지 않았지만, 여러 질문과 테스트 과정에서 그 지원자의 잠재 능력을 감지하게 되었다. 결국, 그 지원자가 최종 합격하였다. 첫인상은 중요하지만, 진짜 실력 앞에서는 좀 더 큰 신뢰가 생긴다는 것을 깨닫게 되었다. 면접에서 실패한 지원자들에게 처음 한 실수에 얽매여서 끝까지 면접을 망쳤다는 말을 많이 듣는다. 짧은 시간이지만, 오뚝이 정신으로 집중하면 회복할 기회가 있음을 믿고 대처했으면 좋겠다.

그 밖의 면접을 좌우하는 요소들

후광 효과(Halo Effect)는 한두 가지 긍정적인 단서만으로 다른 미확인 정보도 그럴 것이라고 미루어 짐작한다는 의미다. 학점이나 학교가 좋을 경우 확인해 보지 않고 능력도 좋으리라 판단하는 경우다. 이런 현상을 방지하려고 면접관에게 지원자의 스펙 항목을 블라인드 처리하고 필요한 항목만 보여주며 면접을 진행하는 기업도 많다. 지원자 입장에서는 후광 효과가 될 만한 경험이나 수상경력, 자격증 등을 지혜롭게 면접 과정에 지원 직무와 관련하여 호소해 보는 것도 필요하지 않을까 한다.

후광 효과는 다른 말로 현혹 효과라고 하기도 하는데, 현혹 효과는 지원자의 외모, 말솜씨, 경험에 의한 것이나 지원자와 면접관 간의 비슷한 특징을 발견하면 갖게 될 수 있다. 면접에서 외모에 의한 영향은 매우 크다. 주로, 면접 시간이 짧거나, 면접관의 경험과 숙련도가 낮거나, 면접 질문을 치밀하게 준비 못 할 경우 더 크게 현혹된다. 외모가 주는 첫인상에 현혹되면 좋으면 좋은 것만, 나쁘면 나쁜 것만 받아들이게 된다. 그다음으로 말솜씨와 음성에 크게 영향받기도 한다. 대체로 호감 가는 음성을 가진 사람을 좋게 평가하게 되어 있다. 외모는 고객업무나 대외적인 활동을 많이 하는 업무라면 중요한 요소일 수 있고, 말솜씨는 대고객 업무, 홍보, 마케팅, 영업, 교육 등에는 필요한 평가 요소일 수 있다. 단지, 이런 선입견이 내근직이나 혼자 일하는 엔지니어, 연구 개발직 같이 업무 능력과 관련 없는 것에 면접관들이 현혹될 수도 있다. 지원자 입장에서는 지원하는 직무에 맞는 외모와 말솜씨가 평가의 항목이 될 수 있음을 인식하고 준비하는 것은 물론, 기본이라고 생각한다.

또 한편에선 면접관은 지원자의 경험에 현혹될 수도 있다. 역량 면접에서 지원자의 과거 경험을 중심으로 질문하게 되는데, 어떤 경험을 쌓았다는 사실만으로 '능력이 있다.'라고 판단하는 경우이다. 지원자가 자신의 경험을 실제 상황 속에서 해결해야 할 과제를 어떤 행동과 자세로 극복했는지 효과적으로 말하면 높은 점수를 받게 된다. 이런 이유로 역량 면접이나 일반 면접에서 과거 자신의 경험에 관한 뛰어난 스토리텔링 능력은 당락에 영향을 줄 정도다.

마지막으로 면접관은 자신과 공통된 특성이 있는 피면접자에게 평가가 후해지는 경향이 있다. 반대로 기질이 반대 성향이 있는 사람에게는 더 엄격해지는 경향이 있다. 같은 해병대 출신이거나 같은 학교와 전공, 비슷한 기질과 태도가 있다고 생각되면 평가는 상당히 후하게 될 수 있다.

지금까지 설명한 심리학적 편견들은 때론 맞을 수도 있고, 틀릴 수도 있다. 그것이 업무수행 능력과 성과와 관계는 증명하기 어렵다. 단지, 위에서 설명한 편견들이 면접자를 총체적이면서 객관적으로 보는 데 방해가 될 수 있다. 면접관이 가질 수 있는 편견을 기업에서는 나름 교육하지만, 아무래도 사람인지라 지금까지 나열한 항목들에 자유로운 면접관은 없다. 지원자 입장에서는 이 부분을 잘 이해하고 때론 면접에서 지혜롭게 대처하도록 하자.

첫인상은 ─── 외모 80%로 결정된다

앞에서 초두효과에 대해 설명한 것처럼, 면접에서 첫인상의 영향력은 매우 크다. 첫인상을 결정하는 요소는 외모 80퍼센트, 목소리 13퍼센트, 인격 7퍼센트로 알려져 있다. 아쉽게도 괜찮은 사람임을 판단하기에는 면접 시간이 절대적으로 짧다는 것이 문제다. 10년 이상 대기업 인사 담당을 했던 분이 "면접은 하늘의 운이 필요한 것 같아요."라고 말할 정도다. 한 대기업에서 면접 점수 1등에서 꼴등까지의 직원을 5년 후에 업무 성과에 따른 인사고과 점수와 비교했더니, 업무 성과와 면접 점수는 상관관계가 없는 것으로 밝혀지기도 했다. 그럼에도 기업에서는 면접을 통해 '일 잘할 것 같은 사람, 우리 식구 같은 사람'을 채용하기 위해 다양한 면접 기법을 사용하고 있다.

면접 이미지 메이킹은 첫인상을 긍정적으로 만들기 위한 '옷차림, 화법과 자세, 시선 처리와 표정'에 관한 내용이다. 짧은 순간 결정되는 면접인 만큼 무엇보다 과장되고 가식적이지 않은 자신의 참모습을 보여주는 것이 가장 중요하다. 따라서 첫인상 훈련은 평소의 생활에서 만드는 게 중요해 보인다.

옷차림, "Suit up!"

대부분의 면접관들은 깔끔한 정장 차림을 선호한다. 단순하게 잘 보이려는 것도 있지만. 면접자가 얼마만큼 면접을 중요하게 생각하고 있는지와 직업에 관한 마음가짐과 자세를 보여주기 때문이다. 일부 기업에서 캐주얼 복장을 입고 면접에 참석하라고 할 때에도, 집에서 뒹굴 때의 복장보다는 소중한 친구 만날 때의 복장과 같은 진지함이 있어야 함을 명심하자.

남자의 머리 모양은 단정하면서도 자신감을 표출할 수 있는 스타일이면 된다. 앞머리는 내리지 말고 이마를 보여줘 자신감 넘치는 이미지를 호소하는 것이 좋다. 왁스나 젤은 소량만 바른다. 옷은 너무 눈부신 옷감의 양복을 입지 않고, 깔끔함을 줄 수 있으면 된다. 셔츠는 색이 짙은 것보다 흰색 셔츠를 기본으로 하고, 넥타이는 무늬가 없는 솔리드나 줄무늬 문양이 좋다. 넥타이 컬러는 신뢰감을 주는 파란색이 이상적이지만, 금색, 붉은색 계열도 괜찮다. 현란한 색깔, 꽃무늬 넥타이는 금물이다. 남성들은 구두 때문에 코디에 실패하는 경우가 많다. 검은색에 끈이 있는 구두가 가장 바람직하며, 버클이 있는 구두는 피하는 게 좋다. 양말은 양복색상에 일치하는 것이 좋고, 일반적으로 검은색 양말이 가장 무난하다. 어느 공공기관 최종 면접에서 스니커즈 양말을 착용한 면접자에게 나쁜 점수를 준 면접관도 있으니 사소하지만 챙길 필요가 있다.

여자의 머리 모양은 짧은 단발이나 숏컷 등 깔끔한 이미지를 부각한다. 긴 머리는 핀으로 살짝 반묶음을 하거나 하나로 단정하게 묶는다. 인사할 때, 머리에 손이 가지 않도록 하면 된다. 짙은 머리염색은 피하는 것이 좋다. 짙은 메이크업은 오히려 감점을 받을 수 있으므로 본인의 피부색에 맞게 밝은 분위기의 주황, 갈색의 자연스러운 아이섀도와 이와 어울리는 립스틱을 선택하면 된다. 요즘 유행하는 펄이 강한 제품은 면접 시 적당하지 않다. 정장은 바지보다 치마정장을 입도록 하고 색상은 차분한 베이지나 회색, 검정이 무난하다. 액세서리를 착용할 때는 지나치게 화려하지 않도록 한다. 면접 당일 주의할 점은 여분의 스타킹도 가방에 준비해 유사시에 당황하지 않도록 하고 면접장에 들어가기 전 메이크업을 수정할 때는 다른 사람이 보지 않는 곳에서 고치는 것이 예의이다. 하지만 가장 아름다운 메이크업은 남녀 모두 밝은 미소임을 잊지 말자.

기업마다 원하는 인재상이 달라서 업종별 '맞춤형 코디'를 생각할 필요가 있다. 영업, 서비스직은 친근하고 호감 가는 인상을 심어줘야 하므로 딱딱하고 날카로워 보이는 정장보다는 브라운, 베이지색상을 입으면 한층 부드러운 이미지를 연출할 수 있다. 디자이너, 광고 등 창의적인 아이디어가 강조되는 직종은 개성을 표현할 수 있는 코디로 패션 감각을 보여주는 게 유리하다. '나는 요즘 트렌드를 알아요.'라는 이미지를 보여주기 위해 유행하는 액세서리나 색상으로 포인트를 주는 게 좋다. 백화점 면접에 유행이 지난 쓰리버튼 재킷을 입으면 감점이 될 수도 있다. 보수적인 대기업, 공기업, 일반 사무직종은 성실함과 단정함으로 호소해야 한다. 유행에 민감하지 않으면서도 깔끔한 인상을 전달할 수 있는 클래식 슈트가 적당하다. 블랙, 그레이, 네이비 색감으로 신뢰감 있는 인상을 보여주는 게 좋다.

화법과 자세, 또박또박 차분한 어조로!

면접관과 처음 인사할 때, '안녕하십니까?'라는 말의 마지막 '까'와 동시에 머리를 숙여 인사하면 된다. 걷고 앉아 있을 때 허리와 어깨를 펴주어야 한다. 서 있을 때, 여자는 두 손을 모은 공수자세, 남자는 공수자세보다는 차렷 자세가 좋다.

우선 대답은 간단명료하게 조급하지 않게 또박또박, 차분한 어조로 대답한다. 질문 내용을 파악하지 못했을 때는 일단 대답하지 말고, 다시 물어 정확하게 답변하는 것이 현명한 자세다. 외래어는 전공 관련어가 아니면 남발하지 말고, 인터넷 속어나 은어 등의 사용을 피하도록 한다.

주관 없이 "남들이 전망이 밝다고 해서", "선배가 권해서" 등의 답변은 높은 점수를 받을 수 없다. 약점을 묻는 등 난처한 질문을 받았을 때는 긴장하지 말고 수용하는 자세를 보이고, 보완 노력은 계획보다는 지금 하고 있는 노력이 있을 경우에 하도록 한다. 모르는 질문을 받았을 때는 솔직하게 대답한다. 면접 때 넥타이를 만지작거리거나 머리를 긁적이는 등의 불안한 행동은 보이지 않도록 주의하자. 당연한 얘기지만 부모님에 관해 얘기할 때는 존경하는 모습을 보여주어야?한다. 부모님에 대한 자세는 인성 평가의 기본이다. 그렇다고, 흐느끼며 울면 곤란하다. 한편, 잘난 척을 보이는 모습도 조심해야 할 항목이다.

시선 처리와 표정, 면접관을 주목하라!

시선은 상대방의 눈을 보되 좀 어려우면 미간을 보도록 한다. 여러 명의 면접관이면 시선을 가능한 한 골고루 주는 것이 좋고, 질문한 면접관이 있으면 그 면접관을 보고 대답하는 것이 바람직하다. 대답할 때, 눈을 굴리거나 자신도 모르게 천장을 보지 말아야 한다. 무언가 속인다는 인상을 주거나 단지 외워서 이야기하고 있다는 느낌을 주기에 조심해야 한다. 이런 모습은 본인도 잘 모르기 때문에 모의 면접으로 자신 모습을 미리 점검할 필요가 있다.

면접자는 무거움과 어둠보다는 밝은 이미지가 호감이 갈 수밖에 없다. 밝고 자신감 있는 표정은 한순간에 가질 수 없는 요소다. 기쁜일이 있어야 웃을 수 있지만, 때로는 웃어야 기쁠 수도 있다. 평소에 마음과 얼굴에 웃음을 주는 연습도 필요하다고 본다. 하기 어려우면 맛있는 음식 냄새를 맡을 때 '음' 하는 듯한 기분으로 입 모양을 만들어보라. 조금은 효과가 있을 거다.

면접장에서 —— 결코 해서는 안 되는 버릇

면접은 마음이 안정되고 자신감을 가지면 보통 결과가 좋게 나온다. 어떤 대기업은 인턴 과정으로 신입사원을 선발한다. 그런데 인턴을 통해 채용이 확정된 인력의 최종 입사 비율은 50퍼센트에 불과하다. 인턴 후, 채용이 확정되고 나서 6개월 정도 대기하는 기간이 있는데, 그 사이에 타사에 합격해 이탈하는 경우도 많다. 아무래도 채용이 확정된 입장에서 타 기업에 면접을 치르면 자신감과 안정감이 생겨 결과가 좋게 나오게 마련이다. 이와 반대로 꼭 붙고 싶은 마음이 너무 극대화되면 마음이 불안해지고 심하게 긴장한 탓에 의도하지 않는 실수가 잦아지게 된다. 자신도 모르게 경직되어 실력 발휘가 안 된다. 면접장에서는 타 면접자와 비교 의식이 생길 수밖에 없다. 이럴 때는 마음을 다스려야 한다. 면접까지 올라왔다는 것은

'자질과 능력 측면에서 누구를 뽑아도 될 정도는 된다.'는 뜻이다. 면접을 앞둔 모든 지원자는 동등한 자격을 갖춘 인재들이므로, 자신의 실력을 평가절하하지 말고 자신을 믿고 당당하게 임해 본인 능력을 아낌없이 표현하기 바란다.

면접장에서 절대 하지 말아야 할 행동 5가지

그럼, 면접 시 절대 하지 말아야 할 행동을 살펴보자.

첫째, 면접시간에 늦으면 안 된다. 시간 약속을 못 지키는 것은 치명적 단점이다.

둘째, 실수를 빨리 잊어야 한다. 특히, 면접 초반에 만족스럽지 않게 대답하면 대부분의 지원자는 실력 발휘를 못한다. 마음으로 포기하거나 소극적으로 변하는 경우가 많다. 면접에서의 실수는 되도록 빨리 잊고 다음 질문에 집중해야 한다. 누구라도 실수하지 않는 경우는 없다. 더 중요한 것은 실수를 인정하고, 같은 실수를 되풀이하지 않도록 노력하는 것이 더 중요하지 않은가. 기업 활동 시 프로젝트가 실패하더라도 실수를 인정하고 빠르게 보완하는 자세가 중요하지 풀이 죽거나 더는 도전하지 않는 직원을 기업은 원하지 않는다.

셋째, 당황하지 말아야 한다. 예기치 못한 질문이나 상황을 접할 때, 당황하여 어수선할 정도의 말투나 행동은 조심해야 한다. 침착한 모습으로 말하고 표정을 관리해야 한다. 얼굴이 붉어지거나 떨려서 매우 작은 목소리로 대답하는 경우가 없었으면 한다. 조직 생활에서 발생할 수 있는 위기 및 돌발 상황에 침착하게 행동할 수 있는 직원을 원하기 때문이다.

넷째, 모범답안을 외워서 말하면 안 된다. 모범답안이 나쁘다는 것이 아니다. 정말 그렇고, 알고 있어서 대답하는 것인지 자신도 잘 모르고 답하는 것인지는 그 분야의 전문가가 쉽게 알 수 있다. 모범답안을 참고할 수 있으나, 단순히 외우고 이를 읊으면 진솔하지 못하게 비쳐 오히려 더 낮게 평가될 수 있다.

다섯째, 정답을 맞히려는 자세를 버려라. 면접자들은 답을 맞혀야 한다는 강박관념이 있다. 실제 면접 질문에는 범위가 없다. 질문의 의도도 다양하다. 어떤 경우에는 성공 사례보다 자신의 솔직한 실패 경험이 좋은 평가를 받을 수 있다. 면접의 목적은 지원자가 쌓아온 경험과 행동을 통해 앞으로 어떤 역량을 발휘할지를 예측하는 것이다. 정답을 잘 대답하는 것보다 자신의 가능성을 보여주는 것이 중요하다. 또 자신에게 특별한 재능이 있음을 보여주기보다 자신의 인간 됨됨이를 보여주어야 할 때가 있다. 면접은 지식보다는 인성 평가에 무게를 두기 때문이다.

면접에서 피해야할 표현과 버릇

다음은 면접 시 하지 말아야 할 표현들이 있다. "뽑아만 주신다면 열심히 일하겠습니다."라는 표현이다. 구태의연한 80~90년대의 표현이다. 채용되면 최선을 다해 열심히 일하는 것은 기본이다. 하나마나한 당연한 말을 강조할 필요는 없다. 오히려, '나를 뽑아야 할 이유'나 '뽑았을 때, 기업에 어떤 기회가 생기는지'를 표현하는 것이 좋다. '우등생, 반장'이라는 말로 리더십 자체를 대변하지 말아야 한다. 반장이라는 타이틀 자체가 리더십을 증명한다고 생각하지 말자. 단순히 "반장을 통해 리더십을 갖게 되었습니다."라고 말하는 것은 케케묵은 식상한 표현이다. 오히려 친구들 관계에서 주도적인 행동으로 어려움이나 문제를 해결했던 사례가 리더십을 증명하는 방식임을 이해했으면 좋겠다. 아울러 "솔직히 말씀드리자면….''과 같은 표현도 금물이다. 진지해질 때 이런 표현을 자주 사용하는데, 모든 대답과 말에 솔직해야 한다. 이런 표현은 진실성에 의문을 가지게 한다.

면접 시 하지 말아야 할 무의식적인 버릇들이 있다. 이것은 자신도 잘 모르는 습관이기에 다른 사람을 통해 확인하는 것이 필요하다. 조심해야 할 무의식적 행동으로는 '끝말 흐리기', '시선 회피', '머리 긁적이기', '다리 떨기', '한숨 쉬기', '말 더듬기' 등이 있다. 자신도 눈치 채지 못한 행동들이지만 탈락할 수 있는 행동들이다. '끝말 흐리기', '시선 회피', '머리 긁적이기'는 자신감이 떨어져 보이거나 우유부단한 모습으로 비친다. 특히, 면접관의 눈을 바라보지 않고 말하는 것은 치명적 약점이기에 반드시 고칠 필요가 있다. '다리 떨기'는 불안정, 산만한 인상을 주게 된다. '말 더듬기'는 진실하지 못한 인상을 줄 수 있다. 사소한 부분이지만 짧은 시간에 최종 결정을 해야 할 면접이기에 자신도 모르는 무의식적 행동도 미리 확인하여 고치는 노력이 필요하다.

면접에도 애드리브가 통한다

면접의 모든 상황을 살펴보면 애매한 상황이 있다. 면접 시 애매할 수 있는 상황에서 어떻게 행동해야 할지 살펴보자. 꼼꼼한 기업은 면접 대기실에서의 행동도 평가 지표로 활용한다. 일부러 점수를 매기지는 않지만, 문제가 있는 행동은 면접 결과에 반영될 수도 있다.

면접 대기실에서 어떤 행동이 좋을까? 면접과 관련된 자료를 검토하는 것이 좋은지, 아니면 대기 장소에 모인 다른 지원자들과 얘기를 나누며 정보를 교환하는 것이 좋은지 궁금해한다. 결론적으로 인사 담당자들은 '미리 준비해 온 면접 관련 자료들을 읽으며 차분히 시간을 보내는 모습'을 좋게 평가한다. 다른 지원자들과 인사하고 대화하며 정보를 공유하는 모습도 괜찮지만, 수다스럽고 신중하지 못하다는 인상을 줄 정도는 곤란하다. 음악을 듣거나 문자메시지에 몰입하는 모습은 자제하는 것이 좋다.

준비는 철저하게, 행동은 자연스럽게

대부분의 면접 시 응시자가 면접장에 들어섰을 때 인사하는 방법을 알려주지만, 그렇지 않은 경우도 있다. 면접장에 들어선 후, 아직 자리에 앉지도 않았는데 다시 고민이 된다. 처음 만나는 면접관에게 인사를 건네야 할 것인가, 평가의 자리인 만큼 그냥 조용히 앉는 것이 좋을 것인가. 일반적으로 '가벼운 묵례로 인사하고 자리에 앉는 것'이 제일 좋다. '소리 내어 인사하고 자리에 앉는 것'도 나쁘지 않은 방법이다. 특히 일대일 면접에서 활발하고 적극적인 인상으로 보일 수 있다. 개인의 성향과 지원한 업무에 맞게 선택하여 행동하도록 하자. 그러나 '인사 없이 조용히 자기 자리에 앉는 것'은 지양해야 한다.

모든 면접에서 자기소개로 시작하는 경우가 제일 많다. 여기부터 지원자들의 평가에 큰 차이가 발생한다. 면접 질문의 첫 번째 관문이다. 반드시 거쳐 가는 질문이어서 쉽게 생각되기도 하지만 그만큼 답변이 평범해질 수 있기에 사전에 대답할 내용을 철저히 준비해 가는 지원자도 적지 않다. 인사 담당자의 말을 들어보면 '그 자리에서 자연스럽게 자신을 설명하는 지원자'를 더 선호한다. '미리 준비해 온 형식을 철저하게 외워 대답하는 지원자'보다 더 바람직한 예로 여긴다. 미리 준비하지 말라는 것보다는 자연스럽게 자신의 말로 말할 수 있어야 한다는 의미로 받아들이면 좋겠다. 외워서 말하는 듯한 모습을 보이면, '정말 그러한가?'라는 의문이 붙게 된다. 따라서 미리 답변을 준비했다 하더라도 면접을 보는 자리에서만큼은 최대한 자연스럽게 풀어낼 필요가 있다. 또한 자기소개 때 시간을 정해주거나 간단히 해 달라고 할 때는 시간 조절을 하는 것도 필요한 능력이다. 자기소개 내용도 무작정 자신의 살아온 내용을 말하기보다는 '왜 지원했는지', '입사하기 위해 어떤 준비를 했는지', '기업에서 눈에 띌 만한 자신의 특징'과 같은 주제로 전달하는 것이 효과적이다.

면접에서 가장 많은 실수

면접 중에 전혀 생각지 못한 것이나 모르는 질문을 받을 때가 있다. 제일 많은 실수는 '무엇인가 대답을 해야 하기에 당황스러운 모습으로 횡설수설'하는 모습이다. 나 역시도 일반 대화 중에 예기치 못한 말을 들으면 얼굴이 경직되고 단어가 꼬이게 된다. 당황스러워서 그렇다. 그런데 면접 중에 답변할 수 없는, 그야말로 '모르는 질문'에도 지원자는 가만히 있을 수가 없으므로 참 난처한 일이다. 이럴 때는 아는 부분만이라도 대답하는 자세가 가장 좋지만, 그마저도 쉽지 않다면 차라리 솔직히 모르겠다고 대답하고 다른 질문에 최선을 다하겠다고 요청하는 것이 바람직하다. 이에 반해, 질문과 관계없는 것에 대해서라도 최대한 성의를 보이려는 태도로 답할 수 있지만, 결과적으로 두서없는 모습으로 비칠 수 있고 동문서답하는 결과를 가져와 감점이 될 수 있다.

그러면 다른 지원자가 대답하고 있을 때 어떤 자세가 바람직할까? 이야기하는 것만큼 중요한 것은 이야기를 듣는 일이다. 단체 면접은 내가 말할 수 있는 시간보다 다른 지원자의 답변을 들어야 하는 시간이 더 많다. 이럴 때는 다른 지원자의 얘기에 적극 반응하며 자연스러운 자세를 취하는 것이 매우 중요하다. 다른 이의 의견을 주의 깊게 듣는 것으로 포용력과 이해력이 높다는 인상을 줄 수 있기 때문이다. 면접관만 바라보며 꼿꼿하고 바른 자세를 유지하는 것은 상대적으로 낮은 평가가 간다.

한 모의 면접을 진행할 때의 일이다. 한 학생은 다른 사람이 말할 때, 단호하고 굳은 모습으로 하늘과 앞만 쳐다보고 있었다. 다른 학생은 옆 면접자의 말을 듣고 동의한다는 끄덕이는 행동을 반복적으로 하고 있었다. 모의 면접을 마치고, 대기업 인사 업무 10여 년을 하고 있던 면접관은 두 학생 모두에게 좀 더 유연하고 자연스러운 자세를 요구했다. 상대방의 이야기를 듣고 있다는 자세를 갖는 것과 동시에 너무 과도한 끄덕임과 같은 행동은 산만한 느낌을 줄 수 있다.

피면접자가 여럿일 때, 특정 지원자를 지목하지 않고 질문하면 어떻게 해야 할까? 지원자들은 대답 자체를 해야 할지, 말아야 할지 고심할 때가 종종 있다. 특정 지원자를 꼭 집어내지 않고 대답할 의사가 있는 사람이 대답해도 좋다는 질문이 나왔을 때다. 인사 담당자들은 손을 들어 먼저 대답하겠다는 지원자에게도 긍정적인 평가를 하지만, 만일 먼저 대답한 사람의 의견을 경청한 후 자신의 의견을 추가해 밝히는 지원자가 있다면 더 좋게 평가한다. 더불어 앞에 말한 지원자의 말을 보완 발전시키는 의견을 피력하는 것도 매우 좋은 방식이다. 여기서 자신을 지목할 때까지 기다렸다가 대답하는 지원자처럼 소극적이고 자신 없는 모습을 보이는 것은 피해야 한다. 먼저 적극적인 지원자를 좋게 평가하는 것은 당연하고, 기업 조직에서 함께 어울려 의견을 조정하고 종합할 수 있는 사람이라는 평가를 얻을 수 있다.

엉뚱한 질문에 대처하는 요령

지원자가 느낄 때, 엉뚱한 질문을 받는 경우가 있다. 위기 대처 능력, 창의성, 순발력 등을 평가하기 위해서다. 이런 상황은 변화가 많고 트렌드에 민감한 업종에 속한 기업이나 직무일 경우에 자주 등장한다. 한 케이블 홈쇼핑 기업의 '쇼호스트' 채용 면접에 면접관으로 참여한 적이 있었다. 기업으로부터 엉뚱한 질문을 하고 평가하도록 요청받았다. 홈쇼핑의 특성상 생방송 중에 발생할 수 있는 예상치 못한 일들이 있기 때문이었다. 한번은 생방송으로 진행된 홈쇼핑 프로그램에서 쇼호스트가 상품에 관한 설명을 마칠 무렵, 갑자기 스튜디오 조명이 꺼지는 일이 벌어지게 되었다. 그 상황에 부닥친 쇼호스트는 당황하지 않고 이렇게 말했다고 한다. "마음의 결정을 해야 할 시간입니다. 아무것도 보이지 않을 때 우리는 진심이 될 수 있습니다. 여러분을 위한 ○○상품입니다." 이렇게 위기 상황을 잘 넘긴 후에 스튜디오 조명이 들어왔다. 오히려 상품 판매는 더 성공적이었다.

이 홈쇼핑의 쇼호스트처럼 다양한 돌발상황에서 유연한 대처능력을 요구하는 직종은 점차 늘어나는 추세다. 엉뚱한 질문을 던지는 것도 이런 추세와 무관치 않다. 엉뚱한 질문 유형은 "서울에 바퀴벌레는 몇 마리일까요?" "산타의 옷은 왜 빨간색인가?" "서울에 수영장은 몇 개여야 하는가?" "면접을 위해 타고 올라온 엘리베이터는 하루에 몇 명이 탄다고 생각하는가?" 등이다. 이런 질문에 당황하지 않는 자세를 갖고 현실 가능한 대답보다는 독특하고 재치 있게 답변하는 것에 무게를 두고 답하는 것이 더 좋다고 한다. 그러나 뜬구름 잡듯 지나치게 황당한 답변은 오히려 인사 담당자에게 역효과를 낼 수도 있으므로 진지하게 접근해야 한다. 누구나 독특하고 재치 있는 답변을 하기는 쉽지 않다. 만일 이런 답이 생각나지 않으면 '현실적으로 가능한 답변'을 하는 것이 좋다.

감동적인 클로징 멘트를 준비하라

면접 마무리에 '마지막으로 하고 싶은 말'을 물을 때가 있다. "이 말을 하지 않으면 정말 후회할 것 같은 것이 있다면 말해보라."는 식으로 묻기도 한다. 이럴 때 어떤 내용이 가장 적합할까? 이 경우에 인사 담당자들은 이 회사에 꼭 입사하고 싶다는 의견을 다시 한 번

밝히는 것을 가장 좋게 생각한다. 기업은 자신의 회사에 정말 입사하고 싶은 지원자임을 여러 측면으로 확인하고 싶어 한다. 여자가 "사랑한다."는 말을 애인에게 매일 듣고 싶은 것처럼 말이다. "만약, 최종 탈락한다면 어떻게 하겠는가?"라며 질문을 하는 경우도 종종 있다. 이런 질문일 때에도 그 의도가 어떠하든지 '내가 기업을 얼마나 좋아하는지, 입사하기 위해서 어떤 준비를 했는지'를 말하는 것이 좋다. 더불어 "떨어진다면 내가 부족한 것이 무엇이었는지 확인한 후, 재도전하겠다."라는 의지를 보여줄 수도 있고, 한편으로는 "정말 하고 싶어서 지원한 이 직무를 더 작은 곳에서 시작하여, 경력자로 다시 이 기업에 도전하고 싶다."처럼 표현하는 것도 필요하다. 마지막 할 말을 물어볼 때, '면접에서 아쉬웠던 점을 이야기하며 더 잘할 수 있었음을 강조하는 것'도 기업은 좋게 평가한다. 그에 반해 "크게 할 말 없다."고 하는 지원자에게는 좋은 점수를 주지 않는다. 여자친구와 데이트하고 헤어질 때, 여자친구가 "오늘 어땠어?"라는 질문에 "그냥 그랬어." "잘 모르겠어." "할 말 없어…."라고 말하는 것과 같은 대답이기 때문이다.

영어 면접,
알고 보면
별거 아니다

당연한 말이지만 영어 면접도 면접이다. 일반 면접에서 물어볼 수 있는 모든 것이 영어 면접으로 나올 수 있다고 생각해야 한다. 기업과 업무에 따라 질문의 깊이는 아주 다르게 나타난다. 면접을 준비할 때, 반드시 나오는 질문과 예상 질문을 조사하고 준비할 필요가 있듯이 영어 면접에도 미리 준비해야 할 필요가 있다. 상대방의 눈을 보고 말하는 자세가 중요한 것은 일반 면접과 같다.

영어 면접도 면접이다

영어 면접에서 단순한 생활영어나 유창한 발음 여부는 평가 요소가 아니다. 기업에서 영어 면접을 진행하는 이유는 무엇일까? 첫째는 영어 활용 능력이 있는 사람을 뽑기 위함이다. 기업이 글로벌화

되면서 영어 활용 능력이 업무 성과와 연결되기 때문이다. 둘째는 영어 시험 점수와 진짜 영어 활용 능력에는 차이가 있다고 판단하기 때문이다. 그뿐만 아니라 영어 활용 능력은 단기간에 길러지는 것이 아니므로, 적어도 '성실성'의 척도나 '학습 능력' 척도의 의미도 있다. 이 기준으로 보면 영어 면접에 응하는 구직자는 진짜 영어 실력을 쌓는 노력이 필요하다.

영어 면접을 진행하는 기업에서 평가하는 핵심요소가 무엇일까? 첫 번째 평가 항목은 표현 능력, 즉 말하기 능력이다. 말하기 능력은 유창한 발음을 의미하지 않는다. 반기문 유엔사무총장의 영어 발음은 독학한 사람답게 한국식이지만, 내용은 누구의 연설가보다 훌륭하다. 멋을 내는 것보다 중요한 것은 내용이다. 미국식 발음이 자연스럽게 체화되었다면 모르지만, 억지로 굴리다 'r' 발음이 'l'처럼 혀가 입천장에 붙거나, 'you know, um….' 등을 조사처럼 남발하는 것도 조심해야 한다. 두 번째 평가 항목은 업무에 적합한지 여부이다. 영어를 많이 사용하는 업무일 경우에는 자기소개나 취미와 같은 단순 영어 능력보다는 기업의 제품과 시장 상황에 관한 이해가 있어야만 대답할 수 있는 질문으로 평가하게 된다.

영어 면접은 일반 면접과 별도로 진행하는 경우가 대부분이지만, 실무 또는 임원 면접에서 영어 능력 테스트를 함께 진행하는 경우도 있다. 영어 면접의 테스트 방식은 주로 다음과 같다. 1단계는 영어로 자기소개, 전공, 취미, 스포츠에 대해 답하게 하거나 한국어로 대답한 내용을 바로 영어로 표현하라고 하는 경우이다. 2단계는 텍스트, 사진, 영상을 보여주고 그것에 관한 묘사를 하도록 하거나 의견을 묻는 경우이다. 3단계는 시사적인 문제, 산업 트렌드, 지원 동기, 희망하는 업무 등을 물어보는 경우이다. 4단계는 '노령화 시대의 노인복지 문제'와 같은 주제를 제시하고, 면접자들에게 영어로 토론시키는 경우이다. 5단계는 PT를 영어로 하도록 하는 경우이다. 기업에 따라 위와 같은 방식을 선택적으로 사용한다. 어떤 방식의 테스트라도, 영어 면접에서는 'WHY?'가 매우 중요하다. 축구를 좋아하면 왜, 어떤 이유로 좋아하는지 영어로 대답할 수 있어야 한다. 이런 내용을 보면, 주로 일반 면접과 유사하다. 대답을 한국어로 하느냐, 영어로 하느냐의 차이일 뿐이다. 영어 공부를 족집게 찍기 방식으로 한 학생들은 대처하기 어려운 것이 사실이다. 따라서 단기간에 실력을 키우려 하기보다는 시간을 두고 폭넓게 영어 실력을 키우는 것이 중요하다

여기서 면접관이 외국인이냐, 한국인이냐에 따라 영어 면접 요령은 조금 다를 수 있다. 면접관이 외국인일 경우에는 가능한 여유 있게 미소를 띤 채로 말하고 물어보는 것에 대해 단문으로 짧게 대답하는 것이 좋다. 단어로 대답하는 것은 금물이지만, 너무 길게 말하면 문법적인 오류가 금방 파악될 수 있기에 조심해야 한다. 면접관이 우리나라 사람일 경우에는 대부분 한국에서 공부하고 유학 간 경우가 많으므로 세세한 문법적 오류에는 비교적 관대한다. 따라서 좀

막히거나 틀려도 절대로 내색하지 말고 자연스럽게 끝까지 문장을 이어 나가는 것이 중요하다. 자신 있게 말하면 좋은 점수를 받을 수 있지만, 허둥지둥하면 감점을 주는 경우가 많다.

면접에서 기업이 좋아하는 단어들이 많이 있다. 예를 들어, 진취성, 역동성, 팀워크 성향, 리더십, 창의성, 논리성, 문제 해결 능력들이다. 영어 면접 대답에는 "I am looking forward to experiencing new challenges."처럼 forward-looking(진보적인), challenging(도전적인) 같은 단어뿐만 아니라 active(적극적인), team player(팀 플레이어), collaboration(협동), guiding(이끄는), initiative(주도적인), new perspective(새로운 관점), problem solving(문제 해결), alternative(대안)와 같은 단어들이 포함된 어휘를 구사하는 것이 좋다.

영어 면접에 자주 등장하는 질문들

영어 면접에 나왔던 질문 내용을 사례는 다음과 같다. 자기소개, 전공은 무엇이고 왜 선택했는가, 어디서 영어 공부했나, 잘 만드는 음식은 무엇인가, 외국 경험 있으면 어디가 가장 기억에 남았고 그 이유는 무엇인가, 건강을 위해 무엇을 하나, 신문을 볼 때 무엇을 먼저 보는가, 여가에 많이 하는 일, 영화 감상이라면 어떤 영화를 왜, 어떤 스포츠를 좋아하는지와 그 이유, 라면 끓이는 방법, 대학 시절 생각나는 경험과 만나고 싶은 사람과 그 이유, 회사 및 업무에 지원한 이유, 회사에서 상사가 계속 밤늦게까지 일을 시킨다면 어떻게,

미래 계획, 스트레스 해소법, 정부의 에너지 정책은 무엇이고 기업의 대응 전략, 지원 기업의 국내 성장 전략은 어때야 하는지, 외국인을 한국에 많이 오게 하려면 어떻게 하는 게 좋을까, 기업의 특정 제품과 서비스에 관한 향상 방안, 세일즈맨이 되었다면 어떻게 팔 것인지, 공부할 때 혼자 혹은 친구들과 함께하는 것 중 어느 쪽이 더 효율적인지, 경영학과 경제학의 차이점은 무엇이고 동의하는 경제학설을 가진 경제학자는 누구인지, 합격하면 어떻게 회사에 이바지할 것인지, 세상에서 가장 하기 싫은 일과 이유, 대학 수업 중 제일 싫어하는 과목과 이유, 고객의 제안을 수행하는 업무가 대부분 외국 출장일 때 비행기 타는 데 두려움이 있다면 어떻게 할 것인지, 마지막으로 포옹한 적은, 하루 동안만 유명한 사람이 된다면 누가 되고 싶은지 등이다.

단순한 질문에서부터 한국말로도 대답하기 어려운 질문들이 많다. 영어 면접 역시 일반 우리말 면접에서 나오는 내용과 같은 방향으로 전개될 것이다. 동일하게 지원하는 기업, 업무, 산업의 트렌드 등을 자세히 확인하고 그 내용을 영어로 표현할 수 있는 능력도 필요하다. 영어 토론 면접은 '노령화 사회 방향', '불법 체류 외국인 노동자 문제', '한국 여자가 남편의 성을 따르는 문제', '초등학교 영어 교육 방향'과 같은 제목을 주고, 찬반 토론을 거치게 된다. 우리 시대의 이슈들에 관한 내용과 자신만의 관점을 갖도록 준비하는 것이 필요하다.

임원 면접, 인성과 태도가 중요하다

임원 면접은 입사 최종 단계에서 이루어진다. 서류 심사, 인·적성 검사 그리고 실무 면접을 통해 단계별 전형을 통과한 사람들이다. 최종 면접에 올라온 지원자들은 '누구를 뽑더라도 기본 능력은 있다.'는 전제가 있다. 즉, 누구를 채용해도 업무 역량이 비슷할 수 있다는 뜻이다. 이래서 임원 면접에서는 인성과 태도에 관한 요소를 더 크게 보는 경향이 있다. 임원 면접에 임하는 지원자는 '진심으로 이 회사에 입사하고 싶다.'라는 마음을 보여주는 것이 필요한 전략일 수 있다.

최종 면접에서 임원들이 궁금해하는 것

최종 면접에서 임원들이 가장 궁금해하는 것은 무엇일까? 인크루트 조사에 의하면, 임원 및 CEO들은 지원자의 특성이나 성향, 장단점, 인성, 자세 등을 종합적으로 파악하기 위한 질문을 가장 많이 하는 것으로 나타났다. 면접 질문 1,022건을 유형별로 정리한 결과, 가장 많은 질문 내용은 '자기소개'(148건, 14.5%)에 관한 내용이다. 그 뒤를 이어 직무/능력(144건, 14.1%), 전공/지식(74건, 7.2%), 경력/경험(72건, 7%), 지원 동기(71건, 6.9%), 인·적성(67건, 6.6%), 관심/열정(65건, 6.4%), 포부/각오(64건, 6.3%) 등의 순서였다. 이처럼 임원들이 많이 하는 질문들은 지원자의 성향을 파악하여 조직에 적합한 자세를 가졌는지, 인재상에 적합한 사람인지를 확인하려 한다. 주로 인성적 측면을 많이 평가하게 된다. 따라서 너무 과장되거나 가식적인 답변을 피하고 가능한 솔직담백하게 답변하는 것이 좋다. 여기서 인성적 측면이란 말을 잘 이해할 필요가 있다. 인성 면접이라고 아무 생각 없이 면접에 참여하는 일은 없어야 한다. 인성 면접이라는 의미 안에는 지원하는 기업과 직무와 미래 비전이 분명해야 한다는 의미가 들어 있다는 것을 명심하자.

분야별 가장 많은 질문 유형을 살펴보자. 자기소개를 요구할 때, '자신의 모든 것을 하나의 키워드로 1분 이내에 표현하라.'든지, '자기를 상징할 수 있는 단어를 있는 대로 말해보라.'는 식의 질문을 던지기도 한다. 미리 준비된 자기소개를 벗어나 지원자의 재치나 순발력, 논리력 등을 함께 평가하려는 의도가 담겨 있다.

지원자의 성향을 파악하기 위한 질문으로는 '가장 화가 많이 났던

적과 화를 푸는 방법', '지금 무인도에 가면 무얼 할지', '가장 싫어하는 사람이 있다면, 싫어하는 이유는 무엇인지', '사장이 월급을 준다고 생각하는지' 등이다.

임원 면접에 대비하라

임원 면접에서도 '압박 면접'이 자주 등장한다. 네거티브 방식이다. 일반 면접과 비슷하게 압박 질문에 감정적으로 대응하거나 필요 이상으로 당황하는 지원자를 걸러내려는 작업이다. 주로 지방 발령을 내도 가실 수 있는지, 개인의 신념에는 맞지 않는데, 회사에서 시킨 일이 있다면 하겠는지, 어학연수를 다녀왔는데, 왜 공인 점수가 좋지 않은지 등에 대한 질문이다. 예기치 않은 질문들이지만, 지원자에게 '스트레스'를 주고, 그에 관한 반응을 보는 과정이다. 기업에서 비싼 비용을 들여가면서 불필요한 질문을 하거나 장난치고 싶어서 하는 것이 아님을 기억하자. 지원자에게 주어진 '스트레스'에 얼굴색이 변하거나 감정을 드러내기보다는 침착하게 대답하고, 조직과 기업에 관련된 질문에 대해서는 '충성심'과 '조직 적응력' 있는 모습을 보여주는 것이 좋다. 압박 질문의 답변은 "Yes, but⋯." 형식으로 하는 게 좋다. 대부분 객관적 사실에 기반에서 물어보기에, 그 사실을 인정하고 그다음에 그 이유를 설명하는 방식이다. 예를 들어, "영어 점수가 낮아 어쩔 수 없이 영업에 지원했나요?"라고 하면 "토익 점수가 낮은 것은 사실입니다. 그렇다고 놀기만 한 것은 아닙니다. 남들이 영어 공부할 때, 저는 편의점에서 아르바이트하면서 일별 재고정리 방식과 밤에 손님들이 주로 찾는 상품이 무엇인지 알게 되었습니다.”라고 하면서 오히려 면접관과 커뮤니케이션하는 기회로 만들면 효과적이다. 면접 전에 자신에게 불리할 수 있는 항목을 살펴보고, 해당하는 부분에 압박이 들어오면 당황치 말고 대답할 준비를 해두는 것이 좋다. 불리한 질문이 예상되는 항목은 ‘전공과 다른 직무에 지원한 경우’, ‘구직활동 기간이 긴 경우’, ‘2회 이상 휴학과 졸업 유예가 있는 경우’, ‘외부 활동이 없거나 적고, 학점이 높은 경우’, ‘학점이 3.0 이하인 경우’, ‘공무원이나 고시 준비로 공백 기간이 있는 경우’, ‘편입의 경우’, ‘어학 점수가 낮은 경우’, ‘개인의 신상에 특징이 있는 경우’ 등이다. 이처럼 압박 면접이 자주 등장하는 것은 기업의 조직 생활 속에 문제와 트러블이 항상 발생하기 때문이다. 트러블이 있고 감정이 상하는 일이 있을 때마다 못 이기고 퇴사한다면 기업이나 개인에게 큰 손해다. 그러므로 그런 문제점 있는 상황을 인내하고 융통성 있게 극복할 수 있는 사람을 찾는 것이다.

가장 많이 나오는 질문 중에 ‘실수하면 떨어질 수 있는 질문’에 대해 살펴보자. “직장 상사와 트러블이 있을 때, 어떻게 처신할 것인가?”이다. 조직 생활에서 발생할 수밖에 없는 트러블에 대한 대처 능력을 알기 위해 이와 유사한 질문이 매우 많다. 이 질문은 대인 관계를 보는 동시에 조직 생활을 잘할 수 있는지를 알아보기 위한 질문이다. 정답이 있지는 않지만, 조직 생활에 잘 적응할 수 있는 사람임을 피력하는 방식이 좋다. 예를 들면, "일에 관한 부분이든 인간적인 부분이든 직장상사와의 트러블이 생기면 일단은 상사의 뜻을 따르겠습니다. 다소 불합리하다고 생각되더라도 상사의 속뜻이 있을 것으로 생각하겠습니다. 그리고 업무가 끝나면 개인적으로 상사의 의도가 어떤 것이었는지 여쭙고, 자신의 생각과 느낌은 무엇이었는지 말씀드리면서 간격을 좁히도록 하겠습니다." 정도의 답변이 적절하다.

면접에서 자주 탈락하는 지원자들이 있다. 이유가 다양하겠지만, 다음과 같은 유형으로 정리할 수 있다.

첫째는 자신의 객관적인 능력보다는 자신의 능력을 과대평가하는 사람이다. 신입사원이 아무리 다양한 지식과 경험이 있어도, 기업은 최소 3년은 굴려야 조직 속에서 능력을 발휘할 수 있다고 생각한다. 겸손한 자세가 필요하다. 또한 실제 능력이 뛰어난 지원자라 하더라도 다른 사람을 무시하는 듯한 말과 행동은 조심해야 한다.

둘째는 경쟁이 워낙 치열해서 능력이 있으면서도 번번이 떨어지는 경우가 많다. 자주 탈락하다 보면 자신감을 잃게 된다. 면접 시 의기소침하거나 안정되지 못한 모습을 보일 수 있다. 이렇게 되면 있는 실력도 드러나지 않는다. 실력이 있어도 보여주질 못해서 떨어지게 된다. 따라서 취업이 힘든 것은 다른 지원자들도 마찬가지라는 생각으로 자신 있게 면접에 임했으면 한다.

셋째는 왠지 믿음이 가지 않는 사람이 있다. 대답은 막힘없지만, 진실성이 떨어져 보이고 자신의 이야기가 아닌 듯한 느낌을 주는 사람이다. 주로 추상적인 단어를 많이 사용하거나, 외워서 말할 때 그렇다. 믿어야 할지 말아야 할지 면접관이 갈등하게 되면 탈락할 수 있다.

지금까지 임원 면접에서 나왔던 주된 질문과 유형을 분석했다. 면접 질문과 방식에 법칙이 있는 것은 아니지만, '정말 하고 싶은 일(직무)이었기에 지원한 사람'은 기업의 눈에 반드시 들어온다. 기업 임원들이 가장 보고 싶어 하는 모습이다. 기업에 입사하는 것에 목매는 모습보다는 하고 싶은 일에 열광하는 모습을 가지는 노력이 제일 중요하다.

4

자기소개서,
단숨에
빠져들게 하라

30초 만에 빠져드는 자기소개서 | Why?를 끌어내는 제목과 스토리 컨셉핑 | 너무 잘난 사람도 안 뽑는다 | 가치관을 하이라이트로 표현하라 | 반전이 있어야 성격도 잘 보인다 | 첫째도 간결함, 둘째도 간결함이다 | 에피소드로 성과를 제시하라 | 기업은 '뛰어난' 인재가 아닌 '적합한' 인재를 원한다

30초 만에
빠져드는
자기소개서

모든 자기소개서의 주제는 같다. '나는 어떤 사람인지' 상대방이 잘 이해할 수 있게 표현하는 것, 그게 바로 핵심이다. 그러나 아무리 길고 장황하게 자기소개를 했는데도 '도대체 뭐하는 사람인지 모르겠다.'는 생각이 들면 잘못된 방향으로 자기를 알린 것이다. 자신이 얼마나 괜찮은 사람인지 어떤 면에서 강점이 있는지 한눈에 알아보고 설득될 수 있게 논리적으로 보여주는 것이 성공적인 자기소개라 할 수 있다.

이상적인 자기소개서

채용에서의 자기소개는 그냥 괜찮은 사람이라기보다는 지원하는 기업과 직무에 잘 맞는 사람임을 표현하고, 그중에서 이런 역량을 가지고 있어 뽑고 싶은 욕심이 나게끔 표현을 임팩트 있게 할 수 있으면 이상적인 자기소개이다. 그러나 현실은 자기소개서를 써보라고 하면 대부분이 하는 첫 마디는 "도대체 뭘 써야 할지 모르겠다."는 것이다. 매일 생활에 맞춰 살아오긴 했지만 태어난 과거부터 현재까지를 정리하면서 자기소개서 같은 걸 한 번도 써본 적이 없기 때문이다. 그러나 글로 쓰지 않아서 그렇지 일상에서는 이미 '자기소개'를 말과 행동으로 표현하고 있다. 학교에서 개강하고 첫 친구를 만났을 때 자신의 이름을 얘기하면서 자기소개를 주고받는다. 물론 더 깊이 있게 알고 싶을 때는 미팅 장소에 나갔을 때 첫 이미지로도 자기소개를 하지만 이름뿐 아니라, 취미, 사는 곳, 일상의 생활을 질문하면서 서로 알아가고 있다. 첫 이미지가 호감이었지만 자기소개를 해나가면서 자신과 안 맞을 때도 있고, 반대로 첫 이미지는 자기 이상형과 다르지만, 대화를 하면서 끌리는 사람이 있다. 사회에 나오면 명함을 서로 주고받으며 자기소개를 한다. 이렇게 일상에서도 자기소개를 하지만 어떤 목적과 상황이냐에 따라 자기소개하는 내용이 다르게 된다. 비즈니스로 만난 두 사람이 명함을 주고받으면서 취미를 얘기하면서 자기소개를 하진 않을 테니 말이다. 자신의 기업과 직무에 관한 내용이 먼저 나올 것이다.

기업의 인사 담당자에게 자기를 소개한다고 하면 어떤 내용으로 풀어나갈지 감이 잘 잡히지 않는다. 자기소개서는 간단히 말하자면 기업에서 어떤 인재를 뽑고자 하는지 파악하고 난 후에 그 인재가 자신이라는 점을 부각해서 글로 풀어내는 것으로 이해하면 된다. 입사 서류에서 이력서에는 정량적인 데이터만 있기 때문에 면접 전에 자신의 숨겨진 면모를 제대로 보여주기 위해 쓰는 것이 자기소개서이다. 무턱대고 열심히만 쓴다고 다 읽히는 것도 아니다.

그렇다면 과연 인사 담당자가 자기소개서를 검토하는 데 걸리는 시간은 얼마나 될까? 인사 담당자가 하루에 봐야 하는 입사서류는 수백, 수천 통이 될 수도 있는데, 산술적으로 5분만 본다면 한 시간에 12통밖에 보지 못한다. 하루에 볼 수 있는 양도 아니다. 그러므로 인사 담당자는 처음부터 읽지 않고 스캔하듯이 검토한다. 검토를 통해 읽을 것인지 말 것인지를 판단하게 되는데, 시간은 10~30초 정도다. '내가 어렵게 준비한 것을 그렇게 성의 없게 본단 말이야?'라고 생각할 수도 있지만, 인사 담당자도 매일 그렇게 보기 때문에 만들어진 달인의 능력이다. 그래서 식상하거나 알고 싶어 하는 내용이 담겨 있지 않다면 검토만 하고 구체적으로 읽지 않는다. 그러나 알고 싶어 하는 읽을 거리가 있다면 그것을 읽기 위해 2분 이상을 투자한다.

그렇다면 읽힐 수 있는 자기소개서는 어떻게 작성해야 할까? 자기소개서는 기본적으로 다음의 '성장 과정', '성격의 장/ 단점', '대외 활동', '지원 동기 및 포부' 4가지 항목을 질문한다. 분명 수많은 지원자는 이 항목에 맞춰 제각기 열심히 채워 넣을 것이다. 그런데 인사 담당자가 제각각 자기소개서를 검토하면서 읽은 것을 구분한다는 것은 아무리 달인이라고 해도 뭔가 알고 싶어 하는 내용이 담겨 있어야 한다.

자기소개서의 4가지 질문 항목은 있는 그대로를 자기 마음대로 적으라고 구분해 놓은 것이 아니라 항목마다 알고 싶어 하는 내용의 의도가 담겨 있다. 취업 과정에서 지원자는 자기소개서든 면접에서든 질문이 들어오면 그 질문 자체를 보기보다 그 질문의 의도를 빨리 알아채는 게 중요하다. 성장 과정은 커온 과정을 순수하게 적으라고 있는 항목이 아니고 그 내용을 보고 알고 싶어 하는 지원자의 뭔가가 있다는 것이다. 그 알고 싶어 하는 답을 빨리 파악해야 한다. 4가지 항목의 각각 답은 이후에 하나씩 알려줄 것이다.

전략적인 자기소개서 쓰는 법

자기소개서의 작성 프로세스를 전략적으로 접근하기 위한 'Fish Writing(Fishbone)' 기법이 있다. 처음부터 자기소개서를 무턱대고 쓰는 것이 아니라 기본 흐름에 맞춰서 뼈대를 만들어 놓고 나중에 근거에 대한 에피소드로 살을 채워나가면 자기소개서가 완성하는 방식이다. 그림과 같이 기본은 물고기 뼈다귀처럼 생긴 틀이다. 그 의미를 하나씩 익혀나가면서 채우기만 하면 된다.

사실 인사 담당자들에게도 고충은 있다. 시간과 인력은 한정되어 있는데 접수되는 수많은 자기소개서를 다 검토해야 하기 때문이다. 그러므로 어디서 베껴온 것처럼 보이는 문구나 사실인지 믿을 수 없는 추상적인 포장으로 가득한 자기소개서는 신뢰를 할 수 없으므로 점점

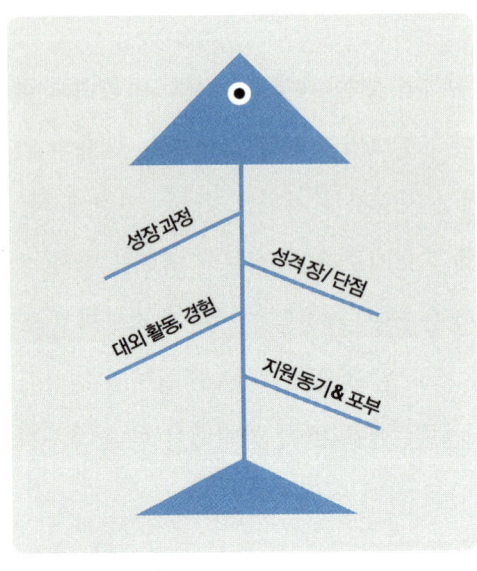

✚ Fish Writing 트리

읽지 않게 된다. 그래서 갈수록 인사 담당자는 1차로 좋은 자기소개서를 찾는 데 주력하기보다는 떨어뜨릴 자기소개서를 먼저 찾게 된다. 그래서 요즘 대기업은 자신의 내용이 아니라 합격했던 좋은 문구를 복사해서 쓰는 자기소개서를 필터링을 통해 걸러낸다. 스팸 메일을 걸러내듯이 말이다. 지금부터라도 자기소개서를 인터넷 속에 찾아 짜깁기할 생각을 아예 버리고 자신만의 자기소개서를 쓰자.

Fish Writing은 물고기의 머리 부분, 4가지 항목의 몸통 부분, 꼬리 부분으로 나뉜다. 머리 부분은 인사 담당자가 읽을 것인지 말 것인지 판가름하는 중요한 부분이다. 몸통 부분은 인사 담당자가 4가지 기본 질문 항목을 통해 지원자의 숨겨진 면모를 쉽게 알 수 있도록 표현해 줘야 한다. 마지막 꼬리 부분은 자신이 이런 사람이고 지원한 기업과 직무에 이런 성과를 낼 것이라는 내용의 한 문장으로 자신을 표현하는 자기소개서의 핵심 하이라이트를 담으면 된다.

Why?를 끌어내는
제목과 스토리 컨셉핑

　　자기소개서의 제일 첫 부분은 무엇으로 채우는 것이 좋을까? 기업의 자기소개서 양식에 맞춰서 '성장 과정'이나 '지원 동기' 항목이 먼저 나오면 그 부분을 어떤 내용으로 채워야 할지 고민될 것이다. 일단, 거기서 멈춰라. 실제 항목에 내용을 쓰기 전에 인사 담당자는 자기소개서를 30초 이내 검토하면서 읽을지, 말지를 판단한다. 우선 읽고 싶은 마음이 들게 해야 다른 항목도 의미가 있다. 자기소개서의 오프닝(Opening) 문장은 그래서 중요하다.

　　예를 들어 설명해 보자. A기업에서 신입사원 채용 공고에서 10명 채용하는데, 1,000명의 지원자가 응시했다고 하자. 그런데 일반적인 방식이 아니라 요즘 TV 방송 중의 '슈퍼스타K'나 '신입사원'처럼 서바이벌 방식으로 그 자리에서 바로 '합격'과 '탈락'을 결정한다고 한다. 본인이 1,000번째 응시자라고 해보자. 바로 앞 999번째까지의 상황을 보니 9명 합격하고 990명이 탈락을 했다. 응시할 때 인사 담당자가 "10명의 합격자를 위해서는 1,000번째인 당신을 뽑아야 하는데, 내가 당신을 뽑아야 하는 이유 한 가지만 말해보시오."라는 질문을 한다. 과연 뭐라고 대답할 것인가? 지금 생각해 보자.

대부분은 장황한 자기의 장점을 이것저것 거론하면서 나열하기 시작한다. 당황하면서 자신이 정확하게 어떤 대답을 하고 있는지도 파악이 안 되고 있는 경우가 많다. "1,000번째까지 기다린 인내력이 있기 때문에 뽑아주셔야 합니다."라고 어이없게 대답할 것인가? 우선은 질문자가 질문한 의도를 빨리 파악하는 것이 중요하다.

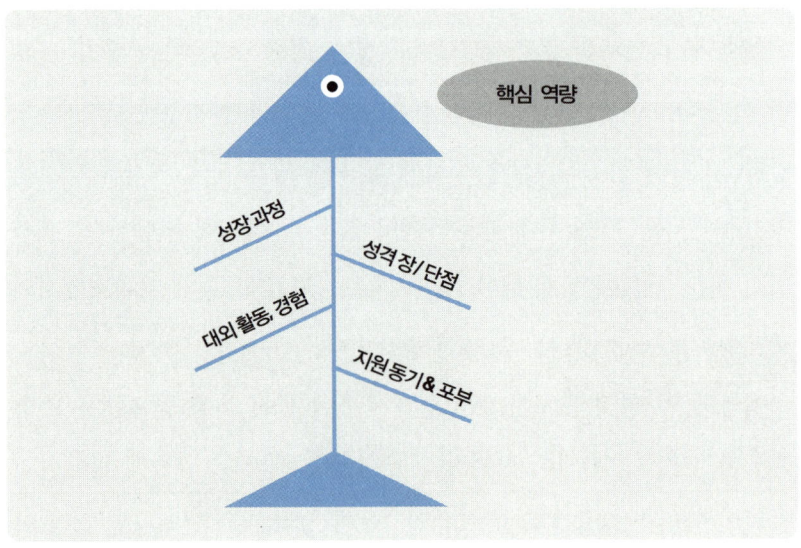

➕ 핵심 역량에 관한 Fish Writing 트리

바로 '핵심 역량'이다. 지원한 기업에서 주어진 직무를 효과적으로 잘할 수 있음을 강조하는 한 가지 역량이다. 역량이란 '자신이 원하는 최고의 목표를 효율적으로 성취하게 하는 능력 또는 능력의 정도'를 말한다. 물론 개인마다 다양하고 잘하는 역량을 가지고 있다. 그렇지만 그 많은 역량을 모두 강조할 수는 없다.

예를 들어 초등학교 때 돋보기를 활용하여 먹지에 구멍을 만들었던 기억이 있을 것이다. 제일 먼저 햇빛이 있는 곳으로 자리를 잡고 먹지를 바닥에 깔고 돋보기로 초점을 맞춘 후 버텨야 한다. 서서히 온도의 임계점이 올라가면서 연기가 나면서 작은 불이 나고 그 불로 인해 구멍이 나기 시작한다. 이렇게 접근하는 것이 바로 '핵심 역량'이다. 그러나 욕심을 내어 자신의 다양한 역량을 강조하기 위해서 돋보기로 초점을 모으긴 하는데 버티지 않고 왔다 갔다 하면서 "저는 이것도 잘하고, 저것도 잘합니다."라고 하면 과연 구멍을 날까? 또 과연 인사 담당자는 모두 잘한다는 그 말을 믿을까? 절대 믿지 않는다. 그리고 자기가 설득하려는 역량도 호소하지 못하게 된다.

그러나 핵심 역량으로 하나에 초점을 맞춰서 구멍을 내게 되면 나중에 그냥 놔둬도 불이 커지면서 구멍이 커지게 된다. 인사 담당자에게 자신만이 으뜸인 하나의 핵심 역량을 제대로 드러낼 수 있다면 그만큼 신뢰는 커지게 된다. 면접에 가서 다른 역량도 할 수 있는지 물어본다면 "당연히 그것은 기본이죠."라고 했을 때 그 신뢰를 기반으로 기대치를 넘는 인재로 거듭나게 된다.

그래서 기업과 직무 분석을 통해 지원하는 기업에는 어떤 '핵심 역량'으로 호소해야 하는지 사전에 전략을 짜야 한다. 앞에서 거론했듯이 그 회사에 다니고 있는 실무자를 통해 그 힌트가 되는 정보를 얻을 수 있을 것이다. 이제 핵심 역량을 찾았다면 'Fish Writing'의 머리 부분에서도 눈에 해당한다. 물고기 머리 위에는 무엇이 있는가? 미리 분석한 지원하는 기업이 위치해 있는 것이고, 그 기업을 향한 방향을 눈으로 맞춰 놓는 것이다.

임팩트 있는 제목을 끌어내라

이제는 눈에 끌 수 있게 문장으로 임팩트 있게 표현하는 것이다.

자기소개서의 제목도 이렇게 임팩트가 있어야 한다. 이유는 간단하다. 자기소개서는 인사 담당자들이 읽게끔 하기 위한 것이다. 그러므로 단숨에 관심을 끌 만한 제목과 문장이 필요하다. 즉, "이 단락에 할 얘기의 핵심은 바로 이겁니다."라는 의미다. 그러나 자기소개서를 보는 분들이 집중하면 읽기 위해서는 글의 결과가 먼저 나오는 두괄식으로 써야 한다. 짧은 시간 내에 파악해야 하므로 나만의 결과를 먼저 보여주고, 읽는 사람으로 하여금 'Why?'라는 의문을 가지고 읽게 해야 비로소 집중을 하게 된다. 나만의 결론을 먼저 제시하고 뒷받침할 수 있는 근거를 이후에 전개하는 방식으로 글을 써야 한다.

제목은 그 단락의 핵심적인 주제가 한 번에 머릿속에 들어오도록 써야 한다. 하려는 말이 제목만으로도 충분히 전달되어야 한다. 따라서 괜히 장황한 표현보다는 간단하면서 명확한 표현을 쓰는 것이 좋다. 기업과 직무 분석을 하며 관심 있어 하는 분야나 주제를 알았다면 그것을 삽입하여 눈에 띄게 표현하는 것도 좋은 전략이다.

예를 들어 "지원하는 기업의 마케팅 부서가 어떤 인재를 뽑느냐?"라고 그 기업에 다니는 선배에게 질문했을 때 "이번에 새로운 그린 에너지 사업에 투입될 마케팅 업무 인원을 뽑을 예정이다."라는 정보를 들었다면 바로 첫 문장에 '그린 에너지'가 들어가야 한다. '그린 에너지 사업을 마케팅 관점으로 바라본다.'라는 문장으로 시작한다면 인사 담당자의 눈에 띌 수밖에 없지 않은가? 다른 사람들은 마케팅 능력만 강조하고 있을 때 지원자는 '마케팅 능력'과 '그린 에너지 사업'까지 알고 있다면 더 뭐가 필요하겠는가? 이것이 바로 전략적 접근이다.

밋밋한 제목보다는 조금 더 눈에 띄고 관심을 불러일으키는 제목을 쓸 수 있다면 금상첨화다. 그래서 이런 부분은 훈련이 필요하다. 신문 기사와 사설의 타이틀을 자주 보고, 최근에 나오는 책의 제목도 보고 패러디처럼 활용하는 것도 친근하게 접근할 수 있다. 그러나 스포츠 신문처럼 눈에만 끌고 내용은 전혀 다른 낚시용 가벼운 제목은 자제하는 것이 좋다. 도리어 신뢰감을 떨어뜨릴 수 있다.

자기소개서의 제목과 소제목은 광고 문구처럼 쓰는 것이 임팩트와 집중해서 읽게 도와주는 역할을 하게 된다. 그래서 신문의 헤드라인 같은 제목을 만들어야 한다. 인사 담당자가 호기심을 가지고 집중해서 읽게 하는 첫 단계를 제목과 첫 문장으로 이끌어야 성공한다.

너무
잘난 사람도
안 뽑는다

웃기는 얘기지만, 기업은 너무 잘나도 채용하지 않는다. 기업의 채용 프로세스가 아주 잘난 인재를 뽑으려고 하는 것은 아니다. 10년 전에는 그랬다. 그래서 지금 얘기하는 스펙이 더욱 중요했다. 기왕이면 SKY대학을 선호했던 이유도 다르지 않다. 그러나 지금은 스펙만 좋은 인재를 기업은 원하지 않는다.

스펙보다 조직 적응도를 선호한다

기왕이면 다홍치마라고 예전에는 스펙도 좋고 능력도 좋은 인재를 골라서 뽑았다. 그러나 정작 뽑아놓고 보니 후유증이 만만치 않았다. 능력 좋은 인재를 뽑으면 정말 일을 잘할 줄 알았지만, 정작 뽑아놓고 보니 그렇지 않았다. 기업은 혼자만 일하는 것이 아니고 개인이 뭉쳐 조직으로 구성된다. 그래서 서로의 성과가 상승의 시너지가 나야 하는데 지나치게 똑똑한 인재는 잘난 맛에 조직에 맞추려고 하기보다는 자신 스타일대로 일하려고 하고, '잘난' 신입사원은 자신이 '이 일을 하려고 이 기업을 들어온 것이 아닌데.'라고 생각하면 무슨 일이든 만족을 할 수가 없게 된다. 도리어 조직에 안 맞는 톱니처럼 삐거덕거리다가 정지하거나 헛도는 사태가 발생하게 되는 것이다. 그리고는 상당수가 이직을 선택하게 된다. 이직하는 자신도 시간적 허비를 한 것이지만 기업에서도 신입 한 명 뽑아서 바로 일을 시킬 수 없으므로 교육과 다양한 제도로 지원을 하고 있다가 나가버리면 그 신입사원에 투자한 것이 도루묵이 된다.

최근 인사 담당자들이 적지 않게 고려하는 부분이 바로 이 부분이다. 따라서 채용할 때 제일 먼저 보는 것은 똑똑한 인재라기보다 기업 문화에 잘 맞는, 적합한 인재인지 여부로 트렌드가 바뀌고 있는 추세다. 따라서 자기소개서에도 지나치게 거만하거나 잘난 척으로 도배할 경우, 최악의 경우 역효과를 불러일으키기 십상이다.

그렇다면 '잘난 척'과 '효과적으로 자신을 어필'하는 이 두 가지를 어떻게 구분해야 할까? 가장 큰 기준이 바로 일관성 있는 맥락과 스토리텔링의 흐름이다. 보통 '잘난 척'은 일관성과 맥락 없이 밑도 끝도 없이 불쑥 끼어든다. 체계와 흐름이 없이 과거의 사실적 데이터를 나열하면서 생각나는 이슈별로 줄줄이 사탕 엮듯이 표현한다. 듣는 사람의 집중력이 떨어져 딴생각을 하게 된다면 그건 분명 잘난 척이다. 듣는 상대자를 절대 배려하지 않고 뭘 듣고 싶어 하는지 상관없이 떠들고 있다면 그건 잘난 척이다.

스토리에 자신의 경험을 담아라

그에 비해 자기소개서에서 효과적으로 자신을 드러내려면 앞뒤에 맞는 맥락을 고려하고 관심 있는 스토리텔링의 흐름이 있어야 한다. 그러기 위해서는 스토리를 잘 만들어야 하는데, 이 스토리란 바로 '자신의 경험'에서 나온다. 이것은 자기 분석에서 자신의 경험을 메뉴판처럼 정리했다면 그에 맞는 요소를 찾아 적용할 수 있을 것이다. 따라서 강조하고 싶은 결과를 만들고 그에 신뢰할 수 있도록 경험의 에피소드로 스토리를 만들고, 그 스토리 흐름에 맞춰 자신이 내세울 강점을 어필하면 된다. 여기서 중요한 건 상대방이 관심을 가질 수 있는 결론과 그에 맞는 경험의 스토리텔링을 연출해야 한다.

간혹 전달하고 싶은 말이 많다고 이것저것 두서없이 나열하는 사람이 있는데, 이는 소개팅에 나가서 자신이 잘난 사람을 강조하려고 듣고 싶지도 않은데, 군대에서 축구하면서 혼자서 10골 넣은 얘기를 하는 것과 마찬가지다. 자기가 얼마나 잘난 사람인지 떠드는 것은 일정 선이 넘어가면 짜증만 불러일으킨다. 자신에게는 중요한 이야기일지 몰라도 너무 지나치다 보면 신뢰성이 떨어지고 무엇보다 중요한 건 끝까지 읽히지 않는 자기소개서가 된다는 것이다.

같은 정보를 줘도 임팩트 있게 전달하는 방법이 있고 전혀 기억에 남지 못하게 하는 방법도 있다. 자기소개서도 인사 담당자에게는 알고 싶어 하는 정보를 보여주는 문서다. 단순히 정보를 나열만 할 게 아니라 스토리를 넣어 전달한다면 인사 담당자에게 더 깊은 인상을 남길 수 있을 것이다. 그래서 스토리의 흐름이 중요하다. 영화나 드라마를 보더라도 주인공이 언제나 성공하고 잘되기만 하면 재미가 없다. 스토리텔링으로 접근할 때 인생의 굴곡이 드러나야 흥미를 끌 수 있고, 그런 흐름을 기승전결로 전개해야 한다. 좋은 점만 나열할 것이 아니라 실패한 일, 의도한 대로 되지 않은 경험을 적은 뒤에 그것을 극복하는 흐름의 전개를 통해 자신의 스토리를 입체적으로 만들라는 말이다. 사람이 완벽할 수 없으므로 인간적으로 신뢰하게 되고 어필하는 효과도 크다. 여기에서 주의할 것은, 그 거론했던 부족한 부분이 지금은 극복되었음을 밝혀야 한다는 점이다. 그런 어려운 시기를 잘 견디고 지금은 그 경험으로 더 단련된 사람이 되었다는 스토리텔링이 필요하다.

자기소개서에 굳이 에피소드를 넣는 것은 이를 통해 메시지를 효과적으로 전달하기 위해서다. 에피소드의 장점은 스토리의 흐름이 있기 때문에 읽는 사람의 흥미를 끌 수 있다. 그러면서 자신이 전달하는 메시지 이상의 상황 속 성격이나 특성을 전달할 수 있으니 적절하게 배치하면 큰 효과를 볼 수 있는 도구이다. 다만 중요한 것은 일관성과 맥락을 갖춰야 하며 스토리의 흐름이 자연스럽게 연결되어야 한다는 점이다. 그래서 자기소개서를 쓰고 나서는 주변 지인들에게 보여주고 피드백을 받아야 한다. 자신이 쓰면 열심히 잘 썼다고 생각하지만 표현하지 않은 내용까지 머릿속에 있다 보니 일관성 있는 맥락과 스토리 흐름을 놓칠 수 있다. 그런 부분은 남이 더 빨리 찾기 때문에 보여주고 피드백을 받자. 자기가 쓴 글의 오류는 자기는 못 찾지만 남이 금방 찾는 것도 바로 그 때문이다.

스토리텔링의 또 다른 역할은 굳이 큰 사건이나 엄청난 감동을 주는 이야기가 아니어도 된다. 소소하고 일상적인 이야기라도 진정성이 있다면 자신이 말하고자 하는 메시지를 잘 나타내 주기만 한다면 충분하다. 물론 일부러 소소한 경험을 찾아 이야기하라는 것은 아니지만, 눈에 띄는 화려한 경험에만 몰두할 필요도 없다는 말이다. 때때로 증명이 필요 없다는 점에서 어떤 사람은 없는 사건을 만들어 내기도 하는데, 자기소개서에 적은 이야기를 바탕으로 면접 때 질문을 받기 때문에 거짓된 정보를 쓰게 되면 바로 알아보게 된다.

인사 담당자들이 알고 싶은 것은 지원자의 과거가 얼마나 화려하고 멋진 사람인지 보고 싶은 것이 아니라, 지금 어떤 사람인가 하는 것이다. 잘난 것보다는 지원한 기업과 직무에 맞는 인성과 적성에 관심이 있다는 말이다. 간혹 경력을 자랑하기 위해 문맥에 맞지 않는데도 억지로 끼워 맞추는 경우가 있는데 그럴 때는 과감히 버려야 한다. 도리어 쓰지 않는 것만 못하게 된다. 가장 좋은 에피소드는 멋지고 화려한 것이 아니라 자신이 하려는 메시지에 정확하게 들어맞는 신뢰할 수 있고 설득력 있는 이야기다. 가장 적절한 것은 핵심 역량은 뛰어나지만, 인성은 조화로운 사람으로 표현하는 것이다. 그렇게 하면 '일 잘하는 충실하고 성격 좋은 직원'이라는 이미지를 전달할 수 있다.

가치관을 하이라이트로 표현하라

지원자의 성장 과정과 배경은 왜 듣고 싶어 할까? 단지 성장해온 과정을 '저는 서울에서 2남 중 장남으로 태어나 엄하신 아버지와 자상하신 어머니, 개성이 강한 동생과 함께 유복하진 않지만 어려움 없이 성장하였습니다.'라는 식상한 얘기들만 쭉 나열해서 알려주기를 원하는 걸까? 절대 아닐 것이다. 인사 담당자가 호구조사를 하는 것도 아닌데, 그런 가족 관계와 자신이 어떤 학교에 다녔는지 궁금해하지는 않는다. 성장 과정을 통해 얻고자 하는 답이 있기 때문이다. 그 답은 성장해 온 환경 속에서의 경험과 생각을 통해 형성된 가치관이다.

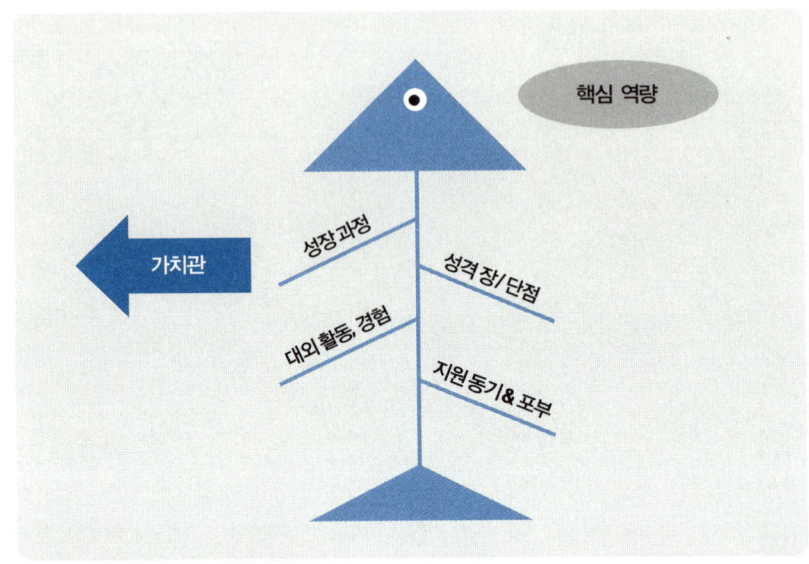

✚ 가치관이 포함된 Fish Writing 트리

　성장 과정에서 가치관에 영향을 주는 요소가 에피소드로 등장하게 된다. 부모님 직업의 영향, 부모님과 선생님의 교육을 통한 형성된 인성과 가치관, 대인 관계를 통해 보여줄 수 있는 자신의 가치관 등을 들 수 있다. 부모님의 가정교육을 통한 인성 형성을 호소할 때 가장 설득력 있는 효과가 나타나게 된다. 그래서 낡은 표현보다는 구체적인 에피소드를 통해 자신의 환경과 그로 형성된 가치관을 설득력 있게 호소해야 한다. 이러한 구체적인 에피소드를 흐름을 통해 짧은 시간 안에 많은 입사 서류를 검토하는 인사 담당자에게 좀 더 쉽게 설득하여 신뢰적으로 이해하게 한다.

중요한 것은 성장 속 경험과 가치관이다

인재를 채용하는 과정에서 지원자의 인성과 가치관이 기업과 맞는다면 다른 부분은 아직 미약하더라도 채용할 수 있으며 그 부분을 확인할 수 있는 항목이 바로 성장 과정이다. 하지만 많은 지원자는 성장 과정에 뭘 적어야 할지 명확하지 않아 초점을 자신이 아닌 성장 환경에 맞추어서 영양가 없는 사실만 나열하는 경향이 있다. 하지만 인사 담당자는 지원자의 성장 과정을 통해 형성된 인성과 가치관을 확인하고 싶어 한다. 성장 과정은 지원자의 가치관이 형성되어 온 과정을 보여주는 것이므로 어릴 적 기억에 남는 에피소드를 선택해 그것을 통해 자신의 역량이나 지원 업무에 관한 의지 등을 표현해야 한다. 다시 말해 성장 과정을 통해서 환경으로부터 가꿔온 인성, 경험을 통한 형성된 마인드, 실행을 통한 변화 과정 등을 에피소드를 통해 호소해야 한다.

성장 과정 항목은 커오면서의 사실적 과정을 보여달라는 것 같지만 실제로 원하는 것은 그 결과다. 즉, 성장의 과정들이 결국 어떤 성품, 인성, 신념, 좌우명, 가치관이 되어 지금의 자신이 만들어졌는지를 알고 싶어 하는 것이다. 실제 예를 살펴보자.

형제 없이 혼자 커오다 보니 부모님의 가르침과 영향을 많이 받으며 성장하였습니다. 국어 선생님이었던 아버지의 영향으로 바른 말을 하는 것을 생활화했고, 매일 과제와 해야 할 일을 확인하여 스스로 책임감을 갖도록 하셨습니다. 또, 보험설계사를 하셨던 어머니를 보면서 많은 사람을 만나 대면하는 사회성과 싫든 좋든 그 상황에서 상대방에게 기분 상하게 않게 메시지를 전달하는 소통 방법을 보고 커왔습니다. 그러한 영향으로 지금은 스스로 모든 사람과 쉽게 친해지고 소통을 이끄는 '신뢰적인 커뮤니케이션 능력'을 발휘하게 되었습니다. 저의 이러한 기질은 여러 사람과 협력하여 일하고 고객과 끊임없이 소통해야 하는 영업직을 수행하는 데 큰 장점이 되리라 생각합니다.

가족 간의 인성과 인간적인 관계를 기반으로 한 직무 능력을 연결할 수 있는 에피소드를 인용하는 것이 좋다. 학교생활 속에서는 자신에게 주어졌던 문제나 상황을 해결하면서 선생님의 영향이나 조직과 원칙에 관련된 역량을 전개하는 것도 좋다. 취미나 동아리를 통해서는 타인과의 조율과 결과를 끌어내고 관계를 통해 자신의 가치관을 강조할 수 있다. 그 외에 살아오면서 겪은 다양한 사건의 에피소드를 활용하여 자신의 가치관이 형성되어 왔고 지원한 기업에 필요한 인재임을 강조하는 것이다.

때로는 어려운 상황을 극복하는 과정에서 형성된 가치관을 강조할 수도 있다. 그 때문에 어떠한 상황에서도 해결하는 의지와 역량, 잠재성을 가지고 있음을 표현할 수 있을 것이다. 또 놓치지 말아야 할 것이 가치관 자체가 중요하다기보다는, 이렇게 스스로 말하는 가치관이 포장되거나 만들어진 가공이 아닌 지원자 자신의 가치관과 일치하는지 확인하려는 것이다. 그러므로 가치관이나 인생관에 관한 표현은 자신의 내용을 써야 나중에 면접에 가서 신뢰성을 잃는 당황스러운 일이 없을 것이다.

성장 과정은 지원자의 개인적인 성장 속에서 알고 있는 가치관을 보고자 하는 것인데, 좋은 명언이나 어렸을 때부터 관심 있게 봐오던 기업의 영향만을 강조하는 경우가 많다. 그러나 머릿속으로만 포장된 낡은 내용이나 어디서 베낀 듯한 내용은 오히려 신뢰감을 떨어뜨린다. 그래서 거창한 말이 가득한 자기소개서는 '복사'해서 '붙여넣기'를 한 것이 아닌가 하는 의심이 먼저 든다.

인생의 가치관은 거창할 필요는 없으나, 어떻게 그러한 신념과 생각을 하게 되었는지의 과정을 설득력 있게 표현하면 된다. 그러기 위해서 진짜 중요한 것은 자신만의 진정성이 포함된 내용이 담겨야 한다. 지원자의 가치관에 의해 정말 '그렇게 생각하고, 계획하며, 실행하겠구나.'라는 느낌이 전달되어야 한다.

MBC 아나운서 공개 채용 '신입사원'은 다양한 과제를 주고 그 실행하는 과정을 서바이벌로 진행한 프로그램이었다. 거기서 정말 기억에 남는 인물은 박주인이라는 지원자였다. 과제에 일정한 시간을 주고 주변에 다니면서 자신을 표현할 수 있는 사진을 찍어 와서 그것에 맞게 자신을 드러내는 과제였다. 그런데 박주인 지원자가 찍어 온 것은 보청기가 있는 귀의 모습이었다. 그 사진을 보면서 "제 어머니는 사고로 양쪽 고막을 잃으셨습니다. 청력을 거의 잃고 보청기에 의지해 삽니다. 그래서 저는 어릴 적부터 크고 또박또박 말하는 습관이 생겼습니다. 지금까지는 어머니와의 소통의 창이었지만, 앞으로는 모든 국민 소통의 창이 되고 싶습니다."라고 얘기했다. 그 얘기를 들은 심사위원은 "우리는 누구보다도 근사한 말을 많이 들었던 사람이다. 사실 근사한 얘기보다는 박주인 씨만의 얘기를 듣고 싶었는데, 바로 그런 솔직하고 진정성 있는 얘기를 한 점을 높이 평가한다."라고 평가했다. 끝내 일대일 대결 과제에서 박주인 지원자는 7 : 0으로 승리를 하는데, "자기소개의 꾸밈없는 진솔한 이야기가 바로 성공의 요인이다."라고 덧붙였다. 이처럼 남의 근사한 성장 얘기보다는 자신만의 가치관을 느낄 수 있는 에피소드를 중요한 포인트만 하이라이트로 보여줘야 한다.

반전이 있어야 성격도 잘 보인다

　　가치관이 지원자의 전체적인 흐름을 보는 것이었다면, 인성과 적성은 성격의 장·단점을 좀 더 구체적이고 직무에 직접적인 영향을 주는 평가 항목이다. 성격의 장·단점은 본인이 강조하는 핵심 역량에 기반으로 하는 성격의 장단점을 표현하면 된다.

　　하지만 자신이 지닌 성격의 장점과 단점을 표현하기란 쉽지가 않다. 자신을 자기가 제일 잘 알고 있다고 느끼지만, 실제 파악해 보면 자신을 잘 모르고 있는 경우가 많다. 왜냐 하면 대부분의 사람이 자신에게는 뭐든 관대하고 좋은 방향으로 자신을 평가하기 때문이다. 인성과 적성의 경우에도 내가 지원하는 분야에 맞는 구체적인 성격의 장점을 연결해야 인사 담당자의 눈길을 끌 수 있다.

　　경영이나 기획 분야를 지원한다면 남들보다는 더 넓게 보는 마인

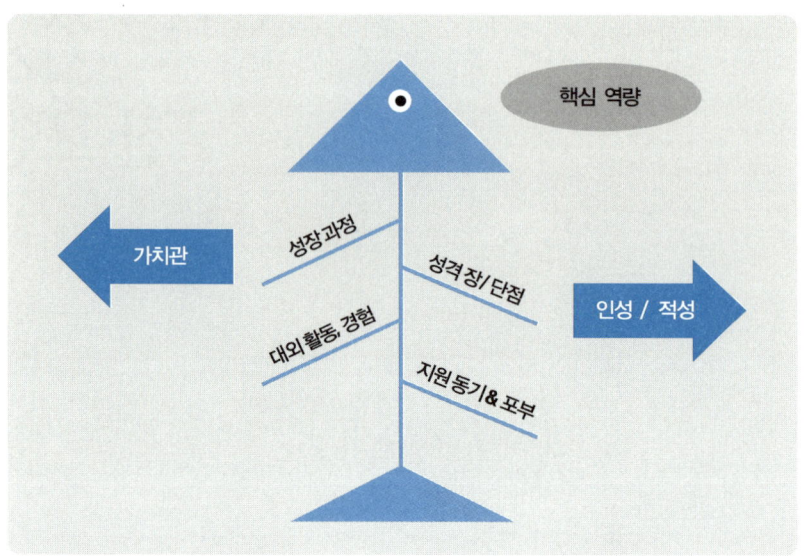

◆ 인·적성이 포함된 Fish Writing 트리

드와 논리력을 강조하는 장점을 써야 하고, 마케팅이나 세일즈 분야를 지원한다면 대인 관계와 세일즈 포인트를 파악하는 통찰력을 강조하는 장점을 써야 하고, 연구개발 분야를 지원한다면 집중력과 실행력을 강조하는 장점을 써야 효과적으로 호소할 수 있다. 장점은 자신 스스로 생각하는 부분을 강조하는 것이 아니라 직무와 연결된 역량 중에 다른 지원자의 차별화를 끌어낼 수 있는 역량을 선택해야 더욱 강조된다.

그렇다고 하여 자신을 부각하려고 많은 장점을 나열하게 되면 도리어 자기 자랑에 하고 끝나는 경우가 많다. 여기에 에피소드까지 덧붙이려면 한 가지 강점만 써도 공간이 부족하다. 그래서 남들과 확실히 차별화할 수 있는 장점을 써야 한다. 성격의 장점은 나 혼자 강조해서 보는 사람에게 설득할 수 있는 부분은 아니다. 강조하는 강점의 근거를 사실, 사건, 경험 기반으로 에피소드화해 전달했을 때 설득이 되고, 지원자를 신뢰하게 된다.

내 단점, 어떻게 표현하는 것이 좋을까?

그렇다면 단점은 어떻게 해야 할까? 성격의 장점은 자신의 부각할 수 있는 잘하는 부분을 강조하면 된다지만 단점은 부각해도 안 되고, 그렇다고 쓰지 않으면 더더욱 안 된다. 거론은 하되 부각하지는 말아야 하는 것이 단점이다. 또한 거론한 단점은 자신이 알고 있음을 알리는 것이 아니라 마지막 반전을 통해 임팩트를 줄 수 있다. 여기서 주목해야 할 것은 '단점'이 현재가 아니라 과거의 일이라는 것이다. 지금은 변화하고 있는 과정을 강조하거나 그로 인해 지금은 더욱 '강점'이 되었다는 점을 부각해야 한다. 다음의 실제 사례를 살펴보자.

저의 장점은 사람을 좋아해서 빨리 친해지는 것입니다. 그래서 어디 가서든 낯선 사람과도 빨리 친해지고, 서로 간에 꾸준히 만나는 자리를 마련합니다. 휴대폰에는 2,000명의 연락처가 있고 지금 당장 번개 모임을 가져도 30명 정도가 언제나 모입니다. 그래서 뭔가 필요한 부분이 있으면 언제나 제게 연락을 하고, 서로 필요한 사람끼리 연결을 많이 해줍니다. 이렇게 사람을 좋아하다 보니

오지랖이 넓은 것이 단점이 되곤 합니다. 남이 부탁하면 쉽게 거절을 못 합니다. 제가 할 일이 있어도 그것을 도와주다 보면 제일은 언제나 나중에 밤새 하는 경우가 많아졌습니다. 그러나 매번 시도 때도 없이 부탁에 응하다 보니 몸도 피곤해지고 언제나 바빠서 힘들었습니다. 그렇다고 부탁을 무조건 거절할 수가 없어서, 알고 있는 지인들에게 부탁은 일주일에 바쁜 요일은 피해서 주말과 수요일에 문자로 달라고 얘기를 했습니다. 그러고 나니 통화하면서 시간을 소비했던 부분을 줄일 수 있었고, 미리 정리해 놨다가 우선순위별로 일 처리를 하면서 일의 집중과 부탁을 조율하게 되었습니다. 지금은 내게 일이 있어서 도와줬던 지인에게 연락하면 열 명 중 세 명은 한 시간 이내에 당장 달려옵니다.

샘플을 통해 보면 사람을 좋아하고 인맥이 많다는 점을 강조했고, 그로 인해 단점은 남의 부탁을 쉽게 거절하지 못한다는 점이었다. 단점이 두드러진다면 인사 담당자 입장에서는 절대 채용하지 않을 것이다. 그러나 스스로 개선하는 합리적인 과정을 거쳐, 결론적으로 자신만의 파워 인맥을 가지고 더 큰 강점으로 변모했음을 부각하고 있다. 이것을 제대로 본 인사 담당자 입장에서는 무언가 시켜도 될 가능성을 가지고 있다고 판단할 가능성이 높다. 이렇게 단점을 강점화하는 전략을 잘 활용해야 한다. 다시 한 번 강조하지만, 성격의 장·단점은 한 인간으로서만 평가하는 항목이 아니다. 직무에 필요한 인성과 적성을 모두 파악하는 것이기 때문에 기업과 직무로서의 강점, 다시 말해 사회생활 속에 적합한 장점을 써야 한다는 의미다.

넓은 의미의 인간으로서 장점과 직장인으로서 장점은 같을 수도 있고 다를 수도 있다. 이 점을 구분하기 위해서는 지원하는 기업에서 요구하는 인재상이 어떤지 기업 분석과 직무 분석을 다시 확인해야 한다. 기업과 직무에서 도움이 될 만한 요소인지를 파악해야 한다.

첫째도 간결함, 둘째도 간결함이다

좋은 글을 쓰기 위해 가장 기본적으로 해야 할 것은 '많이 읽고 많이 쓰기'다. 평소에 많이 읽는 정보는 글쓰기에 밑거름이 된다. 지금 당장 필요한 정보가 아니더라도, 평소에 읽어둔 내용은 글을 쓸 때 글의 깊이를 더해주고 내용을 더 풍부하게 한다. 다음으로 많이 써봐야 한다. 많이 써보지 않고 좋은 글을 쓰길 원한다면 그건 도둑 심보다. 글을 많이 읽지 않고 좋은 글쓰기를 바라는 것은 과정 없이 결과를 바라는 것이다. 컵에 물을 부을 때 컵이 차야 넘치는 것처럼, 안에 들어가 있는 입력(Input)이 많아야 출력(Output)도 많이 나올 수 있다.

큰 그림이 머릿속에 그려지고, 여러 가지 핵심적인 메시지들이 합해져 전체 그림이 형성되는 것이다. 마치 퍼즐의 조각들을 짜 맞추면서 전체 그림을 만들어 가는 것과 같이 글도 같은 원리이다. 그런데 이때 주의해야 할 점이 있다. 자칫 너무 많은 정보를 이야기하다 보면 원래 생각했던 핵심 메시지가 헝클어질 수도 있다. 이 이야기 저 이야기가 섞여 얼기설기 짜 맞춘 조각보 같은 글이 나오기 쉽다. 글은 일단 핵심 메시지를 먼저 강조해야 하며, 핵심 메시지보다 다른 이야기가 끼어들기 시작하면 글은 설득력을 잃는다.

진솔한 글에는 생명력이 있다

진솔한 글은 생명력 있는 호흡을 한다. 잘 작성된 신문 기사와 같이, 짧은 문장과 문장이 합쳐진 글은 내용을 파악하기 쉬우며 의미 전달도 빠르다. 하지만 미사여구나 여러 개의 문장이 꼬리를 물고 늘어져 있는 글은 뭔 내용인지 파악도 어렵고 읽는 이의 집중력도 떨어뜨린다. 자기소개서를 간결하고 명확하게 작성해야 하는 이유가 바로 여기에 있다. 인사 담당자에게 자기소개서를 통해 단시간에 자신의 핵심 역량을 명확히 전달하려면 가능한 쉬운 문체로 작성하고, 문장도 짧고 간결해야 한다.

문장은 추상적이고 무의미한 단어들로 수식하면 할수록 글은 길어지고 내용의 이해력은 점점 떨어지게 된다. 그리고 글을 형용사나 부사로 지나치게 수식할 때 역시 문장을 모호하게 할 뿐이므로 표현은 항상 추상적 포장보다는 간단하면서 명확하게 써야 한다. 그리고 중요한 것 하나, 자기소개서를 작성한 뒤에는 꼭 소리 내어 읽어봐라. 글에는 호흡이 있기 때문에 자기소개서를 읽을 때 숨이 차거나 스토리의 흐름이 자연스럽지 않다면 호흡이 고르지 않기 때문이다. 자꾸 읽어보면서 호흡을 고르게 하여 생명력 있는 글로 만들어야 한다.

결과 중심의 글쓰기로 작성해야 한다. 자기소개서를 보는 시간은 30초 내 정도이다. 이 짧은 시간 동안 가장 보여주고 싶은 부분을 가장 앞쪽에 배치하여 전체 맥락을 이해하면서 읽을 수 있어야 매우 효율적인 글쓰기라 말할 수 있다. 내가 강조하고 싶은 메시지를 먼저 쓰고 부연설명으로 구체화하자. 논리 정연하게 자신의 의견을 전달하기 위해서는 전체적인 방향과 세부 항목을 구성할 주요 문장을 미리 작성해 두고, 그것에다 살을 붙여나가는 방법을 추천한다. 남들과 차별화된 자기소개서를 쓰기 위해서는 자신만의 특징을 살릴 수 있는 문장을 문단의 첫머리에 두고, 한 문장만을 읽더라도 자신을 파악할 수 있도록 표현해야 한다.

되도록 부정적인 단어는 바꿔야 한다. 컵에 물이 반 정도 담겨 있는데, '물이 반밖에 없네.'와 '물이 반이나 있네.'는 엄청난 차이가 난다. 같은 말이라도 '아' 다르고 '어' 다르다는 말이 있다. 같은 내용을 긍정적인 단어를 구성하면 긍정적인 마인드와 적극성이 느껴지게 되지만, 반대로 부정적인 단어로 구성한다면 자신감이 부족한 부정적인 사람으로 보일 것이다. 단어의 선택도 생활이기 때문이다.

■ 핵심역량 전략 　　　　　　　　　　 **1** _____

□ 콘셉트문장

_____

_____

□ 경험의 가치화/ 전략화

경험	가치화/ 전략화

□ 개인전략

_____

➕ 핵심역량 전략

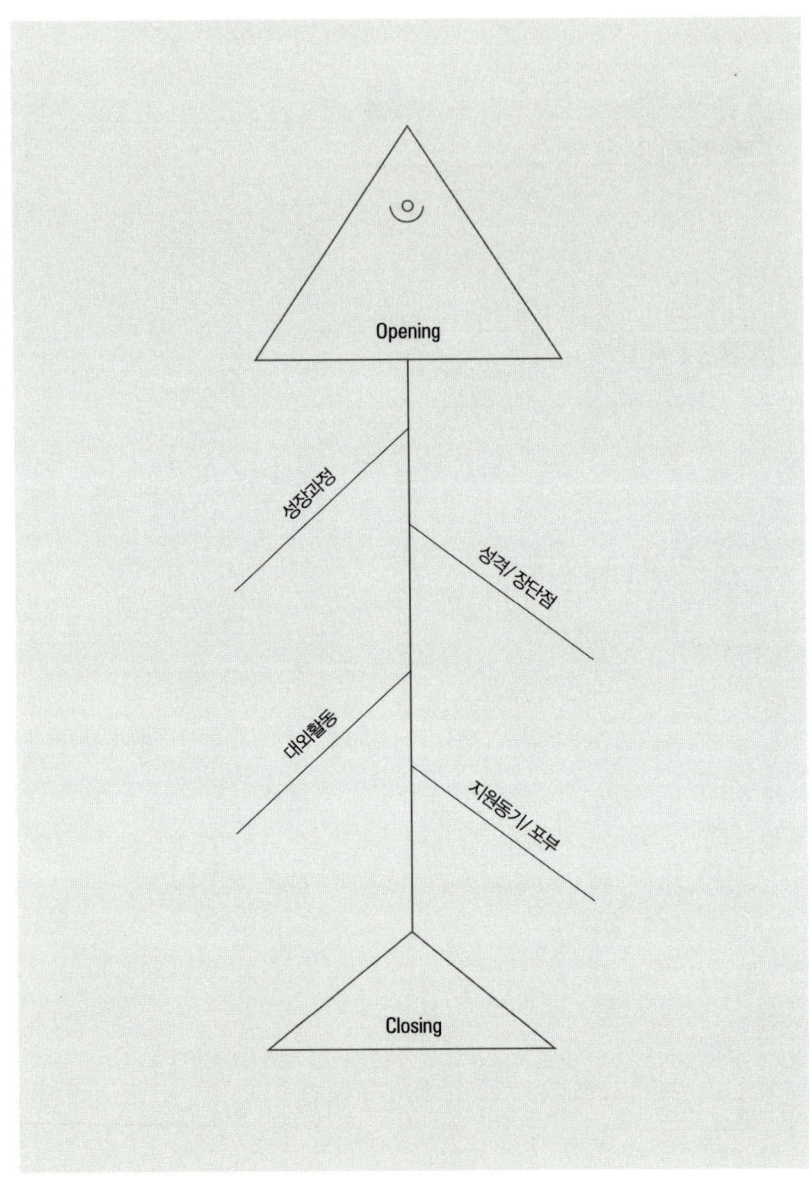

핵심역량 Fish Writing 트리

효과적인 메시지를 전달할 수 있는 스토리를 만들기 위해서 평상시에 과거의 경험을 통해 가치화를 만들어 놔야 한다. 그래야 그 가치를 통해 전략적 접근을 글로 표현할 수 있다. 아무 에피소드를 쓰는 것이 아니라 전달하려는 메시지에 부합해서 표현할 수 있는 경험을 정리해 놔야 한다. 결국, 소재란 발굴의 문제로 귀결된다. 살아온 날만큼 경험의 양도 풍성하기 마련이다. 그러니 쓸거리가 없다고 한탄하지 말고 자기 분석을 통한 자신의 경험 메뉴판을 보완하면서 만들어야 한다.

여유 있게 준비하고, 요구한 조건에 맞춰라

자기소개서를 차분하고 여유를 가지고 쓰면 좋으나 대다수 사람은 접수 마감일에 쫓겨 황급히 떠오르는 대로 써낸다. 이 경우 평소 아무리 꼼꼼한 성격의 소유자라 하더라도 실수를 하게 마련이다. 특히 연도 등을 잘못 기재해 자신의 실수를 그대로 드러내는 일 등 문장력과 관계없는 사소한 문제들로 서류 전형을 통과하지 못하는 경우도 비일비재하다. 자기소개서 작성에서 심리적 여유는 문장력이나 소재의 다양성만큼 중요하다. 그러므로 자기소개서를 작성하기 위해 평소에 좋은 문구나 소재가 떠오를 때마다 메모해 두었다가 기업의 인재상이나 지원직무에 맞게 소재를 선택해 작성해야 한다. 이러한 준비가 최종 면접을 원활히 풀어가는 데 해답을 줄 것이다. 취업을 준비하는 다이어리나 플래너를 그래서 준비하고 다녀야 한다.

기업이 제시한 자기소개서의 글자 수를 맞추어 작성할 때면 어떻게 알맞게 쓸지 고민하게 된다. 장문의 자기소개서를 요구하는 기업에 지원하는 경우 지원자는 딱 맞게 써야 할지 아니면 70퍼센트만 채워도 될지 부담이 커진다. 하지만 지원자는 당연히 기업이 제시하는 글자 수에 맞추어 작성해야 한다. 글자 수 제한 역시 회사가 지원자를 파악하는 수단이 된다.

글자 수가 적은 삼성과 같은 곳이라면 짧은 글 속에서 얼마나 조리 있게 자신을 표현하는가를 볼 것이며, 역량 기술서를 요구하는 기업은 지원자의 역량에 초점을 맞추어 보겠다는 의도를 나타내는 것이다. 즉, 기업이 제시한 양식에는 그들의 의도가 숨어 있음을 잊지 않도록 한다. 자기소개서에 자신의 태어나서부터 현재까지의 모든 것을 거론하려면 지면은 턱없이 부족하다. 그러므로 자기소개서를 우선 표현할 수 있는 만큼 써놓고, 계속 검토하면서 필요하지 않은 내용은 지워나가야 한다. 더는 뺄 것이 없을 때 완벽한 자기소개서는 완성된다.

자기소개서 작성에서 중요한 과정 중 하나는 퇴고다. 실제로 많은 지원자가 퇴고 과정을 소홀히 한 결과 작은 실수로 전형 시 불합격의 고배를 마시기도 한다. 예컨대 좋은 내용과 문장력으로 자기소개서를 작성했다 하더라도 기업명이 잘못 기재되어 있다면 그것은 여지없이 휴지통으로 가기에 십상이다. 지원자의 입장에서 한 번에 여러 편의 자기소개서를 제출하는 것은 으레 있는 일이지만, 인사 담당자는 기업명을 잘못 기재한 한 통의 자기소개서로 지원자를 판단하므로 여러 전단 같이 뿌리는 입사 서류로 생각할 수 있다. 그러므로 퇴고 과정을 거치면서 기업명을 다시 한 번 확인함은 물론 오자와 탈자 등이 없는지 확인한다. 또한 앞뒤가 맞지 않는 문장, 적절하지 않은 표현 등을 수정하고 재검토한다.

에피소드로 성과를 제시하라

대외활동 항목을 통해 동아리나 봉사활동 등 다양한 경험이 직무에 얼마나 적합하고, 그에 맞춰진 어떠한 역량을 가졌는지 파악하려는 것이다. 대외활동에 관련된 내용은 대부분은 '어떠한 상황이나 문제가 발생했는데 자신이 가지고 있는 어떠한 능력으로 해결하여 이러한 결과를 만들었다.'라는 형태의 에피소드로 표현된다. 대외활동 항목을 물어보는 이유는 바로 지원자의 '어떠한 능력'을 알고 싶은 것이다. 이 능력이 바로 '실무 능력'이다. 자신이 지원한 분야의 필요한 능력(커뮤니케이션, 창의력, 문제 해결 능력, 설득력, 논리력, 기획력, 리더십 등)을 잘 표현해 줘야 한다.

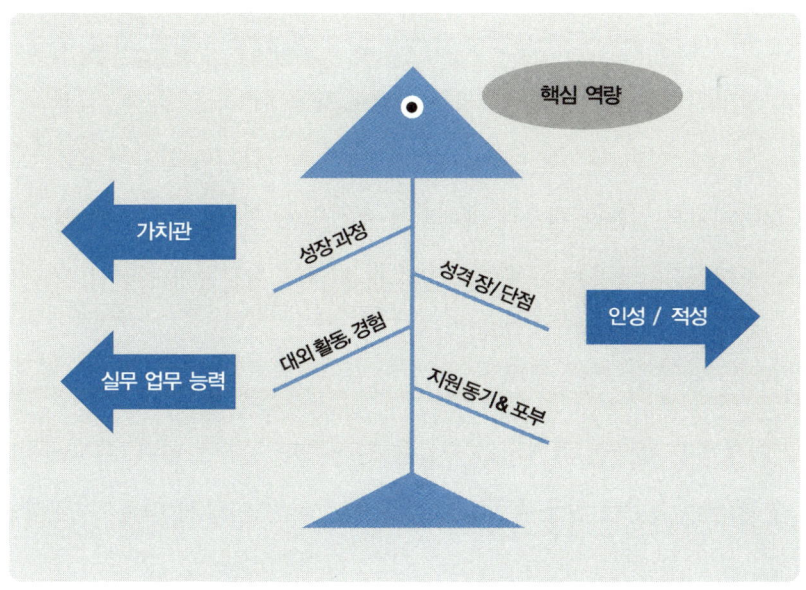

✚ 실무 능력이 포함된 Fish Writing 트리

성과는 수치로 표현하라

대외활동 항목은 자신이 경험한 활동이 자신에게 어떤 영향을 미쳤으며, 어떤 장점을 갖추게 되었는지의 과정을 표현해 줘야 한다. 이 항목이 요구하는 것은 어떤 대외활동을 했는지의 구체적인 서술이 아니라, '그렇게 활동하면서 어떤 능력을 갖춘 인재가 되었느냐.' 하는 것이다. 따라서 대외활동을 통한 성과는 되도록 수치가 포함된 정략적으로 결과를 도출하는 것이 좀 더 설득력 있다. 다음의 샘플을 살펴보자.

동아리에서 행사를 준비했는데 100명의 참석자를 예상하고 있었습니다. 그러나 갑작스럽게 날씨가 좋지 않아 행사 일에 20명 정도밖에 오지 않아 동아리 모든 스텝이 동동거리고 있을 때, 회장을 맡고 있던 제가 도서관과 주변 카페를 돌아다니며 신뢰적 커뮤니케이션 역량을 활용해 재미있는 행사임을 홍보하고, 온라인의 소셜미디어를 활용한 홍보로 입소문을 타고 사람들이 몰려서 행사는 무사히 잘 끝났습니다.

이렇게만 썼다면 과거의 성공담을 알려주는 것밖에 없다. 대외활동의 결과는 수치를 활용해 정략적으로 정리하면 이렇게 바꿀 수 있다.

오프라인으로 뛰어다니며 신뢰적 커뮤니케이션 능력을 활용해 만나는 사람마다 재미있는 행사임을 홍보했고, 동시에 온라인으로는 트위터와 페이스북 등 소셜미디어를 활용해 선착순으로 댓글을 달고 참여하면 사은품을 주는 이벤트를 실행했습니다. 100명 모집을 예상하던 행사엔 120명이 참여했고 결국 기대치보다 20퍼센트 참여율을 더 끌어냈습니다.

이렇게 행사가 잘 끝난 것보다는 20퍼센트의 수치를 통해 좀 더 신뢰할 수 경험과 그 과정에 능력을 확인할 수 있게 된다. 그런데 수치를 너무 강조해서 도리어 잘못된 결과를 만드는 경우도 있다. 공모전이라는 대외활동을 통해 정량적 성과를 표현하는 샘플을 보자.

1,000명의 응시자가 경합을 펼친 아이디어 공모전에 교수님의 권유로 참여하게 되었습니다. 고객 수요를 파악하는 통찰력과 새로운 관점의 아이디어로 전략화한 결과를 응모하여 10등을 하게 되었습니다. 10명만 수상하는 경쟁률이 높은 공모전에서 성과를 도출하는 경험을 하게 되었습니다.

이렇게 '10명 수상하는데 10등 했다.'고 표현했다면 수치적으로는 정말 구체적이긴 하지만 이 글을 본 인사 담당자는 무슨 생각을 하게 될까? 수상자 중 꼴등으로 10등 한 지원자는 어디론가 가고, '1등부터 9등은 누굴까?'라는 생각이 자연스럽게 들 것이다. 자기소개서는 자신을 돋보이려고 쓰는 것인데 이렇게 표현하면 도리어 자신이 사라지게 된다. 그래서 정략적 표현은 자신을 돋보이게 적용해야 한다.

"1,000명의 응시자가 아이디어를 펼치는 공모전에 응모하여 나만의 통찰력과 창의적인 아이디어를 전략화하여 결국 10명 수상하는데 그 1퍼센트 안에 포함되어 수상하게 되었습니다."라고 표현했다면 자신이 10등인지 2등인지 상관없다. 단지 1퍼센트 안에 들어간 인재라는 것만 강조하면 그뿐이다.

이렇게 정략적으로 성과를 표현할 수 있는 것이 있긴 하지만 그렇게 표현이 안 되는 정성적인 대외활동 경험도 많다. 그러나 대외활동 항목에 내세울 만한 화려한 경력을 쓰려고 노력을 많이 한다. 예를 들어 "외국에서 어학연수 2년, 봉사활동 100시간, 동아리 활동 3개, 헌혈 20회를 했습니다."라고 적었다면 그것을 본 인사 담당자는 무슨 생각을 할까? '뭐 어쩌라고….'

이런 경험만을 가득 담아봤자 소용이 없다. 다시 강조하지만, 대외활동 항목을 물어보는 것은 그 경험을 통해 우리 기업에서 일할 수 있는 어떠한 실무 능력을 갖추고 있느냐를 물어보는 것이다. 의도를 잊으면 안 된다. 여기서 표현하는 경험의 소재는 소소한 것이어도 상관이 없다. 그 소소한 경험을 통해 어떠한 능력을 갖춘 인재인지만 제대로 전달할 수 있으면 된다. 그뿐이다.

아르바이트를 해봤다면 어떤 아르바이트 내용은 쓸 수 있고, 어떤 내용은 쓰기 민망할 수도 있다. 하지만 어떠한 꺼리도 상관이 없다. 기업에 자신의 잠재적 가치를 전달만 할 수 있다면 말이다. 호프집에서 아르바이트한 한 학생의 사례를 보자.

사회성을 기르기 위해 선배의 권유로 아르바이트를 하게 되었습니다. 그중에서도 기억에 남는 것이 호프집에서 서빙을 하는 일이었는데, 그때 저의 별명이 '스마일 해결사'였습니다. 서빙도 서비스업이기 때문에 매일 아르바이트를 시작하기 전에 화장실 가서 거울 보며 웃는 연습을 10번 이상 하고 시작했습니다. 하루는 술을 드시던 손님께서 서로 다툼이 발생했습니다. 가까이에 있던 제가 가게 되었는데 저의 신뢰적 커뮤니케이션 능력을 발휘하여 서로 간의 감정을 추스르고, 화해해서 술값까지 치루고 손님들이 잘 돌아가도록 배웅하는 모습을 보고는 사장님이 붙이신 별명입니다. 그때부터 손님들의 다툼이 생겼다 하면 제가 출동하여 전담하게 되었습니다. 그때 호프집 사장님은 지금도 종종 연락하셔서 시간 날 때 와서 손님들 문제 좀 해결해 달라고 하십니다.

호프집 아르바이트가 별다른 일은 아니다. 하지만 이 에피소드를 통해 책임감, 문제 해결능력, 사회성, 대인 관계 처리능력, 서비스 마인드까지 느낄 수 있게 표현해 냈다. 이런 에피소드 거론 후 '마케팅이나 세일즈 분야에 종사하여 자신의 능력을 통해 기업의 성과를 만들겠다'라고 한다면 이 지원자에겐 한번 맡겨보고 싶은 신뢰와 믿음이 생기지 않겠는가.

이처럼 경험의 소재가 중요한 것이 아니다. 단지 그 소재를 통해 어떤 기업과 업무를 처리하는 데 도움이 되는 가치를 전달할 수 있느냐가 더욱 중요한 요소이다. 그래서 지금 한번 생각해 보고 적어 보자. 자신에게 남들과 다르게 해본 대외활동의 경험이 무엇이 있는지 또, 그 경험을 통해 인사 담당자에게 어떤 가치를 전달할 수 있는지 말이다.

대표적으로 대외활동을 보면, 동아리나 모임의 임원을 통해서는 리더십을 키우는 계기와 조직에서의 소통하는 방법을 말하게 된다. 봉사활동을 통해서는 관심 두지 않았던 소외된 영역이나 배려라는 다른 입장에서의 마인드를 갖게 된 계기를 말한다. 외국에서의 경험을 통해 다양한 나라의 사람을 만나면서 그 나라의 문화와 역사, 또 각기 다른 생각과 행동을 통해서 얻게 된 남다른 감각과 글로벌 마인드, 더 큰 세상을 준비하는 자세와 다짐을 말하면 된다. 여행을 통해 예상치 못한 상황 속에서의 문제 해결과 책임감으로 단단해진 자신의 의지를 말하면 된다. 아르바이트를 통해서는 작긴 하지만 사회의 경험을 통한 학생의 아마추어 마인드를 버리고 프로페셔널의 마인드와 조직, 체계, 시스템을 이해하는 모습을 말하면 된다.

어떤 소재든 제약이 있는 건 아니지만 그래도 너무 어릴 때의 얘기나 군대에서의 성공담은 되도록 피하는 것이 좋다. 너무 어릴 때는 지금의 가치관이 형성되기 전이라 미래를 예상할 수 없고, 군대에서는 특별한 직무적 소개가 아닌 이상 포장된 부분이 많아 신뢰하지 않게 된다. 그래서 지금 시점에서 가까운 5년 내의 대학 시절과 같이 얼마 되지 않은 얘기의 경험 사례를 구체적이고 직접적으로 자신의 장점을 드러낼 수 있다.

기업은
'뛰어난' 인재가 아닌
'적합한' 인재를 원한다

채용할 때 주로 보는 능력이 뛰어난 인재가 아니라고 이미 앞에서 말했다. 도리어 적합한 인재를 채용하기 위해 모든 기업이 노력한다. 갈수록 다양한 면접과 시뮬레이션을 통해 채용하려고 하는 것도 바로 그 이유 때문이다. 이런 과정이 기업 입장에서 쉬울 리 만무하다. 지원자도 그에 맞춰 준비하기 어렵지만 그런 방법을 통해 채용해야 하는 기업의 인사 담당자도 어렵기는 마찬가지다.

자기소개서의 마지막, 때로는 이것부터 먼저 물어보는 기업도 있다. 지원 동기와 포부가 바로 이것이다. 자기소개서의 기본 4가지 항목(성장 과정, 성격의 장·단점, 대외활동, 지원 동기 및 포부) 중 지원 동기 및 포부가 40퍼센트 비중을 차지할 정도로 제일 중요하다. 지원 동기와 포부는 무슨 의도로 질문하는 항목일까?

단지 '회사에 관심이 있는지', '회사의 충성도와 오래 있을 것인 지'라고 대답하는 경우가 많은데 이런 것보다는 더 중요한 부분을 알고 싶은 것이다. 앞에서도 거론했듯이 지원한 기업에 적합한 인재임을 확인하기 위해서 물어본 항목이다.

그렇다면 본인 스스로 지원한 기업에 적합하다고 말로 강조만 하면 되는 것일까? 그렇지는 않다. 그 적합한 인재를 보여주는 것이 바로 '비전(Vision)'이다. 이렇게만 비전만 얘기하면 지원자 자신의 비전과 실행 계획을 쫙 적어놓는 경우가 많다. 과연 자신의 비전만 있다고 기업에 적합한 것인가?

회사 구성원의 입장에서 비전을 구체화하라

기업에 적합한 인재를 보여주려면 '기업의 비전'과 '자신의 비전'이 같은 방향으로 전개해 나가고 있고 그 때문에 시너지가 창출될 수 있음을 표현해야 한다. 그러므로 앞에서 기업 분석을 하면서 기업의 비전, 기업과 CEO가 바라는 인재상의 정보를 알고 있어야 그 방향에 맞춰 자신의 비전을 보여줄 수 있다.

그런데 비전을 쓰려고 보면 보통 구체적이기보다는 추상적이기 쉽다. 성장 과정, 성격 장·단점, 대외활동은 과거부터 현재까지의 얘기를 해서 구체적이지만, 지원 동기와 포부는 미래의 얘기를 하는 것이라 추상적인 경우가 많다. 다른 것도 마찬가지지만 인사 담당자는 구체적인 것을 원한다. 그렇다면 비전은 어떻게 구체화할 수 있을까?

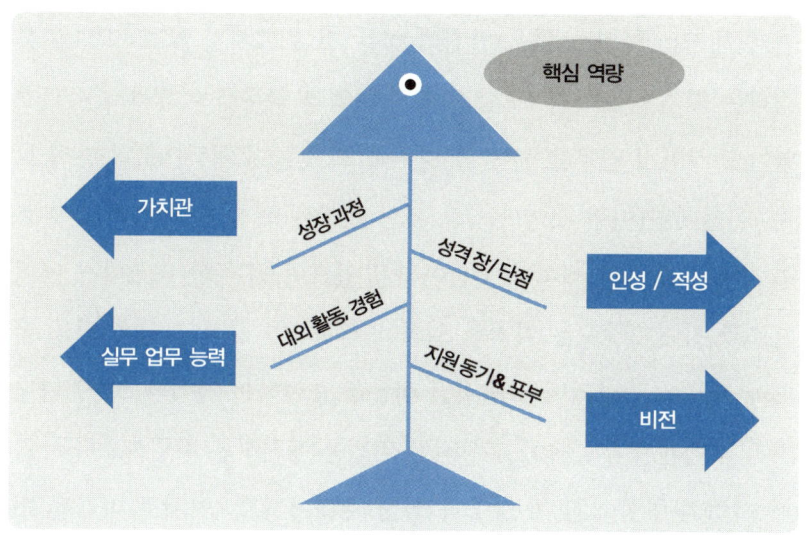

✚ 비전이 포함된 Fish Writing 트리

　지원 동기를 통해 비전을 표현하라고 했다고 하자. "기업에서 저를 채용해 주신다면 저의 모든 가능성의 날개를 펼쳐 기업 생산성에 이바지하겠습니다."라고 말했다면 세상에서 제일 화려해 보이지만, 영혼도 감동도 재미도 없는 흔해 빠진 멘트에 불과하다. 그런데 문제는 수천, 수만 명이 이러한 방식으로 비전을 표현한다는 데 있다. 이러한 방식으로는 아무리 두드려도 추상적일 수밖에 없다. 구체적으로 바꾸기 위해서는 제일 먼저 비전에 관한 마인드를 바꿔야 한다. 자신은 취업 지원자가 되어 비전을 얘기하면 안 된다. 이미 기업의 신입사원이 되어 있어야 한다. 자신이 채용된 신입사원이라면 기업 내에서의 개인적인 목표는 무엇인가? 빨리 기업과 조직에 적응하여 인정받는 것이 첫 번째고, 승진과 연봉을 높이는 것일 것이다. 그러기 위해서는 막연히 일을 열심히 하는 것에 그치지 않고 방향을 설정하는 것이 중요하다. 또한 기업의 사업과 직무를 이해하고 시키지 않아도 알아서 업무를 해야 할 것이다. 그것을 구체적으로 기술해 보자. 이를테면 이런 것이다. "그 사업 분야에 관한 외국 논문과 자료를 매주 정리하고 세미나에 참여하고 있으며, 꾸준한 비즈니스 영어 훈련과 자기계발로는 이러한 일들을 하고 있다."라고 실제 일을 할 때에 직무에 관련되어 구체적인 내용을 표현하는 것이다. 인사 담당자가 보기엔 두루뭉술한 추상적인 비전을 얘기하는 지원자보다는 좀 더 기업의 방향에 맞게 방향과 실행 계획이 있는 인재로 파악될 것이다.

여기서 중요한 전략적 요소를 적용한다면 지원 동기 및 포부의 비중이 40퍼센트라고 했는데 그 항목을 70퍼센트로 바꾸어 기본적인 학교, 전공, 학점 등의 스펙이 낮아도 무시하게 할 방법이 있다. 중요한 부분이니 집중하기 바란다.

지원하는 기업을 분석하다 보면 기업의 좋은 점과 장점만 보이는 것은 아니다. 단점과 동종 기업과 비교했을 때 한계점이나 미약한 점이 파악될 것이다. 이 부분을 가볍게 거론하는 것도 좋다. 여기서 중요한 것은 부각이 아니고 거론이다. 한계를 지나치게 부각해 인사 담당자의 기분을 상하게 할 필요는 없다. 효과적으로 거론하는 방법으로는 자신의 의견처럼 말하지 말고, 삼성경제연구소나 LG경제연구소, 또는 매년 기업의 동향을 비즈니스 맵처럼 정리하여 나오는 리

포트가 있다. 그 자료를 확인하여 이 기업의 한계점을 인용하여 거론하는 방식이 좋다. 비록 한계점을 말하고 있지만 이건 자신의 말이 아니라 연구원들의 전망에서 나온 그 한계점으로만 바라보게 된다. 여기서 전략은 바로 그 한계점을 해결할 수 있는 아이디어를 제공하라는 것이다. 여기서 아이디어는 모든 문제를 단숨에 해결하는 솔루션을 제공하라는 것이 아니다. 자신만의 해결 아이디어를 자세히 말고 가볍게 가설로 얘기하라는 것이다. 대부분의 인사 담당자가 진짜 해결책으로 활용하지는 않을 것이다. 다만 인사 담당자의 눈에는 당장 뽑아서 일을 시켜도 되는 준비된 인재로 파악할 가능성이 높다. 하지만 면접 때는 아이디어 전략에 대한 질문이 들어올 것이다. 2차 면접 일정이 잡히면 그 가설에 도움이 되는 체계화된 자료를 준비하면 된다. 그리고 좀 더 구체적으로 정리해 가고 준비한 자료는 출력과 복사를 해서 면접 때 가지고 가자. 면접장에 들고 들어가지는 못하지만, 질문이 들어올 때 자신만의 정리된 아이디어를 제시할 수 있도록 하자. 때로는 면접관이 자료를 들고 들어오라고 할 수도 있으므로 면접장 밖에 자료를 두는 것도 좋다. 나가서 그걸로 들어오는 순간 면접관과 같이 면접 보고 있는 지원자들은 큰 관심을 가질 수밖에 없다. 이처럼 성공과 실패의 차이는 생각보다 크지 않다. 큰 틀에서 취업 로드맵을 만들고 그에 따른 세세한 전략을 준비하자. 이러한 전략이 있기 위해서라도 기업 분석과 직무 분석은 소홀이 다뤄져서는 안 된다.

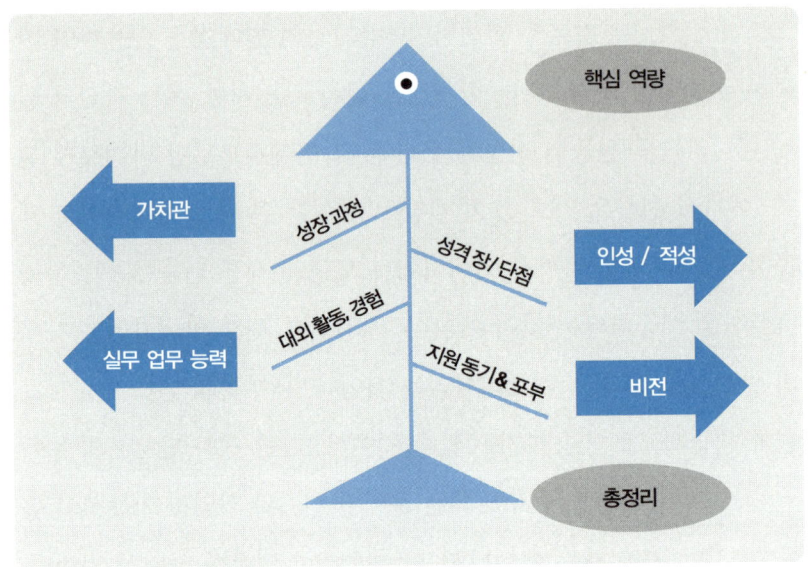

핵심 역량

가치관

성장 과정

성격 장/단점

인성 / 적성

실무 업무 능력

대외 활동 경험

지원동기&포부

비전

총정리

✚ 완벽한 형태의 자기소개서 구조

인상적인 클로징 멘트

Fish Writing을 통한 자기소개서 프로세스의 한 군데 빼고 다 거론하게 되었다. 핵심 역량을 표현한 머리부터 모두 항목의 뼈를 먼저 완성한 후 그것의 근거가 되는 구체적인 에피소드를 통해 살을 입혔다. 그럼 그림 중에 표현하지 않은 하나가 무엇인가? 바로 꼬리 부분이다.

물고기의 머리와 몸통이 아주 튼실해도 꼬리지느러미가 없으면 물고기는 앞으로 나갈 수가 없다. 그런 꼬리는 자기소개서에서 얘기한 모든 얘기 중에 하이라이트만 추려서 한 문장으로 정리해 주는 것이다. 바로 클로징(Closing)이다. 나의 핵심 역량을 통해 기업에 적합한 인재로서 어떤 성과를 만들 수 있는지를 약속하듯 표현하면 신뢰를 얻게 된다.

"시스템과 조직은 사람이 경영한다는 신념하에 팀과의 신뢰적 의사소통을 통해 마케팅 분야에서 문제를 해결하도록 노력하겠습니다. 도르래 같은 원동 축이 되어 한계를 뛰어넘어 성과를 제시하고 기업의 15퍼센트 성장을 이끌겠습니다."

회사에 관한 포부를 구체적으로 제시하고 그에 관한 자신의 역할 또한 구체적으로 성과의 내용을 제시하는 것이 중요하다. '15퍼센트 성장을 시키겠다.'라는 것만 보면 거만해 보일지 모르겠지만, 앞의 신뢰감 있는 흐름을 이해하고 나서 보면 자신감으로 표현된다. 열정과 자신감은 자기가 표현하기보다는 이렇게 느낄 수 있게 표현하는 것이 더욱 효과적이다.

자기소개서는 최근 주요 기업들의 공채에서 매우 중요한 항목으로 자리 잡고 있다. 여기에 수록된 자기소개서 실전 컨설팅은 국내 주요 대학에서 전문가들이 실제로 취업을 앞둔 학생들을 대상으로 진행하고 있는 컨설팅 그대로의 것이다. 주요 기업들에 응시한 학생들의 자기소개서이므로 잘된 부분과 잘못된 부분을 꼼꼼히 검토해서 활용하도록 하자.

자기소개서 실전 컨설팅

CJ
마케팅 부문 지원

CJ그룹은 여성들이 선호하는 기업으로 제일제당, 푸드빌, 프레시웨이, E&M, CGV, 헬로비전, 오쇼핑, GLS, 올리브영, 시스템즈, 건설 등의 계열사가 있다. 자기소개서에 마케터로서의 포부에 대해 언급은 되어 있는데 구체적인 업종이나 역량이 보이지 않은 게 아쉽다. 업종 분야로는 식품 / 식품서비스(제일제당, 푸드빌), 엔터테인먼트 / 미디어(E&M, CGV), 신유통(오쇼핑, 올리브영)으로 나뉘는데, 관심 분야에 좀 더 집중해서 목표를 정하는 게 필요하다. 페스티벌 및 밴드 경험으로 봐서 E&M 등 문화 산업이나 올리브영이 좀 더 적합할 것으로 보인다. 해외 경험과 어학 능력, 글로벌 마인드를 강점으로 부각하여 한류 등으로 해외 시장 확대를 진행하고 있는 분야를 생각하는 것도 좋아 보인다. 사례 중심으로 썼고 첫째, 둘째 등으로 구분하여 쓴 부분은 논리적이고 정리를 잘 한 것으로 보이지만, 소제목을 더 직관적으로 표현해서 이미지를 전달했으면 하는 아쉬움이 있다.

1. 입사 지원 동기와 지원하신 직무를 잘 수행하기 위하여 어떤 준비를 했는지 본인의 경험과 관련하여 기술해 주세요.(800자)

마케터가 갖춰야 할 기본 자질은 시장 분석력을 바탕으로 주변과 소통하는 능력이라고 생각합니다. 그리고 이러한 역량을 갖추려고 늘 준비해 왔기에 마케팅 직무에 지원하였습니다.

첫째, 사회 전반에 대한 이해력을 배양해 왔습니다.

대학교 3학년 2학기 때 경제신문 스터디에 참여했습니다. 주 1회 만나 한 주간의 경제 및 경영 이슈에 대해 토론하고 모르는 용어를 정리하며, 국내외 경제동향을 파악해 왔습니다. 한번은 스터디에서 中－美 간 관세 분쟁 이슈를 다룬 적이 있는데, 국제 마케팅 수업에서 무역 분쟁을 배우게 되어 흐름을 이해하는 데 많은 도움이 됐습니다. 스터디가 끝난 현재까지도 개인적으로 신문 스크랩을 하며 세상을 보는 안목을 키웁니다.

둘째, 주변인에 대한 포용력을 길러왔습니다.

봉사 동아리 활동할 때 일본인 교환학생 친구가 가입했습니다. 당시 많은 신입 회원들이 들어와 임원진이 그녀에게 신경 써주지 못했을 때는 제가 그녀의 멘토를 자청했습니다. 유학생활 초기에 겪었던 어려움을 알기에 동아리 혹은 한국 생활에 대한 궁금증을 함께 해결하며 도움을 주고 싶었기 때문입니다. 동아리 엠티, 회식 등이 있을 때 그녀가 당황하지 않도록 많은 양을 마시는 한국의 술 문화에 대해 알려주었고, 때때로 학교 외부에서 만나 쇼핑을 즐기며 친구가 되었습니다. 4개월 사이에 금방 친해진 서로를 보며 타국적, 타언어는 교류에 전혀 걸림돌이 되지 않음을 깨달았습니다. 따라서 이러한 국제적 소통력을 발휘하여 'Global Company'로 제2의 도약을 하는 CJ에 보탬이 되는 인재가 되겠습니다.

2. 입사 후 이루고 싶은 목표는 무엇이며, 목표를 이루기 위하여 어떠한 계획이 필요하다고 생각하는지 기술해 주세요.(800자)

〈트렌드워칭 글로벌 마케터〉

글로벌 시장에서의 맞춤형 마케터로서 계열사를 아우르는 마케팅 프로젝트를 기획하는 것입니다. 이를 위해 필요한 노력으로는 마케팅과 관련한 지식과 소비 트렌드를 이해해 내는 감각을 키우는 능력, 그리고 글로벌 기업의 일원으로서 과감하게 일을 추진하는 도전정신과 글로벌한 시각이 필요하다고 생각합니다.

체험의 폭을 넓히고자 첫째, 많은 지역 및 국가를 여행하겠습니다. 현지 음식을 먹고 서비스를 겪으며 직접 문화를 느낀다면, 해당 시장 니즈 파악에 도움이 될 것입니다. 리서치 회사에서 전자레인지 FGD 분석 시, 이탈리아 시장에서 유난히 '바삭함 유지기능'에 대한 수요가 많다는 점을 쉽게 파악할 수 있던 이유도 피자를 즐겨 먹는 그들의 식문화를 알았기 때문입니다. 따라서 아직 가보지 않은 무수한 잠재 시장을 방문함으로써 마켓 통찰력을 기르겠습니다.

둘째, 여러 분야의 사람들을 만나겠습니다.

현재 다양한 영역에서 활동하고 있는 동문회 및 동아리 사람들과의 모임에 지속적으로 참석할 것입니다. 나아가 학습, 사랑의 집 짓기 봉사 외 해보지 않은 봉사에도 정기적으로 참여하며 도움이 필요한 계층과의 만남에도 지속적으로 관심을 기울이겠습니다. 이렇게 해서 기른 사람에 대한 이해력을 바탕으로 고객과의 간극을 해소해 나가며 현존하는 수요 충족에 만족하지 않고, 최초로 신시장을 창출하고 싶습니다. 그리하여 'Only One' 가치를 실현시키는 인재가 되겠습니다.

셋째, 전문적인 학습을 통해 마케팅 직무 지식을 습득하겠습니다.

빠르게 변하는 소비 트렌드를 읽기 위해서 1주에 1권씩 마케팅 관련 서적을 탐독하겠습니다. 유행에 민감하고 변화가 다양한 소비 트렌드를 이해하기 위해 뮤지컬, 영화 등 대중문화 전반에 관심 가지며, 블로그 활동과 관심 분야의 온라인 커뮤니티 활동을 통해 소비자와 직접 대면하며 최신 유행을 주도하기 위해 노력할 것입니다.

부분 평가 조금 더 중장기적인 10년 , 20년 후의 모습을 그려보고 어떤 커리어 패스를 그릴지, 그때 필요한 역량은 무엇인지를 생각해서 써야 한다. 많은 지역 국가를 여행하고 여러 분야 사람을 만나겠다고 썼는데, 그래서 어떻게 회사와 사회에 기여하겠다는 것인지 모호하다. 어떤 글로벌 마케터로서 어떤 포지션과 차별화된 능력으로 전문성을 발휘할지에 대한 계획이 있어야 하고, 전문가적인 포부와 지식, 경험에 대한 열정을 보여주는 것이 좋다.

3. CJ의 인재상 중 자신과 가장 잘 부합하는 것을 한 가지 선택한 후 팀(조직) 경험과 함께 기술해 주세요.(600자)

〈학회 연합모임 퇴출을 막다〉

학회 부회장일 때, 2달간 회장을 대신해 연합 활동에 참석하여 연합모임에서 퇴출될 뻔한 위기를 막을 수 있었습니다.

3학년 겨울방학, 함께 당선된 회장이 갑작스럽게 출국하게 됐다며 다음날 있는 연합 회의 참석을 부탁하여 이를 수락했습니다. 그런데 도착 예정일이 미뤄져 방학 중 돌아올 수 없게 되어 앞으로 방학 2달 동안 있을 회의 및 업무를 대신 맡아달라고 했습니다. 당시에는 이미 정해진 학원, 여행 일정이 있었기에 선뜻 수락하기 힘든 상황이었습니다. 하지만 3회 이상 연합 모임에 참여하지 않으면 연합모임에서 퇴출되는 규칙이 있었고, 매번 다른 사람이 참석하면 회의 사안 전달 과정에 혼란이 올 수 있기에 책임을 맡았습니다. 저 하나로 8개 학교 임원진의 일정을 바꿀 수 없어서 회의 일정과 겹치지 않게 개인적인 일정을 유동적으로 조정했습니다.

덕분에 연합 내부에서 학교의 위상을 지킬 수 있었고, 타학교 회원들과 자주 만나 함께 워크숍 겸 MT에도 동행하여 친밀감을 형성했습니다. 책임감을 발휘하여 학회에 기여했고, 개인적으로는 보다 넓은 인적 네트워크를 구축할 수 있는 일석이조의 효과를 얻게 됐습니다.

부분 평가 CJ 인재상으로 유연함, 오픈마인드, 책임감인데 책임감의 사례를 적었다. 그런데 나름 책임감이 있다고는 하지만 누구나 그 상황이 되면 할 수 있는 상황이 아닌 조금 더 본인의 가치관과 역할이 잘 드러날 수 있는 사례였으면 하는 아쉬움이 남는다. 상황보다는 그 과정 중에 가진 생각이나 구체적인 행동에 더 집중해서 쓰기를 바란다. 타 학교 책임자들과 의견 조율하는 과정, 개인의 삶과 조직의 요구를 조율하는 지혜의 모습과 노력 부분을 더 강조하자. 그 이후 삶에 대한 태도의 변화와 객관적인 성과도 언급하면 더욱 신뢰감 있게 전달될 것이다.

4. 약속과 원칙을 지켜 신뢰를 형성·유지했던 경험에 대해 기술해 주세요.(600자)

2009년 한 달간 서울 와우북 페스티벌의 자원 활동가로 활동한 적이 있습니다. 당시 휴학 중이었던 저는 팀장을 자청하게 되었습니다. 축제 기간 홍대 일대의 문화센터에서 열리는 각종 행사장을 관리하는 것이 저의 임무였습니다.

장소를 이동하던 중, 한 축제 참가자께서 저에게 행사 기간 열리는 벼룩시장에 판매자로 참가하고 싶다며 일정을 여쭤오셨습니다.

다음날이 벼룩시장 시작일이었기 때문에 판매자 참가를 위해서는 시간이 급박한 상황이었습니다. 그러나 제가 맡고 있었던 일이 아니었기 때문에 정확한 정보는 알 수가 없었습니다. 그래서 참가자께 반드시 연락을 드리겠다고 하고 연락처를 받았습니다. 팀장의 직책을 맡아 일이 바쁜 와중이었지만 그분께 연락을 드려야겠다는 생각에 급히 담당자께 문의를 드렸고, 일정과 기타 세부사항을 숙지해 두었습니다. 너무나 바쁜 와중이었던지라 잊지 않고 연락을 드리기란 쉽지 않은 일이었습니다. 그래서 업무가 끝난 틈을 빌어 연락을 드리게 되었고 다음날 그분과 함께 벼룩시장은 무사히 진행될 수 있었습니다. 그 한 분의 참여 덕분에 더 많은 기금을 사회복지 공동 모금회에 전달할 수 있었습니다.

부분 평가 글이 지나치게 장황한 느낌을 준다. 기승전결을 생각해서 이 과정 가운데 내가 무엇을 전달할지를 고려해서 쓰고, 가급적 3~4줄 이내로 단락을 나눠 쓰면 더 문맥이 명확해질 것이다. 일회성 말고 조금 더 장기적인 신뢰 관계를 유지하고 있는 사례가 있으면 더 좋겠다.

5. 새로운 환경에 적응했던 경험에 대해 기술해 주세요.(800자)

〈 진심이 이루어낸 콘서트 하모니 〉

캐나다 유학시절 활동했던 밴드에서, 2달 안에 연주력을 향상시키고 부원들과 융합하여 학기 말 있을 콘서트에 참여해야 했습니다. 가입한 지 2주 만에 콘서트 공지를 받게 되어 현지 친구들과 서먹했고, 영어에 서툴러 음악용어를 이해하지 못하여 실수도 잦았습니다. 이러한 난관을 타개하고자, 개인적으로는 하루에 1시간씩 반복적인 연습을 통해 자주 틀리는 부분을 교정해 나갔습니다. 또한 합주에 있어서 무엇보다 중요한 것은 부원과의 조화라고 생각하여 팀원들에게 적극적으로 다가갔습니다. 매시간 플롯 파트 동료들의 대화에 참여하여 다양한 표정과 제스처를 보이고 대화 중간 감탄사를 사용했습니다. 처음에는 다소 어색했지만 강한 표현력을 지닌 그곳 대화법에 익숙해지게 되어, 상대방의 말에 적극 호응해 공감을 표현할 수 있었습니다. 수업 전에는 악보와 의자를 미리 준비해 두는 등 호의를 보이자 부원들도 무신경했던 처음과 달리, 수업 때 배운 용어나 과제를 설명해 주었고, 방과 후 콘서트 준비에 합류하게 되어 다른 파트 부원들과도 교류할 수 있는 기회도 갖게 되었습니다.

부원들과 친밀감이 형성되자 자연스레 실수가 줄었고, 개인적인 연습 덕분에 연주력도 향상되어 밴드 선생님으로부터 콘서트 참여가 가능하다는 희소식을 접했습니다. 그 결과, 12월 초 진행된 콘서트에서 조화로운 합주를 하여 관객들의 박수갈채를 받았습니다. 개인적인 역량 개발과 조직원과의 화합이 시너지 효과를 발휘한 덕분이라고 생각합니다.

6. 창의성을 발휘하여 기존 틀을 깨고 추진했던 것 중 성취감이 컸던 경험은 무엇이며, 이를 시작하게 된 동기와 적극적인 노력에 대해 기술해 주세요.(600자)

〈연애 니즈에 부합하는 부킹주점 개최〉

학회 활동 시 '부킹' 콘셉트의 주점을 추진하여 매출 총이익 80만 원을 달성하고 손익분기점을 밑돌았던 전 학기 주점의 부진을 만회했습니다.

초반에는 학구적인 이미지를 고려해 '학회주점'과 같이 평이한 이름을 사용하자는 의견도 있었습니다. 하지만 많은 학생을 유치하여 학회를 홍보하고 수익금 마련을 통한 학회 활성화를 이루고자, 20대 대학생들의 니즈를 충족시킬 색다른 콘셉트를 제안했습니다. 우선 저녁시간 대(Time), 교내(Place), 미팅과 소개팅 시즌이라는 상황(Occasion) 등 주점의 TPO를 분석했고, 학생들의 연애하고 싶은 욕구를 찾았습니다. 이러한 연애 수요에 부합하고자 주점에서의 즉석 만남을 이끄는 부킹 주점을 떠올렸고, 회원들의 동의를 얻어 전단지, 현수막 등을 활용해 홍보했습니다. 특별한 콘셉트가 없던 타 주점과 차별화한 덕분에 당일에 많은 학생들이 방문하여 목표를 달성했고, 이성과의 만남을 주선해 술 먹는 장소 제공 이상의 즐길 수 있는 공간도 제공했습니다.

이처럼 입사 후에도 타깃 니즈에 부합하는 참신한 아이디어를 발의하여 고객에게 즐거움을 선사하는 CJ 마케터가 되겠습니다.

부분 평가 창의적인 아이디어에 그치지 말고 추진해 나간 과정과 본인의 역량을 발휘한 부분에 집중해서 기술하자. TPO 분석을 한 과정을 조금 더 상세히 그려도 좋고, 과정 가운데 주위를 설득하고 협업한 모습을 같이 그리면 더욱 효과적이다. 마케터로서 상황과 소비자 분석을 통해 아이디어를 도출하고 마케팅 전략을 수립해서 참신한 방법으로 고객에게 다가간 모습은 직무 역량과 부합해 보인다. 하지만 직무 전문성보다는 여성으로서 인성적인 면과 커뮤니케이션 역량만 보여준 듯해서 아쉽다. 앞에 서술했던 글로벌 역량과 트렌드와 소비자의 니즈를 파악하는 능력을 보여줄 수 있는 사례 등을 추가 기술하자.

전 체 평 론

다양한 경험이 많다. 스스로 자기 분석을 통해 자신의 경험이 많고 사회에 나오기 위한 준비를 많이 한 것으로 보인다. 자신의 에피소드가 풍부한 것으로 보여서 자신의 커온 과정을 신뢰감 있게 기술했다.

부족한 점

경험을 기업과 직무에 맞춰 가치 있게 표현하지 못했다. 스터디하면서 '신문 스크랩한 경험을 강조'했는데, 단지 '세상을 보는 안목을 키운다.'라고 말하는 것보다 '마케팅 직무에 필요한 정보의 통찰력을 키우게 된 계기이며 다양한 분야의 정보를 가지고 있어 주변 사람들에게 정보통으로 불리고 있다.'라고 표현했을 때 좀 더 바로 써먹을 수 있는 능력을 가지고 있다고 느끼게 될 것이다. 이것이 바로 경험의 가치화이다. 자신의 다양한 경험이 많은데 단지 그 경험을 나열하는 것은 의미가 없고 기업 입장에서 그 경험이 어떻게 적용할 수 있는지를 구체적으로 제시한다면 준비된 인재로 받아들이게 된다.

취업 로드맵

1. 체계적인 기업 분석이 요구된다. 본인 나름은 기업과 직무를 분석한 것 같지만 내용을 보면 기업에서 원하는 인재상에 맞게 지원자가 부각되어 보이지 않는다. 누구나 얻을 수 있는 정보로 접근하고 있는 것처럼 너무 평범하게 보인다. 정량적, 정성적 접근을 통해 기업 분석을 다시하고 그에 맞춰서 자신만의 전략을 작성하여 접근할 필요가 있다. 자신의 경험 메뉴판은 잘 구성되어 있는데 그것을 제대로 활용하지 못하고 있다. 톱니바퀴도 톱니가 서로 맞아야 제대로 맞물러 돌아갈 수 있는데 지금은 기업이 원하는 인재와 직무에 대해 적합한 에피소드가 전달되고 있지 않다.

2. 두괄식으로 글 쓰는 방법을 트레이닝하자. 지금은 편하게 글을 쓰고 있지만 그로 인해 정확하게 무슨 말을 하려고 하는지 결론이 명확하게 보이지 않는다. 자신의 경험을 구체화하다 보니 때로는 모호한 접근과 옆길로 새고 있다는 느낌이 든다. 지금 자기소개서는 허용되는 분량이 많지만 자수가 줄어들면 어떻게 표현할 것인가? 보는 이로 하여금 집중하게 하려면 말하고자 하는 결론을 먼저 부각하고 그에 대한 근거를 간단, 명료하게 서술하면서 접근하는 방식으로 글을 써야 한다.

KB국민은행

지원하는 기업과 직무에 관련된 역량이 선명하게 보이지 않는다. 관련 분야의 인턴 경험과 자격증 없는 상태에서 텔러, 자산관리 업무를 목표로 생각하고 지원하면 경쟁력이 없다. 직무와 관련하여 자신을 대표할 만한 성격, 역량, 경험으로 다양한 사회경험, 영업마케팅 실무능력, 상권, 소비자분석 능력이 있어 보인다. 이를 바탕으로 콘셉트를 정하고 차별화된 이미지를 남길 수 있게 해야 한다. 다만, 내용이 피상적이고 금융 업종과 상품 트렌드에 대한 분석이 보이지 않고 개인의 강점과 열정이 잘 표현되지 않는 것이 아쉽다.

1. 성장 과정 및 성격의 장단점(650자)

❶〈돈의 소중함〉

21세가 되던 해, 학자금 대출을 갚기 위해 OO제조업체 생산 공장에서 밤 9시부터 새벽 6시까지 일주일간 일하며 돈의 소중함을 알았습니다. 공장에서 식사 시간, 휴식 시간조차 쪼개가며 밤새 서서 대화 나눌 사람 없이 계속 같은 일만 반복하였습니다. 다음날 일어나려면 온몸이 아팠지만, 그것보다 ❷기술자이신 아버지께서는 이보다 더 험난한 상황과 위험을 감수하시며 어렵게 돈을 버신다는 사실을 알고 그 누구보다 돈의 소중함을 깨우쳤습니다. ❸이후 성실히 일하시는 분들에게 금융정보를 제공하고, 자산관리를 하는 것은 제 꿈이자 사명이 되었습니다.

이후 틈틈이 각종 영업 아르바이트하며 스스로 용돈을 벌었고, 기자단, 마케팅파트너, 홍보대사 등의 활동을 하며 문제를 분석하여 해결해 왔습니다. ❸이러한 역량을 바탕으로 고객의 입장에서 항상 고객의 자산에 대해 연구하고 고민하겠습니다.

❹저의 장점은 추진력 있는 행동입니다. 일례로 200X년 A화장품 회사 홍보대사로 활동하며 소비자 선호도 향상을 위해 설문조사와 SPSS 분석으로 개선방안을 마련했고, 이 점은 신규 브랜드 기획에 개선점으로 활용됐습니다. 이때 적극적으로 여러 가지 계획을 제시했지만, 조사를 마무리 짓지 못한 계획은 활용되지 못했습니다. 이후 일을 잘 마무리하기 위해, 우선순위를 메모하며 보완하고 있습니다.

부분 평가 ❶ 제목이 식상하고 자신을 나타내기에는 관련성이 없어 보인다. ❷ 아버지가 고생하며 돈을 버신다는 것은 특별할 것 없는 일반적인 사항이고 은행원으로서의 사명으로 연결시킨 것은 지나치게 비약적이다. 예를 들어, '학자금대출을 하며 경험한 은행, 아르바이트 등 대외활동을 통해 번 돈을 어떻게 관리하고 저축했는지, 어렸을 때부터 아버지로부터 돈에 대한 철학을 들었고 지금은 어떤 습관화된 생활을 하고 있다.'라고 하던가, '용돈 관리를 배우면서 갖게 된 생활 태도나 습관의 중요성'을 강조하는 것이 더욱 효과적이다. ❸ 성장 과정을 지나치게 지원 동기와 연관 지으려고 하지 말고 다양한 경험과 봉사활동을 통해 가치관을 보이는 게 효과적이다. ❹ 장점으로 추진력을 제시했는데, 앉아서 공부하고 자격증 따서 스펙 좋은 사람들보다 홍보, 영업 지식 그리고 분석력과 기획력을 토대로 현장 경험을 살려낼 수 있음을 강조해야 한다. 아울러 이를 바탕으로 한 고객의 니즈를 분석하고 트렌드를 읽어 추진력 있게 행동에 옮기는 장점을 부각하는 것이 더 효과적이다. 전반적으로 장단점의 내용이 빈약해 보인다. 효과적으로 내용을 배분해서 본인의 장점을 잘 부각할 수 있도록 하고, 한편으로 단점으로 제시한 계획을 세우고 마무리를 잘 못한다고 쓴 부분은 장점으로 쓴 추진력과 모순되는 역량이므로 재검토가 필요하다. 보완해야 할 노력 사항으로 메모 습관보다는 팀워크 활동 또는 멀티태스킹 능력 향상에 대한 내용을 쓰는 것은 어떨까 싶다.

2. 열정을 쏟아 몰입한 경험, 성공 또는 실패 경험

〈전국 3위의 매장을 만들어라〉

대학교 1학년 때, B제빵업체 판매직 아르바이트를 하며 타업체와의 매출 경쟁에서 앞서는 매장을 만드는 데 기여하며 판매사원으로서 책임감을 가졌습니다. 상권 분석과 영업 전략을 세워 크리스마스 시즌에 전국 판매순위 3위를 기록한 경험은 행동력과 영업력을 발휘한 기회였습니다.

크리스마스 행사로 300여 개의 케이크를 준비했는데 기대만큼 팔리지 않아 손실이 발생할 상황이었습니다. 판매사원으로서 책임감을 느끼고 3가지 전략을 세웠습니다.

(1) 창업 동아리 팀장의 경험을 살려 주요 고객 연령대, 입지 조건,

주요 매출시간 등을 고려한 상권분석을 하였습니다. 우선 해당 지점이 사거리 상권 침해 지역임을 파악하여 중심 사거리로 시식 가판대 이동을 제안했습니다.

(2) 유동인구가 많은 주택가인 점을 고려하여, 다양한 연령대가 즐기는 녹차케이크와 생크림을 조각내어 종이컵에 담았습니다.

(3) 직접 크리스마스 노래와 율동을 이벤트로 실시했습니다.

사람들은 친근감을 느껴 몰려들었고, 곧 매장 안으로도 발걸음을 옮겨 이틀 만에 300여 개의 케이크를 모두 팔 수 있었습니다. 사거리에 있던 경쟁 업체보다 더 많은 매출을 올렸을 뿐 아니라, 업체 내 크리스마스 시즌 판매 순위 전국 3위를 기록했습니다. 분석력과 영업 전략을 직접 실행했던 추진력은 OO은행의 성공에 기여할 자산이 될 수 있을 것이다.

부분 평가 항목과 문단을 적절히 나누고 (1), (2), (3)으로 정리하여 쓴 것은 논리적인 성격을 잘 표현했다. 많은 내용보다는 상황 – 해결 과제, 역할 – 행동한 것 – 결과(수치화)의 내용으로 정리하여 기술하는 것이 효과적이다. 본인의 역할과 한 구체적인 행동 과정을 판매 향상 아이디어 제안 과정, 상권 – 소비자 분석, 제품별 판매 분석, 동료 설득 등 내용 중 깊이 있게 쓰는 것이 좋다. 그 과정을 통해 느낀 점이나 이후 변화된 삶의 태도도 언급하면 더욱 효과적이다.

3. 지원 동기 및 입행 후 계획

〈리딩뱅크를 넘어 변화하는 OO은행〉

OO은행은 국내 최대 자산과 고객 기반으로 소매 금융과 자본력 분야에서 '넘버원'입니다. 그러나 필요에 따라 과감히 수술을 집도하는 것도 바로 OO은행입니다. 희망퇴직, 대기업 금융 서비스의 확대 그리고 미래형 점포 등 발 빠르게 변화를 주도하기에 리딩뱅크로서의 자부심을 지켜갈 수 있다고 생각합니다. 이렇듯 결단력 있고, 빠른 순응력은 문제를 해결하며 변화를 두려워하지 않는 저의 모습과 많이 닮았다고 생각합니다. 금융권 최대 지점수와 자산 규모 1위, 높은 순이자마진(NIM)으로 좋은 평가를 받는 것을 넘어 고객을 위해 변화하는 OO은행의 일원이 되기 위해 지원했습니다.

부분 평가 회사 사람들이 아는 일반 내용이나 홈페이지에서 얻을 수 있는 정도의 내용으로 시작하는 것은 주목을 받지 못한다. 내가 왜 많은 기업 중에서 왜 이 회사를 선택했는가의 관점에서 기술해야 한다. 다양한 사회경험과 검증된 시장분석 능력, 영업 전략으로 현재에 안주하지 않고 변화와 혁신을 도모하는 본인의 성격과 특히 금융시장에 대한 본인의 견해와 입사 후 하고 싶은 역할, 포부를 기술하는 것이 좋다.

〈OO은행의 전문 마케팅 자산관리사(PB)〉

마케팅 PB가 되기 위해 10년 이내에 다음의 계획을 실천할 것입니다.

(1)입사 후 2년 내에 CFP 등을 취득하여 전문적인 식견을 넓힐 것입니다.

(2)고객 관리일지 작성으로 고객의 성향을 분석, 관리하여 알맞은 전략을 제시하는 고객의 자산 마케터가 될 것입니다.

(3)타행의 '충성고객 관리시스템'을 발전적으로 활용해 2주일에 한 번씩 이벤트를 진행하겠습니다.

10년 후에는 금융노하우를 후배들과 나눌 수 있는 OO은행의 전문 마케팅 PB가 될 것입니다.

부분 평가 금융 관련 전공과 관련 인턴 경험, 자격증 소지자와 비교하여 상대적으로 금융 관련 지식과 자격이 없어 보인다. 따라서 홍보, 마케팅, 소비자 분석, 영업 관련 경험이 있는 것으로 보아 관심 부서(직무)를 마케팅, 홍보 분야로 좁히고 관련 역량을 표현하는 데 집중하는 것이 효과적이다.

국민은행 조직도를 예로 들면, 홍보부, 채널기획부, 신금융사업부, 마케팅부, 고객만족부, 영업기획부, 개인영업추진부 정도가 대상으로 보인다. 비록 대다수가 행원으로 영업점에서 근무하지만 현재 본인이 가지고 있는 역량과 연결하여 향후 직무 및 부서의 목표를 정해서 포부와 플랜을 제시하는 것이 더욱 효과적이다.

4. OO은행 영업점 방문 소감 및 제언(提言)

〈분업의 효율성보다는 '전략적 마케팅'과 원스톱서비스의 '신속성'으로〉

강남역 4개 지점과 충무로점, 약수점 등을 다녀와서 인상적인 점은 신규해약 / 입출금 / 대출외환 서비스를 분업하여 업무의 효율성을 높이고, 타행보다도 압도적으로 많은 상품으로 고객의 상품 선택 폭이 다양하다는 것입니다. 또한 고객층의 폭을 넓히는 새로운 신규상품이 많은 점이 공통적이었습니다.

그러나 OO은행 영업점에서 보완해야 할 점이 두 가지 있다고 느꼈습니다.

(1) 원스톱서비스로 고객중심의 서비스를 진행해야 합니다. 세분화된 업무는 직원들의 업무 효율성을 높일 수는 있지만, 고객들의 입장에서는 해당창구의 대기시간이 길어질 경우 다른 창구의 손님이 없더라도 비효율적으로 시간을 낭비해야 했습니다. 원스톱서비스로 진행했다면 창구별 순환율을 높일 뿐 아니라 고객들의 시간 관리의 효율성도 높일 수 있을 것이라고 생각했습니다.

(2) 타행과는 다른 차별화된 상품 소개가 필요합니다. 많은 상품이 있는 만큼 선택의 폭도 다양합니다. 분업화된 업무의 강점을 살려 맞춤형 마케팅을 제안합니다. SPSS를 통한 분석으로 시장/ 소비자에 대한 동향을 통해 트렌드적인 전략을 세운다면, 고객들의

이해와 만족도를 높일 수 있을 것입니다. 또한 펀드, 보험 등 'BEST HIT' 상품을 진열대에 따라 표시한다면, 고객들의 자발적인 선택을 늘릴 수 있습니다.

부분 평가 제안할 아이디어를 통해 전문 지식과 기업에 대한 이해도를 확인하는 항목이다. 너무 일반적이고 피상적인 내용으로 전문성이 잘 드러나지 않는다. 먼저 홍보 전공자로서 현재 홍보하고 있는 금융상품과 홍보물을 분석한 후, 주 고객 타깃이 누구인지, 적합한 지역의 지점을 골라 방문해 분석해 보는 것도 효과적일 수 있다. 또한 창업 동아리 경험과 홍보, 영업 경험을 살려서 신규 개설 점포나 전략 점포를 대상으로 상권 분석과 고객 분석을 하고 홍보 마케팅, 영업 전략을 제시하는 것이 더 나은 방법으로 생각된다. 다양한 봉사 경험을 살려서 미소금융이나 취약 계층에 대한 고금리 금융상품에 대한 본인의 견해나 아이디어, 리스크 보완 방안 등을 제안해 보는 것도 좋다.

전 체 평 론

우수한 점

1. 기업과 직무에 맞춰진 준비된 인재임을 잘 표현하고 있다. 단지 인성만을 강조하는 것이 아니라 금융권의 기업 흐름을 알고 있고 그에 맞춰서 자기소개서를 잘 작성했다.
2. 단계적 과정을 프로세스별로 잘 표현하고 있다. 에피소드에서 단지 서술형으로 접근하지 않고 실행 계획과 전략을 단계적으로 표현함으로써 구조적이고, 체계적인 면모를 잘 표현했다.

부족한 점

핵심 역량이 무엇인지 잘 드러나지 않는다. 금융권 기업에 맞춰 다양한 경험과 지식으로 자소서를 잘 쓰기는 했지만 지원자가 어떤 핵심 역량을 가지고 있는지는 명확하게 부각되지 않고 있다. 전체적으로 두루두루 다 잘하고있고, 준비된 인재이지만 뭔가 딱 잘라 뭐 때문에 눈에 띈다라고 하기에는 그 자신만의 능력, 바로 핵심 역량이 제대로 부각되지 있다.

취업 로드맵

핵심 역량을 명확하게 끌어낸다. 기업의 흐름을 잘 알고 있는데 본인이 그 흐름 속에서 무엇을 수행할 인재임을 강조해야 한다. 전체적으로 준비된 인재임을 강조했다. 그렇다면 마지막 한방을 날려줘야 한다. 자기분석에서 SWOT 분석과 HDBW 분석를 통해 자신만의 핵심 역량을 도출할 수 있다. 기업과 직무에 맞는 핵심 역량을 찾아서 강조하라. 핵심 역량을 어디에 강조해야 할까? 양괄식으로 첫 시작하는 문장에 70% 정도 표현하고, 마지막 마무리할 때 '그래서 저는 이런 핵심 역량을 가지고 기업에서 이런 일을 수행하여 이런 성과를 도출할 것이다.'라고 100%를 다시 한 번 강조해서 표현해야 한다.

다음커뮤니케이션

200권이 넘는 독서와 글쓰기, 꾸준함, 성실성, 기획력, 분석력이 강점으로 보인다. 이공계열 전공자이지만 독서와 글쓰기 등 인문적인 소양을 갖춘 융합형 인재상에 맞는 부분을 강조하면 효과적일 것이다. 웹서비스 업체뿐 아니라 모바일 서비스 업체, 교육+게임 에듀테인먼트 분야에도 가능해 보인다. 웹 UI 부문보다는 콘텐츠 서비스 기획에 그중에서 지식 콘텐츠 분야로 검색(지식, 전문 자료), 교육(사전), 도서 담당이 적합해 보인다.

1. 자기 소개를 자유롭게 기술해 주시기 바랍니다.(필수입력사항, 한글 1300자, 영문 3900자 이내)

❶〈균형 잡힌 사람이 되고 싶습니다.〉

❷대학에 합격하고 나서 4년 동안의 목표를 종이에 적어본 적이 있습니다.

그때, 제가 첫 번째로 적었던 것은 바로 '독서습관 기르기'였습니다. 상상력과 문장력 학습은 물론, 최고의 취미 생활이 될 것이라고 생각하고 장르 구분 없이 1주일에 1권 이상의 책을 읽기로 계획했습니다. 처음에는 힘들었던 계획이 언젠가부터 습관으로 자리 잡아 책을 읽지 않으면 어색하기까지 했습니다. 저는 계획 후 지금까지 무라카미 하루키의 소설부터 마이클 샌델의 정의란 무엇인가까지 200권이 넘는 책을 읽고 감상문을 쓰고 있습니다. 다양한 장르의 책을 읽고 직접적으로 경험할 수 없는 것들을 간접적으로 체험해 나가면서 견문을 넓혔습니다.

두 번째로 적었던 것은 '글쓰기 연습'입니다. 매일 단 한 줄이라도 일기를 써나가고 있습니다. 또한 토론 및 글쓰기를 익히기 위해 문학 관련 교양 및 토론 수업을 한 학기에 하나씩 들으면서 인문과 공학의 균형을 맞추기 위해 노력했습니다.

세 번째는 '전공 학습을 충실히 하자.'였습니다. 저는 전공 수업을 들을 때에도 프로그래밍과 그래픽 및 이론 과목의 균형을 맞추려고 노력했습니다. 프로그래밍 언어(C, C++, C # , JAVA, XNA, Direct X, Android 등)와 그래픽 툴(Photoshop, illustrator, after effect, 3ds max 등) 및 자료 구조, 데이터베이스, 사운드처리이론, 영상처리이론 등 다양하게 다루어 새로운 기능이나 툴에도 즉각적으로 대처할 수 있는 능력을 갖춰왔습니다.

저의 균형 잡힌 습관 및 계획으로 인해 서비스 기획에 적합하다고 생각합니다.

부분 평가 ❶ 제목이 지나치게 평이하다. 하지만 목표를 정해놓고 4년 동안 꾸준히 노력해 달성한 열정과 성실성이 높이 평가된다. 그런 것을 표현할 수 있는 제목으로 바꾸면 좀 더 어필할 수 있을 것이다.

❷ '적어본 적이 있습니다.'로 표현하는 것은 어쩌다 '한 번' 했다는 느낌이 든다. '적어 보았습니다.'는 식으로 목표를 정하고 도전하는 태도나 습관이 쌓인 표현으로 바꾸는 것이 적합하다. 대학시절의 목표에 이어 사회, 직장생활의 목표를 또 세 가지 정도 정리하고 다음 목표를 '다음'에서 이루고자 한다는 의지를 표현하는 것이 더 좋다.

2. 경력 사항을 상세히 기술해 주시기 바랍니다.(선택입력사항, 한글 1300자, 영문 3900자 이내)

〈수상경험〉

고등학교 3학년 때, 저는 교육청에서 주최하는 경진대회에 '워드 프로세서 전자북'을 기획·제작하여 대상을 받은 경험이 있습니다. 책이라는 기본을 충실히 수행하기 위해 책 내용은 물론 문제 풀이 기능을 두어 바로 채점할 수 있는 시스템을 구성하였습니다. 또한 하나의 책으로 모든 것이 가능할 수 있도록 텍스트는 물론 음성 및 동영상을 더하여 복합적인 서비스를 제공하려 노력했습니다. 저는 위와 같은 콘텐츠 제작 경험을 통해, 서비스 기획 분야에 관심을 갖게 되었고 이를 이루기 위해 한 걸음씩 다가가고 있습니다.

〈인턴십〉

2010년에 2개월간 모바일 솔루션 전문 업체 A사에서 기획 및 그래픽 분야로 인턴십을 진행하였습니다. 짧은 기간이었지만 전반적인 IT 업계의 흐름 및 회사 내의 분위기, 직무 간의 커뮤니케이션의 중요성 등 머리가 아닌 가슴으로 느낄 수 있었던 기회가 되었습니다.

초반부에는 모바일 게임 시장의 흐름을 분석하기 위해 시장조사 및 보고서 작성에 기초를 두고 작업을 진행하였습니다. 후반부에는 본격적으로 모바일 어플리케이션 UI 디자인 시안 작성, 싸이월드 미니홈피 스킨 시안 제작, 홈페이지 디자인 조사 및 시안 제작 등을 진행하였습니다.

또한 인턴을 진행하던 중, 월요일 회의시간에 자유 주제로 발표를 하게 될 기회를 얻게 되었습니다. 100명이 넘는 사람들 앞에서 발표한다는 부담감에 며칠을 고생하며 아이디어를 짜고 발표 자료를 준비하였습니다. 고생 끝에 한 발표는 실수 없이 매끄럽게 진행되었습니다.

이러한 경험을 통해, 저는 회사 내에서의 규율 및 커뮤니케이션의 중요성 등을 느끼게 되었습니다.

부분 평가 발표 주제나 내용, 반응과 이후 진행 결과에 대해 간단히 언급하는 것이 효과적이다.

〈연구실〉

학과 연구실에서 진행되는 'BCI(Brain Computer Interface)를 활용

한 기능성 게임 기술 개발' 프로젝트에 참여하여 게임에 필요한 템플릿 게임의 기획과 설계 및 임상실험용 게임의 그래픽 작업을 맡아 진행하였습니다.

학기 중에 팀을 나누어 진행하던 소규모 팀 프로젝트와는 달리 저에게 주어진 임무를 수행하기 위해 최선을 다하였고, 일에 책임감과 자부심을 느낄 수 있었습니다. 또한 같은 학생들끼리 진행하던 수평적 구조에서 대학원생, 교수님들과 진행하는 계층적 구조에서 일의 진행 및 처리 단계에 대해 알 수 있는 기회가 되었습니다. 세밀한 부분까지 기획을 하고, 문서를 정리하고 디자이너와 프로그래머 간에 많은 회의를 통해 프로젝트의 기획 의도를 분명히 이해하고, 일을 진행하는 것에서 복잡하지만 체계적인 부분을 느낄 수 있었습니다.

연구실 프로젝트를 통해 저는 서로 다른 직무를 수행하는 타인 간의 커뮤니케이션 방법을 익힐 수 있었습니다.

부분 평가 소제목의 표현력이 부족하다. 예를 들어 〈수상경험〉은 '워드프로세서 전자북 대상 수상'으로, 〈인턴십〉은 '모바일 솔루션 기획 인턴십', 〈연구실〉은 '기능성 게임 개발 프로젝트' 등으로 바꾸는 것이 좋다.

인턴십 내용에서 발표 주제나 내용, 반응과 이후 진행 결과에 대해 추가 기술이 필요해 보인다. 본인이 맡은 역할과 참여 비중, 발휘한 강점을 포함하자. '최선을 다 하였고', '세밀한 부분까지 기획했다.'는 표현보다는 최선을 다한 과정과 구체적 사례, 어떤 세밀한 부분까지 생각해서 확인했는지에 대한 사례를 언급해 보자. 마무리도 그 과정 가운데 결과가 어떠했는지, '몇 등 수상'이나 '만족도 85% 달성'과 같이 수치적으로 표현하는 것이 훨씬 효과적이다. 향후 개인적으로 개선하거나 노력해야 할 부분도 포함시키면 좋다.

3. 지원 동기를 상세히 기술해 주시기 바랍니다.(필수입력사항, 한글 500자, 영문 1500자 이내)

2011년도 6월 16일, '내가 담은 하루가 역사가 된다!'라는 'e하루 616캠페인'에 특별 콜렉터로 참여한 경험이 있습니다.

'주제에 맞는 페이지 100개 이상 찾기'라는 미션을 가지고 하루를 시작하게 되었습니다. 막무가내로 찾기보다는 대분류를 나눈 후, 하위 분류를 정하여 체계적으로 찾아나갈 계획을 짰습니다. 시간표를 만든 후, 그에 맞게 미션을 수행해 나갔습니다. 제가 중심을 두었던 것은 '2011년도를 대표할 수 있는 사이트'와 '다수의 사람들에게 알려져 있지 않지만 좋은 정보를 제공하는 사이트'였습니다. 계획을 세워 체계적으로 작업하니 목표는 충분히 달성할 수 있었습니다.

캠페인이 끝난 후, 설문조사를 하게 되었습니다. 콜렉터로 참여하면서 느꼈던 점 및 개선해야 할 사항 등 의견을 제시할 수 있는 부분에는 제가 직접 느꼈던 사항들을 적어 내려 가면서 '어떻게 하면 더 좋은 캠페인을 만들 수 있을까?'라는 생각을 하게 되었습니다. 이 경험을 통해, 저는 다음커뮤니케이션의 서비스 기획 분야에서 '사용자가 쓰기 편리한 서비스'를 만들어야겠다는 확신이 들어 지원하게 되었습니다.

부분 평가 자기소개서만 봤을 때는, 서비스 기획 중 웹 UI 부문보다는 컨텐츠 서비스 기획에 그중에서 지식 콘텐츠 분야로 검색(지식, 전문 자료), 교육(사전), 책 담당이 적합해 보인다.

4. 아래의 질문에 대해 본인의 의견을 기술해 주시기 바랍니다.(필수입력사항, 한글 500자, 영문 1500자 이내)

   Daum 서비스 중 하나를 선택하고, 경쟁사의 서비스와 비교하여 장단점 및 그에 따른 개선 방향을 기술하시오.

   서버가 데이터를 저장하고 있고, PC 및 각종 스마트기기가 필요할 때마다 불러내어 사용하는 '클라우드 서비스' 시대가 열렸습니다. 현재 다음의 경쟁사인 네이버에서는 'N드라이브'를 선두로 하여 인지도를 높여왔습니다. 'N드라이브'에서는 사용자가 추가적인 디스크를 사용하는 것 같이 현재 사용한 용량을 보여주고 있습니다. 그 외에 자동로그아웃 기능을 통해 폴더 보호 및 서비스의 안정성을 높이고 있습니다. 하지만, 'N드라이브'는 '다음클라우드'에 비해 느리고, 용량 또한 30GB로 한계가 있는 편입니다.

반면, 다음은 50GB라는 대용량과 빠른 속도를 무기로 '다음클라우드'를 소개합니다. 이미지 모아보기 및 공유폴더, 블로그 및 네트워크 서비스로의 보내기 등의 기능을 제공함으로써 'N드라이브'보다 쌍방향 커뮤니케이션 기능을 강화하였습니다.

이에 따라 클라우드 서비스에 '보안기능'을 추가 한다면 빠른 속도와 대용량, 보안기능의 세 박자를 두루 갖추면서 서비스를 완성할 수 있다고 생각합니다.

부분 평가 본인의 생각만이 아니라 실제 사용 소감, 객관적인 증거자료를 제시하는 것이 좋다. 예를 들어, 전문기관 발표 자료나 실제 주변 사람에게 비교 설문조사를 실시해서 데이터를 분석 보고하는 형태도 열정이 느껴져서 좋은 평가를 받을 수 있다.

전 체 평 론

우수한 점

대외활동이 많은 강점이 돋보인다. 대외적으로 경진대회나 인턴십 등의 활동을 통해 사회성을 갖추고 있는 준비된 인재임이 눈에 띈다. 물론 그 경험이 지원하는 기업에 맞추어 '실무에 투입되면 이런 일을 할 수 있겠다.'라고 떠올릴 수 있게 방향만 조금 맞추면 될 것 같다.

부족한 점

활동 에피소드의 마지막이 아쉽다. 대외활동은 많이 했는데 그 활동을 통한 결과는 되도록 수치로 표현하는 것이 객관적으로 신뢰를 얻게 된다. '열심히 했다.'라고 해서 얼마나 열심히 했는지 단지 자신만의 표현으로는 인정받기 힘들다. 그러나 '공모전을 통해 결국 1,000명 중 10% 안에 들었다.'라고 표현하면 경쟁률 높은 상황 속에 10% 안에 포함되는 인재임을 강조하는 것이다. 솔직히 1등이 아닌 이상 5등을 강조할 필요는 없다. 자신을 돋보이게 하는 수치를 찾아 정량적으로 표현하는 것이다.

취업 로드맵

경험적 스토리를 수치화하라. 많은 경험을 적어보고 그 결과를 수치로 표현할 수 있게 정리해 보자. 다음의 서비스도 자신의 생각만을 적는 것보다 '주변의 스마트폰이나 클라우드 서비스를 사람들의 인터뷰와 설문조사를 해보니 이런 결과가 나왔다.'라고 전달하면 '단지 혼자 생각이 아니라 사용자 중심으로 조사를 했구나.'라고 이해한다. 또 그 결과를 통해 새로운 아이디어를 전달한다면 면접에서 그 아이디어에 대한 질문을 분명히 받게 될 것이다. 그럼 1차 서류 전형에 합격하고 나서 제안했던 아이디어에 대한 자료 조사와 정리를 해서 준비하면 자기소개서와 면접 준비를 같이 하게 된다.

삼성전자
R&D 분야

삼성전자에서 제품을 연구하고 싶다고 했다. 자기소개서의 주된 내용이 '저는 제품을 연구하고 싶습니다', '저는 제품을 연구할 자세가 되어 있습니다', '저는 제품을 크게 발전시킬 능력을 갖추도록 하겠습니다' 이다. 제품 연구와 관련된 자신의 전문적 기량을 구체적으로 보이도록 해보자. 좋은 자기소개서는 자신이 삼성전자에서 제품 연구 업무를 잘할 능력과 자세를 갖추고 있음을 설득력 있게 표현한 글이다.

■ **자기소개**

〈포기를 모르는 김○○ : 열정과 끈기〉

삼성전자에서 성공적인 제품을 만들어 내는 것이 제 목표입니다. '열 번 찍어 안 넘어가는 나무는 없다.'라는 말을 믿습니다. 저는 이성과의 만남처럼 한 번의 거절에 포기하지 않고 마음을 얻을 때까지 계속 도전합니다. 짝사랑으로 시작해서 2년을 쫓아다녀 연애에 성공한 적도 있습니다.

만약 이번 공채에 합격하지 못한다면, 제 부족함과 삼성전자가 바라는 인재에 대한 연구를 철저히 하겠습니다. 보완하고 준비하여 끊임없이 도전할 것입니다.

제품에 대한 연구는 연애이며 고객은 제가 사랑하는 남자라고 생각합니다. 고객이 저의 제품을 거절한다 해도 포기하지 않고 고객의 니즈, 고객의 행복을 연구하여 계속 구애함으로써 고객과의 연애에 성공할 것입니다.

부분 평가 삼성전자의 제품에 대하여 고민한 적이 있는가? 고민했다는 증거를 제시할 수 있는가? 이 자기소개서에는 그런 느낌이 전혀 묻어나지 않는다. 자신의 의지가 그렇다면 자기소개서 전반적으로 그런 느낌이 묻어나도록 수정해 보자. 삼성전자에서 성공적인 제품을 만들어 내는 것을 목표로 했는데, 삼성전자에서 성공적인 제품을 만들어 낼 수 있는 능력과 열망을 보여주어야 한다. 능력은 아직 부족하지만 열망은 제대로 보여주는 것이 좋다. 연애 성공 사례를 열정의 사례로 인용했지만 제품 연구 열망과의 연결성이 약하다. 어렸을 적, 냉장고가 신기해서 분해했다거나 새로운 전자 제품이 나오면 남들보다 미리 사서 추가 필요 기능을 생각해 본 적이 있는가? 어릴 때, 전자 제품 관련 소질을 보였으면 그 사례를 인용해 주는 것이 효과적이다.

■ 장점

〈마음이 따뜻한 김○○ : 소통과 배려〉

대화를 통한 소통과 행동을 통한 배려를 바탕으로 한 따뜻한 마음이 있습니다. 교내외에서 다양한 봉사활동을 가능하게 했던 역량은 바로 소통과 배려였습니다. 제 도움을 필요로 하는 곳에서 소통으로 이해하고 배려로 해결했듯이 고객의 입장에서 생각하며 제품을 개발하고 그들에게 행복을 주고 싶습니다.

부분 평가 내용이 일방적인 자기 주장 일색이다. 주장 표현은 설득력이 약하다. 자신의 경험 사례를 인용하는 것이 좋다.

■ **보완점**

〈미래를 준비하는 김○○ : 겸손함과 위기의식〉

리더십 교육 및 다양한 단체 활동을 함으로써 동기들보다는 많은 것을 준비했다 생각하고 현실에 안주했습니다. 청와대 청년인턴에 지원했고 실패를 경험했습니다. 방만하지 않고 항상 위기의식을 가지고 미래를 준비하겠습니다. 겸손하게 모든 최악의 수를 계산하고 제품에 대한 치밀한 계획을 세우겠습니다.

부분 평가 자신의 경험 사례를 인용하려다 소개하는 데 그치고 있다. 경험 사례를 통하여 자신의 특장점을 설명하거나 체득한 교훈을 구체적으로 표현하는 것이 좋다.

■ 지원 동기 및 포부

〈꿈이 있는 김○○ : 삼성전자 최고의 사원〉

10년 안에 삼성전자 최고의 사원이 된다는 꿈이 있습니다. 2010
년 스마트폰 붐이 일어났고, 앞으로는 더 큰 붐이 일 것입니다. 시
장을 선점한 삼성전자의 스마트한 전자제품들은 세계 최고의 전
자제품으로 도약하는 발판이 될 것입니다. 이런 무한 성장 가능성
이 있는 삼성전자에서 최고의 사원이 된다는 것은 곧 세계 최고의
사원이 된다는 것을 의미합니다.

최고가 되기 위해 기본에 충실하겠습니다. 제품을 연구하는 사원
의 기본은 바로 이 제품들을 사용하는 고객들의 만족입니다. 고객
만족을 최우선으로 생각하고 고객 니즈를 완벽히 이해하며 삼성
전자만의 차별화된 제품을 연구하기 위해 노력하겠습니다.

이를 위해 우보천리로 전문성 배양을 위한 제품 및 서비스에 관한
학습을 게을리하지 않겠습니다. 삼성전자 최고의 사원이 되겠습
니다.

부분 평가 지원 동기 및 포부 항목의 내용이 추상적이다. 추상적인 말은 대부분 비슷
하다. 때로는 업무 내용이 다르지만 지원 동기 및 포부 내용이 동일하다. 뽑는 사람의
입장에서는 별로 느낌이 가지 않는 후보자가 될 가능성이 크다는 이야기다. 무엇이든
구체적인 것이 좋다. 항목이 무엇을 요구하는지 생각해 보자. 지원 동기란 '삼성전자에

서 제품 연구 업무를 왜 하려고 하느냐?'이다. 포부는 '삼성전자 제품 연구 부서에 입사를 하게 되었을 때 어떻게 일을 하겠느냐?'이다. 단기적으로 중기적으로 장기적으로 어떻게 일을 할 것인지에 대한 구체적인 계획을 포함하는 것이 효과적인 기술법이다.

전 체 평 론

간단 명료한 소제목으로 시선을 잡고 있다. 제목이 눈에 띄면, 자연스럽게 시선을 본문으로까지 유도할 수 있다. 같은 내용이라 하더라도 소제목의 유형은 다양하게 나올 수 있다. 자기소개서에서 '소제목'은 면접에서의 '첫인상'과 같다. 인사담당자가 본문을 읽을지 말지를 결정하는 아주 중요한 요소이기 때문이다. 감각적이고 진솔한 소제목으로 인사 담당자의 시선을 잡아보자.

부족한 점

자신만의 얘기보다는 머릿속에서 만들어진 글로 이끌고 있다. 기업을 너무 의식한 나머지 자신이 중심이 되어 있지 않고 자꾸 기업에 맞추려고 하는 모습이 비춰지고 있다. 그러나 인사 담당자는 예쁘게 포장된 말을 원하는 것이 아니라 지원자만이 얘기해 줄 수 있는 진솔한 얘기를 원한다.

취업 로드맵

1. 체계적인 기업 분석이 요구된다. 지금은 인터넷을 통해 누구나 얻을 수 있는 기업의 정보로 접근하다 보니 너무 두루뭉술한 접근을 하고 있다. 정량적과 정성적 접근을 통해 기업 분석을 다시 그에 맞춰서 자신만의 전략을 작성하여 접근할 필요가 있다.

2. 자신의 경험 메뉴판을 만들어서 적절한 경험 에피소드를 가치 있게 표현해야 한다. 지금은 봉사활동을 했다는 등의 정확하게 확인하기 힘든 얘기를 했는데 좀 더 자신만의 구체적인 에피소드가 필요하다. 소소할지 몰라도 그 경험의 스토리텔링을 통해서 필요한 인재임을 강조할 수 있게 가치화를 만들어라. 그러기 위해서 탄생부터 자신의 현재까지의 자기 분석을 통해 거론한 메뉴판을 작성해서 필요한 에피소드를 가져다 써야 한다.

현대건설
플랜트 전기 계장 설계 분야

지원 분야를 구체적으로 정한 것은 우선 눈에 띈다. 플랜트 사업부에서 전기·계장 설계 업무를 잘할 능력과 자세를 갖추고 있음을 나타내는 데 포인트를 두면 좋겠다. 추상적인 설명보다는 구체적인 설명이 더 좋다. 하지만 문법적, 논리적 오류가 너무 많다. 기본이 되어 있지 않다는 인상을 주기 쉽다.(맞춤법 오류 수정)

1. 성장 과정

〈주인의식으로 중무장한 신입사원 김○○입니다〉

❶ 바쁘신 부모님을 대신하여 조부모님 밑에서 어린 시절의 대부분을 보냈습니다. ❷ 30년 넘게 교직 생활을 하신 할아버지께서 몸소 보여주신 정직한 공무원의 자세가 성장하면서 많은 영향을 준 요소이기도 합니다. 초등학교에 진학할 무렵, 무역업을 하셨던 아버지의 직업적 특성상 많은 이사를 다닐 수밖에 없었습니다. 짧은 주기로 자주 바뀌었던 환경이 자칫 제 자신을 주눅 들게 할 수도 있었지만 낯선 공간에서의 적응력을 조금씩 기를 수 있었던 시간이기도 했습니다. 후에 지금 살고 있는 곳으로 오면서 제 인생

에서 가치 있는 것들을 능동적으로 행할 수 있는 계기를 만들 수 있었습니다. ❸ 또래 아이들보다 훨씬 키가 컸던 탓에 자연스레 굳은 일을 도맡았는데 그 과정에서 많은 친구들이 따르게 되었고 몇 가지 직책을 맡으며 활발한 학교생활을 하게 되었습니다. 남들 앞에 나서며 얻게 된 자신감은 지금까지 주어진 역할을 성실히 수행할 수 있는 원동력이 되기도 합니다. 대학 입학 초기와 다르게 군 전역 후 복학은 저에게 후회 없는 대학 생활을 해야 한다는 의지를 굳게 만들었고, 학과 부학생회장, KT인턴업무, 삼성홍보대사 등 많은 대내외 활동과 학업을 병행하며 지난 2년간을 바쁘게 지내 온 ❹ 것 같습니다. 무엇보다 ❺많은 경험이 필요했고 제가 겪은 많은 단체 혹은 조직과 그 안에서 형성한 인간관계는 더욱 제 자신을 단련할 수 있는 자극이 되었습니다. 이 경험들이 단순한 개인적 특이사항이 아니라 입사 후 직무 적 역량을 넓히는 데 근본이 될 수 있을 것이라 확신합니다.

부분 평가 ❶첫 문장에서 주어에 해당되는 사람은 누구인가? '바쁘신 부모님을 대신하여'란 말을 보면 조부모님이 주어에 해당하고 '어린 시절의 대부분을 보냈습니다'를 보면 글쓴이가 주어에 해당된다. ❷교직의 자세와 공무원의 자세가 같은지 의문이다. 논리적 연관성이 없어 보인다. ❸또한 키가 큰 것과 굳은일을 도맡아 하는 것과의 상관관계가 없다. 자신감을 가지면 성실하게 일을 한다는 것도 논리적으로 부합하지 않는다. ❹자신의 일을 말하는데 '~것 같습니다.'란 표현은 자신감이 많다고 했던 말에 대한 설득력을 떨어뜨린다. ❺많은 경험이 어디에 필요했는지 적시할 필요가 있다.

2. 성격 및 생활신조

〈조직과 소통할 줄 아는 현대건설인〉

지금까지 자라오는 동안 부모님께서 늘 강조하신 말씀이 있습니다. 바로 '소금이 되자.'라는 생활신조이며, 이것은 집안의 가훈이기도 합니다. 세상 모든 음식에 빠져서는 안 되는 소금은 화려한 색감이나 특징 없이도 조리 과정에 있어서 자신의 역할을 훌륭히 해낸다는 점에 그 뜻이 있습니다. 바쁜 생활 속에서 잠시 이것을 잊어버릴 때도 있지만 하고자 하는 일에 있어서 가장 먼저 새기는 마음가짐입니다. 저는 현대건설에서 없어서는 안 될 소금 같은 일원이 되고 싶습니다. 제가 보여줄 수 있는 능력을 과시하기보다는 기업이 추구하는 목표를 달성하는 데 필요한 능력을 가진 사원이 되겠습니다. ❶ 사회조직에서 개인이 갖추어야 할 가장 중요한 덕목은 기본과 원칙이 동반되는 '신뢰'입니다. 단 한명의 불신이 팀 전체 분위기의 악영향을 미칠 수 있으며 이는 곧 성과로 이어질 수 있습니다. 사람들을 쉽게 융합할 수 있는 저의 적극적인 성격은 개인적인 대인관계 뿐 아니라 사회에서의 수행 능력으로 이어져 분명 신뢰할 수 있는 역할성과를 이끌어낼 수 있을 것입니다. 하지만 주어진 일은 꼭 해내고야 마는 근성이 때로는 비효율적인 결과를 가져올 때가 있습니다. 한번 시작한 업무에 관해 완벽한 성과를 내기 전까지 다른 문제 상황을 인식하지 못하는 것은 자칫 업무 진행에 차질을 불러일으킬 수 있고 더욱이 복합적 임무를 수행하는 건설 분야에서 위험요소가 될 수 있습니다. 이러한 점을 극복하기 위해 당면한 상황을 면밀히 분석하여 받아들이는 습관을 기르고 있습니다.

부분 평가 ❶밑줄 친 부분은 자신의 이야기처럼 들리지 않는다. 코치의 말이거나 교과서에 나오는 말처럼 보인다. 자신의 이야기가 담긴 이야기를 쓰자. 완벽한 성과를 내기 전까지 다른 문제 상황을 인식 못한다고 했는데, '주어진 일을 꼭 해내고야 마는 근성'이라는 말과 부합되지 않는다. 주어진 일을 꼭 해내기 위해서는 연결되는 문제 상황을 파악해야 한다. 주변 문제 상황을 인식해야 주어진 일도 잘할 수 있을 때가 많다. 아마도 작은 목표는 전체 목표를 달성하기 위한 수단인데 작은 목표에 집착하여 전체 목표를 제대로 보지 못할 때가 있다는 말을 하려 한 것으로 보인다. 작은 목표들의 밸런스를 맞추는 것은 상급자가 할 일이다. 당면한 상황을 면밀히 분석해 받아들이는 습관 이전에, 제때 상하로 수평으로 커뮤니케이션을 하는 자세가 필요할 것으로 보인다. 또한 용어 사용 역시 신중을 기할 필요가 있다. 자신이 사용하는 말이 어떤 의미를 담았는지 이해하고 사용해야 하며, 그렇지 못할 때에는 정광설이 되기 쉽다.

3. 지원 동기

〈한국을 알린 대표기업, 현대건설을 꿈꾸다〉
지난해 말 우리나라가 아랍에미리트(UAE)에 원전 수출을 확정한데 이어 터키 원전 수주까지 유력해지고 있는 가운데, 대한민국의

건설기술은 이미 세계에서 인정받고 있고 나날이 경쟁력을 쌓아가고 있습니다. 더욱이 원자력발전이라는 특정 분야에 국한되지 않고 고속철도와 같은 차세대 신성장 동력 분야까지 영역을 확대하고 있다는 것에 더 큰 의미가 있으며 그 중심에는 '현대건설그룹'이 있습니다. 세계적으로 한국을 알린 대표기업인 '현대건설그룹'은 모든 청년들에게 선망의 대상입니다. 기업경쟁력, 성장가능성, 사원복지혜택 등의 많은 이유가 있겠지만 저는 입사 후 누릴 수 있는 혜택만을 바라보지 않았습니다. 지원을 결정하기까지 가장 큰 동기가 되었던 것은 한국을 이끌어가고 있는 선봉기업의 시스템을 몸소 접해보고 그 속에서 발전하는 인재가 되고 싶은 마음입니다. 2009년 여름 필리핀을 방문한 적이 있습니다. 좀 더 특별한 추억을 만들고자 수도인 마닐라를 벗어나 낙후된 지역에 가서 현지인들의 생활을 직접 느껴보자는 생각을 했고 그 지역 교회를 방문했습니다. 처음엔 왠지 모를 거리감에 빨리 벗어나고 싶다는 생각을 했지만 한국문화에 익숙한 사람들과 어느새 친구가 될 수 있었습니다. 당시 많은 건설사가 동남아 지역으로 해외사업을 추진한다는 것을 알고 있었고, 후에 제가 방문한 그 나라가 발전하는 과정에 일원이 되겠노라 다짐을 했습니다. IT 공학도로서, 제가 쌓은 노력들이 '현대건설그룹'이 더욱 명성을 드높이는 데 일조할 수 있기를 희망합니다.

현대건설에 대한 찬사는 자신이 담당하고자 하는 전기·계장 설계 업무와 연관되었을 때 더욱 유의미하다. 회사에 대한 찬사로만 그치는 것은 의미가 없다. 또한 하나의 문단이 너무 길고 그 속에 성격이 다른 내용이 있으면 문단을 나누는 것이 좋다. 낙후된 지역에 기여를 하기 위하여 지원하게 되었다는 동기는 평가할 만하다. 하지만 가능하면 전기·계장 설계 업무와 연관하여서도 구체적인 지원 동기가 있는 것이 좋았을 것이다.

4. 입사 후 포부

〈2020년, 현대건설을 신재생 에너지 플랜트산업의 Global Developer로!〉

안정된 'cash flow'를 바탕으로 한 투자 여력과 상사를 기반으로 구축한 글로벌 네트워킹 능력을 가진 '현대건설그룹'은 새로운 사업모델인 자원＋건설 연계형 패키지 딜 사업에 최적화된 종합 건설사입니다. 하지만 해외 플랜트 무대에서 진정한 강자로 거듭나기 위해서는 글로벌 수준의 엔지니어링 역량을 더욱 강화해야 한다고 생각합니다. 이를 위해서 저는 현대건설 플랜트사업본부 전기/계장 제어분야의 엔지니어가 되어 캐나다 온타리오 주 신재생 복합발전단지에서 현장 경험을 쌓으며 자동제어 기술에 대한 탄탄한 기본기와 배경지식을 쌓겠습니다. 더 나아가 현대건설의 최고 기술전문가 양성 교육을 통하여 실무기술, 전문기술, 핵심기술을 겸비함 PM이 되어 Bechtel과 Bouygues으로부터 전 세계 사업 주도권을 가져오는 데 일조할 수 있는 인재가 되겠습니다.

부분 평가 입사 후 포부에서도 회사에 대한 찬사는 자신의 업무와 연관된 부분이 있어야 한다. 자신의 업무와 연관되지 않는 찬사는 회사에 잘 보이려고만 하는 후보자로 오해될 수도 있습니다. 현대 건설이 플랜트 사업 추진에 있어 전기·계장 설계 분야가 취약한지 확인해 보자. 입사 후 포부는 플랜트 사업 전기·계장 설계 분야 업무를 통하여 회사에 어떤 기여를 하고 싶은지, 그 기여를 하기 위하여 업무를 구체적으로 어떻게 할 것인지를 드러내는 것이 좋다. 회사에 대한 기여 부분도 막연히 '세계적 경쟁력을 갖추는 데 일조할 수 있는 인재'라고 하기보다 더 구체적인 목표를 제시하는 것도 고려해 보자.

전 체 평 론

우수한 점
직무에 따른 계획이 있어서 준비된 인재로 표현이 가능하다. 지원하는 기업과 그에 따른 직무를 알고 구체적인 접근으로 기업을 알고 그에 맞춰진 인재임을 강조할 수 있다.

부족한 점
글 서두에서는 내용을 잘 구성하는 편이지만 뒤로 갈수록 의도에서 벗어나거나 지루해지는 경향이 있다. 소제목을 통해 기대하는 바에서 연관성이 벗어나게 되면 읽는 자의 집중력을 놓치게 된다. 또한 자신만의 진솔한 얘기가 부족하다. 정작 '신뢰'를 강조하고 있지만 구체적인 경험이 없어서 읽다 보면 '문장에서 얘기하고 있는 신뢰'가 맞는지 의문을 가지게 된다.

취업 로드맵
1. 구체적인 사실(사건)을 기반으로 표현하지 않고 있다. 구체적인 사례를 통해 자신이 주장하고자 하는 점에 객관성을 부여할 필요가 있다. 두루뭉술한 표현은 누구나 쉽게 할 수 있으므로 자소서의 독창성도 떨어지는 것이다. 자소서에서 독창성은 변별력을 말하기 때문에 더 많은 소재를 활용해 작성하길 바란다.
2. 내용을 전개하는 과정은 양호하지만 목표에 대한 실천 전략이 너무 '두루뭉술'하다. 이러한 점은 체계적이고 구체적인 전략이 필요하다.

어떤 기업에서도 띄어쓰기 등의 맞춤법은 기본 중 기본이다. 자신이 갖춘 능력을 보여주기도 전에 좋지 않은 이미지를 의도치 않게 보여주는 결과가 나올 수 있다. 단순한 실수지만 꼼꼼해야할 업무의 경우에는 탈락의 빌미가 될 수 있다. 하지만 각 항목마다 소제목을 붙인 것은 바람직해 보인다. 소제목은 해당 항목의 내용을 대표하는 것일 뿐만 아니라 소제목만 보고도 네트워크 엔지니어로서의 기량이 우수하고 일하고자 하는 강한 마음을 보여주면 더욱 좋다. 자신의 이야기를 쓰는데 갑자기 교과서적인 표현이 나오면 '남의 이야기'로 보일 수 있다. 자신의 스토리텔링이 아니라 제자들에게 전달하는 말처럼 보일 수 있다.(맞춤법 오류 수정)

■ 성장과정

〈신뢰받는 사람이 되자〉

어린시절부터 저는 친구들에게 신뢰할 만한 친구라는 얘기를 들었습니다. 약속 시간을 지키는 기본적인 것부터 금전 거래, 맡은 일은 끝까지 책임지는 행동을 통하여 주변 사람들의 마음 한켠에는 제가 있었습니다.

❶ 또래 중에 컴퓨터에 대한 해박한 지식으로 컴퓨터에 관련된 문제가 생기면 친구들은 항상 저에게 먼저 다가와 문제점을 얘기하고 조언을 구하는 실력이 뒷받침되는 신뢰받는 사람이었습니다.

부분 평가 ❶ '또래 중에 컴퓨터에 대한 해박한 지식으로'란 말이 어색하게 사용되고 있다. 문장을 분리하면 훨씬 부드러워질 수 있다. 예를 들어, '저는 친구들로부터 컴퓨터에 대하여 해박한 지식을 갖고 있다는 말을 자주 들었습니다.'처럼 말이다. ❷ 성장 과정에서부터 자신의 네트워크 엔지니어로서의 소질을 보인 것을 인용한 점은 괜찮은 방법이다.

■ **성격의 장단점**

〈생각은 신중하게 실천은 과감하게〉

저의 가장 큰 장점은 정해진 일에 대해서 과감하게 실천하는 것입니다. 어떤 일을 실행할 때 결과에 대한 두려움이 있을 수 있지만 신중하게 그 일을 고민하고 결정하였다면 설사 '실패하더라도 후회는 없다.'라는 생각으로 과감히 실천하는 성격입니다. 이러한 저의 마인드는 팀 프로젝트에서 좋은 결과를 얻는 계기가 되었습니다. 때론 신중한 생각으로 인하여 시간이 걸리는 아쉬움이 있지만 과감한 실천을 위한 신중함은 꼭 필요한 것이라고 생각합니다.

부분 평가 성격의 장단점은 일반적인 의미에서의 성격상 장단점보다 희망 업무를 수행하는 네트워크 엔지니어로서의 성격상 장단점을 기본으로 하는 것이 좋다.

■ 지원 동기

〈Any where Any time〉

어린 시절부터 우리 KT는 제 주변에 늘 함께하는 존재였습니다. 그러나 최근 많은 경쟁업체의 출현과 더불어 KT는 많은 도전을 받고 있습니다. 세계 속에서 컨버전스에 기반한 글로벌 IT리더를 꿈꾸는 KT가 그러한 도전을 극복하고 IT업계에 변화를 이끌고 주도하여 세계 어느 지역 어느 시간에나 큰 영향력을 발휘하는 그 역할의 중심에 서 있고 싶습니다.

부분 평가 '우리 KT'라는 표현을 썼는데 어색하다. '우리 KT'라는 표현을 쓸 정도이면 평소에 KT와 함께했다는 내용이 앞에 나와야 한다. 거창한 목표 수행의 중심에 서기 위하여 지원하였다는 데 현실성이 없어 보인다. 어떤 기여를 하기 위하여 지원했다면 구체적 목표를 제시하는 것이 효과적이다. 세계 어느 지역 어느 시간에나 큰 영향력을 발휘하는 KT의 중심에 서겠다면 그 정도의 기량은 보여주어야 한다.

■ 입사 후 포부 및 역할 / 기여도

〈변화를 주도할 수 있는 인재〉

우리 KT가 국내 시장에서의 확고한 위치에 머무르고 안주하는 것이 아닌 글로벌 네트워크 리더로서 나아가는 데 하나의 주춧돌이 되겠습니다. IT업계의 미래 10년간 기술의 변화와 혁신은 지난 10년의 속도를 초월할 것입니다.

네트워크 분야에서 KT가 글로벌 리더가 될 수 있도록 끊임없는 배움과 자기계발로 KT가 미래 네트워크 분야에 새로운 변화를 일으키고 주도하는 데 이바지하겠습니다.

부분 평가 여기서도 '우리 KT'란 말이 거슬린다. 입사 후 포부 및 역할/기여도는 구체적인 것이 좋다. 여기에 기록한 포부는 누구나 쓸 수 있기도 하다. 네트워크 엔지니어 업무를 어떻게 하여 무엇을 달성하겠다는 것인지 구체적으로 나타났으면 한다.

■ 특별활동 / 특이경험

〈시너지효과를 부르는 커뮤니케이션〉

저는 교회 미디어 팀에서 영상을 촬영하고 편집해 왔습니다. 여러 사람에 의해 촬영된 부분적인 영상이 편집자의 감성과 편집의도에 따라 사람들에게 감동을 주는 것에 큰 매력을 느끼고 여러 동영상을 만든 경험이 있습니다. 이런 경험을 바탕으로 팀원들의 의견을 하나의 목표로 정하고 시너지 효과를 이끌어내는 커뮤니케이션 능력을 길러왔습니다

부분 평가 경험 사례를 통하여 자신의 특장점을 나타내려고 한 점이 좋다. 다만, 사례에서 자신의 특장점을 끌어낸 것이 아니라 사례를 보여주는 것에 그치고 자신의 특장점을 주장하는 방식이라서 아쉽다. 예를 들어, '팀원들의 능력을 어떻게 조합하느냐에 따라 성과가 여러 가지로 나올 수 있다는 것이 신기했습니다. 저는 사람들 능력의 다양한 조합과 그 조합의 활동 결과의 여러 면을 면밀히 관찰하여 그 다음에 일할 때 활용하여 좋은 효과를 보았습니다.'라고 했더라면 훨씬 나을 것이다.

■ 역량 기술서

1. 고객중심

〈희생을 동반한 책임감〉

제가 ○○마트에서 물류 배달 아르바이트를 했을 때의 일입니다. 저는 손님이 구매하신 물건을 컴퓨터로 접수하고 이것을 배달기사에게 전달하는 임무를 맡았습니다. 보통 오전 10시부터 저녁 8시까지 접수된 물건만 당일 배송이 되는 시스템이었습니다. 그러던 어느 날 마트 마감 시간이 다 된 저녁 9시 30분에 어느 손님께서 접수를 부탁하셨고 제가 접수를 받아드려도 이미 배달기사는 퇴근한 상태였기 때문에 배달이 될 수 없었습니다. 비록 저는 아르바이트생이었지만 고객 중심적인 마인드로 저를 희생하여 제가 직접 고객의 집까지 배달해 드렸고 이로 인하여 마트에 대한 고객의 신뢰도와 충성도가 높아졌을 뿐만 아니라 마트의 배달팀에 대

한 마트의 내부 평가가 좋아졌고 배달 팀원 모두의 사기 진작과
유대감이 높아졌습니다.

부분 평가 자기 희생이기는 하지만 지속적으로 희생하는 것은 한계가 있다. '마트에
대한 고객의 신뢰도와 충성도가 높아졌을….'이라고 했는데 교과서적인 표현이다. 차
라리 '그 고객이 그날의 일을 여러 사람들에게 이야기하면서 나를 가리켰을 때 뿌듯했
습니다.'라는 표현이 더 나을 수 있다. 고객의 신뢰도와 충성도란 표현이 없지만 행간
에서 자연스레 읽혀지기 때문이다. 교과서적인 표현은 '실제 그런 행동을 했을까?'라
는 의문이 든다는 전형 위원도 많다. 또한 마지막 문장에서 볼 수 있듯이 지나치게 긴
문장은 논점이 무엇인지 파악하기 어렵게 만든다. 신뢰감 있는 글은 장황한 데서 나오
는 것이 아니라 간결함에서 나온다.

2. 협업 / 상생

〈공통된 목표를 위한 인내〉

2009년 봉사활동을 하러 교회 여러 청년들과 함께 강원도 원주를
가게 되었습니다. 시내에서 많이 동떨어져 있고 낡은 건물들이 많
았지만 일할 청년들이 거의 없는 지역이었습니다. 8월의 무더운
날씨 속에서 저희 청년들은 서로 격려하며 우리가 이곳에 온 목적
을 다시 상기하면서 낡은 집에 페인트칠을 마무리 할 수 있었고,
주민들로부터 고맙고 감사하다는 말을 듣고 보람을 느꼈습니다.

협업에 대하여 기술하라고 했는데 협업에 대한 내용이 없다. 상생에 대하여 쓰고자 했나? 봉사 활동을 상생에 대한 것으로 오인한 것으로 보인다.

전반적으로 표현이 매끄럽지 못하다. 갑자기 낡은 건물들이 많았지만 일할 청년들이 거의 없는 지역이라는 말이 나오나 어떤 의미인지 전달이 잘 되지 않는다. 건물들이 공장을 말하는 것인지, 거주하는 집을 말하는 것인지 혼동이 된다. 전체 맥락 속에서 보면 그 낡은 건물에 페인트칠을 하는 봉사 활동인데 봉사 활동의 내용이 앞부분에 있었더라면 더 좋았겠다.

3. 신뢰

〈말보다는 행동으로〉

대인관계에서 저는 말보다는 행동으로 먼저 보여주는 사람이었습니다. 여러 팀원들이 모인 프로젝트를 수행했을 때 가장 지켜지지 않는 것이 모임 약속시간이었습니다. 그래서 저는 항상 10분 전에는 먼저 도착하는 습관을 가졌고 팀원들에게 시간 준수의 중요성을 강조하였습니다. 행동을 바탕으로 한 저의 발언은 팀원들의 공감대 형성에 큰 영향을 끼쳤고 이로 인해 프로젝트를 수행하는 데 있어서 철저한 시간관리가 이루어질 수 있었습니다.

'강조하였습니다.'와 같은 말투는 잘난 척하는 이미지를 떠올린다. 다른 방식으로 기술해 보자. 예를 들어, 자신 보다 늦게 오는 사람들에게 활짝 웃으면서 인사를 하고 프로젝트와 관련하여 즐겁게 이야기한 모습을 떠올리고, 그 모습을 머릿속에 상상이 가도록 적어보라.

4. 창의적 혁신

〈변화를 일으키는 즐거움〉

저는 교회, 미디어팀이라는 조직에서 2006년부터 네트워크 구축과 운영을 맡아왔습니다. 제가 그 직무를 맡기 전까지 교회 인터넷 시스템은 거의 허브를 이용한 유선 인터넷망이었습니다. 그래서 비가 많이 오거나 하면 교회 내부에 물이 떨어져 케이블과 장비의 손실뿐만 아니라 외관상 복잡한 선들도 보기가 좋지 않았습니다. 또한 새로운 컴퓨터를 설치할 때 위치에 따른 유선 케이블에 대한 분배의 어려움도 있었습니다. "잘 쓰고 있는데 유선에서 무선으로 바꿀 필요가 있나?"라는 주위 사람들의 생각에도 저는 무선 인터넷 시스템을 구축하는 게 좋다고 생각했고 이를 팀장님께 건의하여 무선 공유기를 동원해 무선AP망을 구축했고 인터넷망을 교체해 나갔습니다. 직무에 즐거움을 가지고 일을 했기에 아이디어를 건의하고 그것을 실천에 옮길수 있었습니다.

5. 주인의식

〈내가 속한 조직의 물건은 나의 것〉

제가 교회 미디어팀에서 근무하면서 한 달에 한 번씩은 모든 컴퓨터를 점검하고 있습니다. 악성코드, 바이러스 검사, 레지스트리 정리 등을 하면서 컴퓨터들을 집에서 쓰는 내 컴퓨터라고 생각하고 관리합니다. 이로 인해 평균 컴퓨터 가동연수가 5년이 넘었고 2007년에 구입한 컴퓨터를 지금까지 사용해 오고 있습니다

6. 실행

〈어려움 가운데서 찾아온 전환점〉

제가 학부 4학년 때 '네트워크 설계'라는 전공과목에서 팀 프로젝트를 수행했을 때의 일입니다.

네트워크망에서 잘못된 설정으로 루프가 발생하는 라우팅 프로토

콜을 찾고 전체 트래픽을 균형 있게 분배하여 메모리 리소스를 최소화하고 효율적인 네트워크망을 구성하는 프로젝트였습니다. 단편적인 지식만 있던 저희 팀원들은 우선 다시 기초적인 라우팅의 개념과 원리를 철저히 공부하고 여러 라우팅 프로토콜상에서 실제 필드에서 일어나는 문제를 해결하는 과정을 통해 프로젝트 수행능력을 향상시켰습니다. 그 결과 저희 팀은 A학점을 받게 되었습니다. 이 과정을 통해 네트워크 분야를 더욱 깊게 공부하게 되었고 그것은 네트워크 엔지니어로 나아가기 위한 전환점이 되었습니다.

부분 평가 '실행'을 설명하는 것인데, 보기에는 평범한 팀 프로젝트 참여를 사례로 든 것으로 보인다. 실행을 했기 때문에 기존에 해결되지 않던 것이 해결되었다는 느낌이 들었으면 좋겠다.

7. 전문성(자기계발) 전문지식

〈스마트 네트워크에 대한 관심〉

지금까지 인터넷이 발전하면서 키워드는 인터넷 속도였다고 생각합니다. ❶ 그러나 최근 모바일 기반의 인터넷 사용의 증가로 인터넷 속도의 증가만으로는 급격히 늘어나고 있는 트래픽을 감당하지 못하는 형국이며 이에 단순히 라우터, 스위치 등의 네트워크 장비와 서버 및 스토리지로 나누어진 현 네트워크 구조를 하나로 결합시키는 방식으로 자체 콘텐츠를 저장하는 스마트노드를 분산 배치 함으로써 그 콘텐츠에 가장 가까운 곳에 있는 노드가 직접 전송케 함으로써 네트워크상의 콘텐츠 중복전송현상을 방지하고 효율적인 네트워크 자원을 확보할수 있을 것입니다. KT가 다른 기업에 우위에 서기 위해서는 이런 네트워크 구조의 새로운 설계를 신속히 도입하는것에 있다고 생각합니다. 저는 그러한 네트워크를 도입하는데 핵심인재가 되고 싶습니다.

부분 평가 ❶ 문장이 성립되지 않고, 말하는 바가 명확하지 않다. 두 번째 문장은 두 개 이상의 문장으로 나누어 보라. 아울러 자신의 전문 능력을 좀 더 구체적으로 나타내어 보라. 현재의 네트워크 문제는 관련 전문가라면 누구나 알 수 있다. 중요한 것은 그 문제를 해결하는 자신의 기량을 보이는 것이다. 글이 길다는 것은 자신이 그 의미를 이해하지 못할 때 그 정도가 심해진다.

8. 전문성(자기계발) 직무수행적합도

〈직업이 아닌 천직으로〉

저는 학부에서 데이터 통신, 컴퓨터 네트워크, 인터네트워킹, 네트워크 설계 과목을 수강하였습니다. 라우터 간의 ping의 송수신

여부를 떠나서 특정 IP의 차단 및 원활한 네트워크 트래픽을 위한 각종 설정등을 실습과 네트워크 상의 각종 문제들을 해결하면서 네트워크에 분야에 대한 흥미를 더욱 느낄수 있었고, 이로 인하여 Cisco 사의 CCNA, CCNP 등의 자격증을 취득하였습니다. 네트워크 엔지니어로서의 꿈과 노력은 현재 진행형이며 나아가 CCIE 자격증을 취득할 계획을 가지고 있습니다.

부분 평가 자격증은 직무 적합도를 객관적으로 알게 해주는 점에서 좋다. 자격증이 없을 뿐이지 자격증 있는 사람에 진배 없는 능력을 가졌다면, 다른 사례를 들어서 구체적으로 설명할 필요가 있다. 직무 적합도는 자신의 직무에 대한 열정도 포함할 수 있다.

전 체 평 론

우수한 점

역량 기술서를 통해 실무적인 업무능력을 잘 표현했다.

구체적인 경험을 기반으로 인재상에 대한 적합함을 표현하려고 노력하고 있는 것이 보인다. 많은 입사 지원자의 자소서를 들여다보면 '자신의 자랑'만 늘어놓는 경우가 대부분이다.

KT에 맞춰진 인재상에 맞게 연결고리를 잘 엮어내고 있는데, 역량 기술서에 비해 앞의 자소서의 내용은 적는 자수가 적어서 그런지 구체적으로 표현을 하지는 못하고 있다. 자소서와 역량 기술서의 균형을 맞출 필요가 있다.

부족한 점

내용을 작성할 마음만 앞서고 있는 모습이 보인다. 전체적인 스토리보드를 만들어서 이야기들을 잘 안배해 작성하길 바란다. 전체 균형이 한쪽에 쏠려 있는 느낌이다.

소재도 교회 미디어팀이 강조되어 있는데 매 항목마다 이 소재가 나오니 아무래도 '평소 교회에서만 생활하나?'라는 생각을 하게 만든다. 항목마다 경험의 다양성을 보여주는 것도 좋다.

특히 자소서에는 조금 더 상세하게 이야기하는 것이 좋을 것 같다. 자소서는 읽는 사람이 공감을 통해서 그 사람의 색상을 읽어낼 수 있도록 써야 한다. 오타나 문맥의 흐름이 매끄럽지 못하다. 너무 급하게 써서 낸 것 같은 느낌을 준다.

취업 로드맵

1. 입사 후 포부는 '달성 과정'이 현실적일 때 임팩트가 실린다. 특히 신입 사원 지원자들은 달성 과정에 대한 아이디어가 없게 마련인데, 이런 경우 사회 선후배들의 조언을 듣고 기업과 직무에 대한 한계점과 자신만의 아이디어를 제시한다면 준비된 인재로 인정받을 수 있게 된다.

2. 전체적으로 글의 세련미와 임팩트가 떨어진다. 머릿속에서 생각하는 포장된 글을 작성하려고만 하지 말고 인사담당자가 얻고 싶은 정보를 중심으로 기술해 보는 것은 어떨까. 인사담당자는 '화려함'보다는 '당신에 대한 정보'를 원하기 때문이다. 소제목이나 집중하는 글을 쓰기 위해서 사설의 제목이나 신문기사 제목, 큰 서점에서 베스트셀러의 책 제목을 유심히 보고 패러디하면서 훈련해 보자.

3. 자기소개서를 작성 후 바로 제출하지 말고 제출 2일 전에 마무리해서 워드나 한글에 있는 맞춤법 검사를 기본적으로 해서 아주 큰 오타를 잡아내야 한다. 오타가 보일 때마다 자기소개서의 신뢰도는 떨어지게 되어 있다. 맞춤법 검사 후 친구나 지인한테 부끄러워하지 말고 보여줘라. 문맥의 흐름이 매끄럽지 못한 옥의 티를 발견해 준다.

매끄러운 내용이 인상적이다. 마라톤 경험을 끌어들여 도전성, 끈기, 시간 관리, 절제와 좋은 체력을 자연스레 보여주었다. 장점과 보완점도 억지로 주장하는 느낌이 전혀 없이 자신의 모습이 상상이 되도록 보여주고 있다. 다만 지원 동기는 어색하다. 다른 사람의 행복을 지키는 꿈을 가지고 있다는 말로 시작했지만, 그 꿈이 어디에서 나왔는지 뜬금없다. 다분히 보여주기 위한 것으로 보일 수 있다. 무엇보다 가장 아쉬운 점은 영업 관리자로서의 기량과 보험 상품에 대해 공부한 흔적이 잘 드러나지 않는다는 것이다. 자기소개서를 쓰는 가장 큰 목적이 희망 업무를 잘해낼 수 있는 지원자임을 보이는 것이란 점을 염두에 두어야 한다.

1. 자기소개

〈마라톤 도전기〉

군 전역 이후 개인적으로 힘든 시간을 보내던 중 한번 제 자신을 시험해 보고 변화시켜 보고 싶은 생각이 들었습니다. 그래서 마라톤에 도전해 보기로 하였습니다. 쉽지 않았지만 완주를 하고 난 후에 자신감을 가질 수 있게 되었습니다. 또한 마라톤을 준비하는 동안 절제를 배울 수 있었습니다. 바쁜 학교생활 중에 연습을 해야 했기에 자연스럽게 시간 관리와 체력 안배 그리고 절제를 익힐 수 있었습니다. 어떠한 일을 당해도 이겨낼 수 있다는 자신감과 자신의 생활을 스스로 통제할 수 있는 절제력을 바탕으로 삼성생명에 기여하는 사원이 되도록 노력하겠습니다.

부분 평가 글을 읽으면서 머릿속에 그림이 그려지면서 박진감이 느껴졌으면 좋겠다. 자신의 처지를 객관적으로 서술하다 보니 그렇다는 생각이 든다. 용어를 바꾸어 보는 것도 좋다. 예를 들어, '절제를 할 수 있게 되었습니다.'라는 말이 있다면 '하고 싶은 것을 참을 줄도 알게 되었습니다.'와 같이 좀 더 친숙한 말로 바꾸어 주는 것도 좋다.

2. 장점

〈즐겨라, 그러면 얻을 것이다〉

힘든 일을 할 때도 항상 싱글벙글한 저를 보며 주위의 많은 사람들은 뭐가 그리 좋냐고들 묻곤 합니다. 한겨울에 눈을 맞아가며 공사 현장에서 아르바이트를 할 때도 항상 웃는 저를 보면서 함께 일했던 동료들은 "너랑 일하면 힘든 일도 기분 좋게 할 수 있다."라고 말하곤 했습니다. 힘든 일이 닥쳐도 항상 그 속에서 배울 것이 있다고 믿는 긍정적인 자세로 임해서 주위 동료들에게 긍정적인 분위기를 전파하는 저의 성격이 저의 가장 큰 장점이라고 생각합니다.

소제목이 '즐겨라, 그러면 얻을 것이다'이다. 무엇인가 '얻는' 주체는 본인이지만, 내용은 '즐겨라, 동료들에게 도움을 주게 된다.'이다. 내용에 '자신이 얻는 것'도 포함하는 것이 좋다.

3. 보완점

〈기억력은 나쁘다〉

저는 상대적으로 암기력이 떨어집니다. 특히나 사람의 이름을 잘 외우지 못하는 편입니다. 그러다 보니 의도치 않게 상대방의 이름을 기억하지 못해서 상대방의 오해를 사는 일이 종종 있었습니다. 그래서 끊임없이 메모를 하려고 노력합니다. 새로운 사람을 만났을 때는 그 사람의 이름뿐만이 아니라 그 사람이 좋아하는 음식, 색깔, 행동 등을 정리해서 메모합니다. 이러한 저의 습관은 상대방에게 관심을 가지고 있다는 인상을 주어서 원만한 대인관계를 이루는 중요한 자산이 되었습니다.

4. 지원 동기 및 포부

〈행복 지킴이〉

제 꿈은 여러 사람들의 행복을 지키는 것입니다. 남들에게 도움을 줄 때 저 자신의 만족이 더 커질 수 있다고 믿기 때문입니다. 고령화가 급속하게 진행되고 있는 지금 사람들은 노후에 대한 불안감을 가지고 살아갑니다. 인생의 새로운 출발점이 되어야 할 퇴직 이후의 삶에 대해서 구체적인 계획을 가지고 노후를 맞이하는 경우가 대부분일 것입니다. 저는 삼성생명에 입사하고 난 후 고객의 인생을 설계하는 플래너라는 자부심을 가지고 일하겠습니다. 삼성생명의 경쟁력 있는 보험 상품을 기반으로 고객들의 행복과 재정적인 안정을 지킬 수 있는 행복 지킴이가 되도록 노력하겠습니다. 또한 영업 지원 직무에 있어서는 관리자로서의 능력이 중요하다고 생각합니다. 그를 위해서 명확한 비전을 전달하는 관리자로 전문성뿐만이 아니라 인간적인 애정이 묻어나는 관리자가 되도록 노력하겠습니다.

부분 평가 ❶ 자기소개서를 어떻게 써야 하는지에 관한 '교육을 받은 사람의 것'처럼 인위적으로 보인다. 남에게 도움을 줄 때, 자신의 만족이 더 커진다는 것에 동의할 수 있지만 자신의 지원 동기가 남의 행복을 지키는 것이라는 것은 비현실적이며 비약이다. 대단하다는 생각에 앞서서 남의 행복을 지키는 것을 사명으로 하는 사람이라는 느낌이 자기소개서 전반에 걸쳐 우러나왔더라면 좋겠다. ❷ 지원 동기와 포부가 구체적이었으면 좋겠다. 왜 '그' 회사에서 '그' 일을 하고자 하는지가 지원 동기이다. 포부는 입사를 한 후의 포부를 통상 의미한다. 간혹 입사 후 포부를 포함하여 인생의 포부에 대하여 쓰기를 바라는 회사도 있다. 인생의 포부를 쓰더라도 회사에서의 포부를 포함하여 쓰기를 권한다. 구체적인 목표와 구체적인 방법론을 개진해 보기 바란다.

전체평론

우수한 점

일관성 있는 흐름을 가지고 있다.

편하게 쓴 자소서인데 너무 느슨해서 임팩트가 떨어진다. 자신 중심으로 전개했다기보다는 옆에서 관찰하면서 써서 객관적일지는 모르지만 자신의 얘기가 맞는지 의구심도 함께 드니 좀 더 자기중심적인 문체로 전개했으면 한다.

부족한 점

핵심 역량을 전략적으로 파악하고 있지 못하다. 여기서 핵심 역량은 그 회사가 추구하는 인재상만을 이야기하지 않는다. 그 직무·조직에서 이직하는 사람의 의도는 무엇이고(이직하는 사람들의 특성과 반대의 성격, 역량 구축), 어떻게 해야 성장하는(인정받는) 인재가 되는지를 고려해야 한다. 그리고 그 핵심 역량을 기초로 '나는 그 역량에 맞는 사람'임을 증명하는 것이 자기소개서의 포인트다.

취업 로드맵

1. 자신감 있는 문체로 바꿔보자.

맺음말에서 추상적인 표현으로 마무리를 해서 위의 내용이 반감되는 경향이 있다(맺음말이 임팩트가 없고 추상적이면 위에서 아무리 잘 써도 기억에 남지 않는다). 신문의 사설이나 주장이 포함된 글을 많이 보고 따라서 적용해 보는 훈련이 필요하다.

2. 구체적인 사실(사건)을 기반으로 표현하지 않고 있다. 구체적인 사례를 통해 자신이 주장하고자 하는 점에 객관성을 부여할 필요가 있다. 에피소드가 없는 것도 아니지만 왠지 자신만의 경험이라고 느껴지지 않기 때문에 이런 두루뭉술한 표현은 누구나 쉽게 할 수 있으므로 자소서의 독창성도 떨어지는 것이다. 자소서에서 독창성은 변별력을 말하기 때문에 더 많은 소재를 활용해 작성하길 바란다. 특히 너무 예전 얘기나 군대에서의 얘기는 믿음이 떨어진다. 자기 분석의 경험 메뉴판을 작성하여 좀 더 자신을 전략화하자.

이마트

각 항목별로 조언을 했지만, 자기소개서 전체적 맥락과 관련하여 다음과 같은 말을 꼭 하고 싶다. 자기소개서란, 읽어 본 후에 어떤 업무를 잘 할지에 대한 느낌을 주어야 한다. 희망 업무가 무엇인가? 이마트에서 하고자 하는 일을 잘 할 사람임을 보여주고 싶은가? 글을 쓰면서 원래의 포인트를 잊어버린 것으로 보인다. 글쓰기의 초점을 유지하는 것이 얼마나 중요한지 보여주는 자기소개서이다.

1. 성장 과정(자신에 대한 소개)

현실을 빨리 파악하고 새로운 개선을 추진해 나가는 돌파형 역량으로 실천하고 있다.

노동의 소중함. 일찍이 부모님께 받은 선물이다. 구조조정으로 인한 아버지의 퇴직으로 찾아온 경제적 어려움 탓이었다. 대학에 입학하자마자 일을 시작했다. 고맙게도 일은 소중한 선물을 건넸다. '사람이 무언가 이루지 못한 까닭은 절실하지 않기 때문'이란 사실을 말해줬다. 집이 더 힘들어져 가족의 새 보금자리를 구해야 할 때가 찾아왔다. 장남으로서 내 욕심만 챙길 수는 없었다. 휴학을 하고 돈을 벌었다. 할머니와 부모님이 지낼 집을 구해야만 했다.

하루에 두세 시간 자며 일했다. 몸의 고단함보다 집이 없는 서러움이 더욱 컸다. 하지만 결국 월세를 구했고 우리 가족은 다시 한자리에 모였다. 돌아보면 그 당시를 감내할 수 있었던 이유는 웃음을 잃지 않았기 때문이다. 웃으면 복이 온다는 말은 적어도 내게는 사실이다.

부분 평가 ❶ 성장 과정(자신에 대한 소개)이란 표현이 자칫 자신에 대한 성장 과정에 국한 하는 것으로 오해될 수 있다. 자기소개서 전체가 자신에 대한 소개란 것을 잊지 말아야 한다. ❷ 노동의 소중함을 부모님으로부터 받는 선물이라고 했는데 부친의 실직을 선물이라고 받아들이게 되는 과정에 대한 설명이 부족해 부자연스럽다. ❸ 절실하지 않기 때문에 이루지 못한다는 말이 일을 하면서 터득한 이치인 것으로 보이는데, 먼저 언급되어 작위적인 느낌이 든다.

2. 지원 동기 및 포부

❶〈청년 사업가 전○○〉

24살, 고물상을 창업해서 약 일 년간 운영했다. 두 가지 어려움이 있었다. 어린 나이와 높은 진입장벽이었다.

어린 나이에 사장 명함을 건네는 일은 여간 어려운 게 아니었다. 거래 대상인 나보다 어른들과 말을 섞는 일이 최대의 과제였다. 신뢰감을 심어주는 일이 최우선이라고 생각했다. 먼지와 녹을 뒤집어쓰기 일쑤인 고물상임에도 불구하고 셔츠를 입고, 타이를 매고, 구두를 신었다. 말이 통하기 시작했다.

고물상 사업은 진입장벽이 낮기 때문에 경쟁이 심했다. 따라서 다른 영업 방식을 개발하는 게 사업 성공의 열쇠였다. 달력을 만들어 직접 가가호호 방문하여 배포했다. 상도에 어긋나지 않는 선에서 시가보다 높은 가격을 쳐줘 박리다매를 목표로 했다. 가격상승을 의미하는 건 아니다. 예를 들면, 음료수 캔을 수거했던 거래처 술집에 물수건을 무료로 제공하는 식이다.

❷ 이마트를 선택한 이유는 이마트는 상품과 소비자를 이어주는 국내 최대의 매개체이기 때문이다. 양질의 제품을 구입해서 소비자에게 가장 싼 값에 제공해 주며 생산자와 소비자를 만족시키는 역할을 한다. 내 경험을 십분 적용, 활용하면 생산자, 소비자 그리고 이마트 셋을 모두 흡족하게 만들 수 있을 것이다.

❸ "무엇을 말하느냐가 아닌 어떻게 말하느냐."는 사업을 하며 얻은 최고의 깨달음이다. 이 깨달음을 이마트에서 극대화 시키려 한다.

부분 평가 ❶ '청년 사업가'라는 표현을 쓴 이유가 무엇인가? 이마트에 입사해서 새로운 사업을 제안하고 주도하겠다는 의도인데, 내용을 읽어 보면 앞뒤 내용 연결이 안 된다. 사업 경험을 통해서 얻은 기량이 이마트에서의 업무 수행에 도움이 된다는 점을 강조하려는 것이라면 '고물상 사업을 통해서 얻은 경험'이라고 하는 편이 낫다. 전체적으로 주장이 모호하다. 개인적 핸디캡과 사업상의 핸디캡을 어떻게 극복했는지를 소개하는 것에 포인트를 두는 것인지, 아니면 생산자와 소비자를 이어주는 능력이 뛰어나다는 것인지 분명하지 않다. 원래는 이마트에서 희망 업무를 잘 수행할 것이라는 보여주기 위해서라면 희망 업무를 잘 수행할 사람이라는 것을 경험 사례 속에서 입증해야 한다. 사업 기획인지 마케팅인지 불확실하다. 희망 업무가 뚜렷하지 않아서 좋은 경험 사례가 제대로 인용되지 못했다는 느낌이 든다. 고물상 사업의 결과가 어땠는지도 간단히 기술하는 것이 좋다. 성공 여부가 나타나 있지 않은 상태라 경험 사례가 설득 소재로서의 가치가 낮아질 수 있다. ❷ 이마트를 선택한 이유는 회사가 크기 때문인 것으로 보인다. 상품과 소비자를 이어주는 매개체가 큰 곳이어야 자신의 역량을 제대로 펼칠 수 있다는 것은 '큰 조직에 묻혀서 가려는 성향이 있는 사람'으로 생각될 수도 있다. 지원 동기는 지원하는 회사에서 자신이 하고자 하는 업무를 잘 수행할 수 있기 때문일 것이다. 그러한 점이 잘 보이는 것이 바람직하다. ❸ 입사를 한 후의 포부가 추상적이다. 추상적인 포부보다는 희망 직무를 맡게 되었을 때, 그 업무를 어떻게 수행하여 회사에 어떤 기여를 할 계획인지에 대한 구체적인 내용이 더 자신을 적격인 인재로 드러낼 수 있다.

3. 성격상의 장단점

나는 쉽게 시작 못 하고, 쉽게 포기 못 한다. 요즘 젊은이들, 쉽게 시작하고 쉽게 포기를 한다고 하는데, 정반대인 셈이다. 시작 전에 몇 번을 생각하고 생각한다. 적기를 놓칠 때도 있다. 대신 일단 시작하면 성공이든 실패든 끝을 본다.
국가대표 태권도 시범단 선발전에 참가했다. 굉장히 망설였다. 태권도는 전혀 할 줄 몰랐고 체력도 훌륭하지 않았다. 그러나 마음을 먹은 후 한 달 남짓 남은 기간 동안 피나게 훈련했다. 당일 아침이 밝았다. 첫번째 겨루기를 마치고 나니 힘이 부치기 시작했다. 자신이 없었다. 하지만 포기하지 않았다. 두 번째, 세 번째 겨루기를 근성으로 이어갔다. 정신차려 보니 체육관에 비치되어 있는 침대였다. 정신을 잃었다. 이렇게 나는 또 실패했다.

실패는 포기와 다르다. 실패는 훗날의 밑바탕이지만, 포기는 과거의 아픔일 뿐이다. 그래서 실패할 때마다 좋다. 다음 선발전에서 국가대표의 꿈을 이뤘다.

부분 평가 성격의 장단점도 자신이 하고자 하는 일과 관련이 있다. 평소에 생각하던 '성격의 장단점'을 쓰기보다 지원 회사와 희망 직무와 연결하여 생각해 보기 바란다. 요즘 젊은이들이 어떠하다는 표현은 하지 않아도 된다. 남에 대한 이야기보다도 자신에 대한 표현에 집중하는 것이 좋다. 지원자가 요즘 젊은이들과는 다르다는 판단은 본인이 하는 것이 아니라 전형위원이 하는 것이라는 점, 명심하자.

4. 살아오면서 중요했던 일

2007년 7월, 혼자서 무전으로 전국을 돌았다. 주위에선 불가능하다고 말했다. 100cc 오토바이를 타고 동해, 남해, 서해를 거쳐 1,800km를 달렸다. 5일 동안 비가 왔다. 출발 7일 후 집에 돌아왔다.

돈 없이 여행을 떠나는 일은 큰 도전이었다. 모든 여행 경비는 자급자족하기로 스스로 약속을 했다. 내성적인 성격을 고치고 뻔뻔

함을 드러내 보려는 시도였다. 쉽지 않았다. 더 뻔뻔해지고 더 당당해지자.

무작정 식당에 들어가 일을 할 테니 밥 한 끼 달라고 배짱을 부렸다. 잠자리는 시골 마을회관서, 초등학교 벤치에서 해결했다.

여행을 통해서 얻은 것 중에서 최고는 바로 자신감이다. 두려움이 사라졌다. 모든 것이 가능해 보였다. 마음먹기에 달렸다.

부분 평가 업무와의 개연성이 없다면 이러한 소중한 경험이 무용담에 불과하다. 이마트에서 담당할 업무와 연결하여 좋은 느낌을 줄 만한 소재라는 생각이 들도록 기술하는 것이 좋다.

 **전 체 평 론**

우수한 점

돌파형 핵심 역량 중심으로 전체 흐름이 일관성 있다.

자신 스스로 변화하려고 요소를 자신의 얘기로 다양한 경험과 시도를 통해 바뀌고 있음을 강조하고 있다.

부족한 점

내성적인 성격을 바꾸기 위한 여러 시도를 한 것은 좋으나 그 부분이 지원한 기업과 직무에 어떻게 연결이 되는지 부각되지 않고 있다. 핵심 역량의 무기를 제대로 대상에 맞춰 쓰지 못하고 있다. '기관총처럼 무작위로 쏘면서 운 좋으면 맞겠지.' 하는 것과 같다. 자신의 진솔된 내용이 기업의 직무와 연계가 되어야 가치가 만들어진다. 그러나 그걸 제대로 살리지 못한 아쉬움이 있다.

취업 로드맵

1. 기업과 직무 분석을 통해 전략을 짜자.

자신을 잘 알고 있다. 그래서 스스로 변화하려는 모습이 보인다. 그러나 대상에 맞춰서 그런 자신의 모습을 제대로 보여주지 못하고 있다. 아무리 내공이 강해도 그것을 표현하지 못한다면 자기소개서는 의미가 없다. 알아서 알아주겠지? 절대 그런 일은 일어나지 않는다. 그렇기 때문에 기업과 직무를 좀 더 구체적으로 파헤치고 A4에 적어보자. 요소별로 적어보고, 중심 키워드를 뽑아내서 자신의 경험과 매칭을 시켜보자.

2. 핵심 키워드를 중심으로 전개하자.

지금은 뭘 강조해야 할지 잘 표현이 되지 않아 자신의 경험을 두서없이 나열되었다. 뭘 얘기할 것인지 핵심 키워드를 먼저 정리하자. Fish Writing 기법을 활용하자. 각 항목에 핵심 키워드를 먼저 적어놓고, 그 키워드를 중심으로 글을 만들면 중심의 맥에서 벗어나지 않고 자기소개서를 완성할 수 있다.

신세계백화점

지원하는 기업과 직무에 대한 조사가 요구된다. 단순한 감정과 막연한 생각으로 접근하기보다는 기업이나 직무와 연관된 경험을 토대로 구체적인 본인의 행동과 성과 위주의 자기소개서를 작성하는 것이 좋다. 독특한 표현법으로 자신을 표현하는 것이 새로울 수는 있으나, 인사담당자가 생소하거나 어색함을 느낀다면 그 자기소개서는 실패한 것이다. 새로운 방식으로 표현하는 것도 좋으나 콘텐츠가 담겨 있지 않은 글은 진정성을 전달하기 어렵다.

1. 성장 과정(자신에 대한 소개)

보일러는 항상 최고 온도, 덥다고 팬티만 입고 있던 아이.

도시가스가 보급되기 전 기름보일러를 사용하고 있었을 때 보일러는 항상 최고 온도로 높여놓고 속옷만 입고 있던 <u>아이가 있었습니다.</u> 집안 사정이 어려워 기름이 다 떨어진 날이면 <u>그 아이</u>의 아버지는 자신이 운영하던 공장에서 전기난로를 가지고와 하룻밤을 나곤했습니다. 그 집에서 <u>그 아이</u>는 그저 세상 물정 모르는 철부지 막내였습니다. 세월이 흘러 그 아이도 어엿한 성인이 되었습니다. 그 아이는 이제 가족 중 누구보다 보일러 온도와 꽂혀 있는 콘센트에 민감한 '잔소리꾼'이 되어 있었습니다. 얼마나 꼼꼼한지 집안 구석구석을 살피면서 세는 돈이 없는지 철저히 감시합니다. 이 아이의 가족을 위한 세심함은 미래 신세계백화점의 발전에 크게 이바지할 것입니다.

부분 평가 제3자의 시각으로 표현하기보다는 1인칭 시점으로 작성하는 것이 일관성 있게 표현하기 좋다. 또한, 단순히 집안을 잘 살피는 것이 기업의 발전에 크게 이바지한다는 막연한 미래 추측으로 종결하기보다는 본인의 강점을 살려 어떻게 실천할 것인지 구체적인 행동과 각오로 마무리하는 것이 설득력이 있다.

2. 지원 동기 및 포부

인천 토박이인 저는 이번 신세계백화점 인천점의 리모델링 결과를 보고 감탄을 금치 못했습니다. 신세계백화점이 명실상부 인천의 랜드마크로 우뚝 선 모습을 보면서 신세계백화점의 경쟁력을 제 눈으로 확인했습니다. 또한 한·EU FTA 비준으로 명품 화장품과 명품 핸드백, 의류에 대한 관세가 점차 줄어들게 되면 명품시장은 지금보다 몇 배 더 성장할 것이 분명합니다. 이런 상황에서 저는 신세계백화점의 비전을 알게 되었고 입사를 꿈꾸게 되었습니다.

신세계백화점 인턴으로 일하면서 신세계백화점의 조직문화를 먼저 체험하고 싶습니다. ❶ 또한 저에게 부족한 점을 깨닫고, 보완하는 시간을 갖고 싶습니다.

입사 후에는 매장관리직으로 백화점 실제 업무에 대해 배우고 싶습니다. 백화점 고객들과 실제로 부딪치면서 신세계백화점이 나아가야 할 방향에 대해 정확하게 알고 싶습니다. 입사 후 5년이 되면 제 실무 경험을 바탕으로 마케팅 업무에 도전하고 싶습니다. 미국에 방문했을 때 현지인보다 더 많은 외국인 관광객들이 백화점에서 쇼핑을 하고 있는 모습을 보았습니다. 한국 또한 방문하는 외국인 관광객들의 상승세가 지속되고 있는 상황에서 외국인 관광객들은 신세계백화점의 소중한 고객입니다. ❷ 저는 외국인 관광객들을 위한 마케팅을 이끌고 싶습니다. 그래서 한국에 오면 꼭 가야 하는 곳으로 신세계백화점을 꼽도록 만들 것입니다.

부분 평가 ❶ 부족한 점을 깨닫는다는 표현보다는 어떻게 배워갈지만 정리하는 것이 좋다. ❷ 본인은 어떤 마음으로 외국을 방문시 백화점을 방문했었는지, 한국을 찾은 관광객들을 백화점으로 이끌 수 있는 아이디어로 어떤 방법이 있는지, 단순히 '만들 것이다.'라는 주장보다는 본인의 경험을 토대로 고민해 보고 구체적인 전략을 제시하는 것이 좋다.

■ 성격상의 장단점

〈꼼꼼함 종결자〉

저는 아무리 작은 일도 놓치지 않는 세심함을 지녔습니다. 이런 저의 세심함을 인정받아 학과 집행부의 재정을 관리하는 총무로 일년 동안 활약했습니다. 또한 세심한 성격은 저의 사교력에 많은 도움이 되었습니다. 친구들은 저에게 종종 엄마 같다는 말을 자주 합니다. 친구들의 변화를 빨리 알아차리기 때문입니다. 저의 이런 면때문에 친구들은 저에게 고민 상담을 자주 합니다. 저도 친구들에게 도움이 될 수 있다는 것을 기쁘게 생각합니다.

부분 평가 세심함과 사교력이 업무에 어떤 영향을 끼친다는 것인지 연관성이 없다.

〈집착을 버리자〉

저의 단점은 제가 가장 중요하게 생각하는 일에 집착하는 것입니다. 가끔 그 집착이 너무 심해지면 그 외 다른 모든 일을 잊어버리는 경향이 있습니다. 이 단점을 극복하기 위해 하루 동안 할 일을 먼저 생각해 보고 시간표를 작성해 그대로 지키려고 노력하고 있습니다.

부분 평가 '다이어리에 하루를 계획하고 메모하는 습관을 통해 일처리를 하고자 노력하고 있습니다.' 정도가 좋은 표현이다.

■ 살아오면서 중요했던 일

〈우물 밖으로 나온 개구리〉

제 인생의 가장 큰 전환점은 미국에서 지낸 5개월입니다. 저는 짧다면 짧고 길다면 긴 5개월 동안 제 자신이 우물 안의 개구리였다는 사실을 깨달았습니다. ❶ 그때 만난 국제학생들은 저에게 많은 가르침을 주었습니다.

다문화 시대, 국제화 시대 아래 잘 적응하고 있다고 생각해 왔던 것과는 다르게 저는 소극적이고 방어적인 자세를 가지고 있었습니다. 하지만 교환학생 경험으로 인해 저는 세계화시대의 ❷ 능동적인 주체로 바뀔 수 있게 되었습니다.

저의 이 경험은 미래가 원하는 Global leader로서의 자질을 키우는 데 많은 도움이 되었습니다. 외국인 관광객과 한국 거주 외국인이 늘어가고 있는 지금, 저의 이 경험은 신세계백화점이 내국인뿐만 아니라 외국인 관광객에게도 매력적인 'It Shopping Place'로 한 단계 더 발전하는 데 기여할 것입니다.

부분 평가 ❶ '많다'라는 표현보다는 '어떠어떠한 부분들을 배울 수 있었다.'고 구체적으로 서술하는 것이 좋다. ❷ 다소 추상적인 내용이다. 어떤 변화인지 사례를 통해 근거를 제시해 주는 것이 좋다.

전체평론

우수한 점

인성의 표현을 잘 끌어냈다. 자신의 성장 과정 속에서부터 기업과 연계된 인성을 작은 부분까지 디테일하게 표현했다. 보고 있으면서 지원자의 진솔한 내용임을 신뢰하게 된다.

부족한 점

직무에 맞춰진 핵심 역량이 부족하다. 전체적인 스토리텔링을 잘 끌어내긴 했지만 핵심이 빠졌다. 지원한 기업은 자신의 의지로만 채용되는 것이 아니다. 기업의 관심과 의지를 알았다면 자신이 이 기업에서 어떤 능력을 발휘할 것인지를 구체적으로 어필해야 한다. 그 부분이 보강되어야 한다.

취업 로드맵

1. 인성 이상의 직무 역량을 표현하자.

인성적 요소는 잘 표현했다. 이제 이 기업에 적합한 인재인지를 표현해야 한다. 그래서 직무 분석을 통해 적합한 인재임을 강조할 수 있는 포인트를 찾아야 한다. 특히 마케팅 분야 지원이라고 마케팅 자체만을 강조해서는 신뢰하기 힘들다. 마케팅 역량은 당연히 있어야 한다고 느끼기 때문에 그 이상을 표현해야 한다. 그러기 위해서 다른 유사 기업의 벤치마킹을 활용하는 것이 좋다. 기업 간의 분석을 통해 기업의 한계를 거론하고 그 해결 아이디어를 제시하라. 해결하는 솔루션을 내놓으라는 것이 아니다. 자신만의 아이디어를 제시하면 기업에서는 더 관심을 가질 수밖에 없다.

2. 결과 중심적으로 표현하라.

자신은 '잘할 것이다.' '열심히 한다.'라고 아무리 강조해도 믿지 않는다. 그래서 결과적으로 표현해야 한다. 특히 수치적으로 '어떤 성과를 냈었고 그렇기 때문에 지원한 기업에서는 이런 성과를 이렇게 창출할 것이다.'라고 표현해야 한다. 무조건 결과로 먼저 어필하라.

대한항공

1. 성장 과정

평생을 정직하고 성실하게 살아오신 부모님 밑에서 착실하게 살아왔습니다. 아버지의 자상함과 어머니의 성실함을 배우며 항상 남을 배려하고 내 자신을 사랑하는 마음가짐으로 살아왔습니다. 공무원을 하시는 아버지에게서 매사에 최선을 다하는 마음가짐을, 보험 일을 하시는 어머니에게서 많은 사람을 상대하는 태도와 또 그에 수반하는 고충 또한 이해하고 배웠습니다. 맞벌이를 하시는 부모님을 위해 어려서부터 집안일을 돕고자 솔선수범하였으며, 저에게 주어진 일은 스스로 책임질 줄 아는 사람이 되기 위해 노력하였습니다. 학창시절부터 학급 부반장, 저축부장, 독서부장등을 맡으며 저에게 주어진 일은 스스로 책임질 줄 아는 사람이 되기 위해 노력하였습니다.

부분 평가 처음부터 출생에 관한 내용이나 평범한 이야기는 가급적 지양하고, 남들이 관심을 갖지 않던 새로운 분야에 대한 자신의 흥미나 관심 그리고 그것을 선택한 결단 등의 내용들을 언급하도록 한다. 이때 성장 과정에서 자신에게 영향을 많이 준 은사나 선배, 주변인물 또는 지원 업종 / 지원 회사 / 지원 부분과 관련된 에피소드를 함께하는 것도 좋다.

➡ 컨설팅 수정 후

〈한 번의 실수로 개근상을 놓쳤지만, 덕분에 기록하는 습관을 갖게 되었습니다〉

초등학교 4학년 여름방학이 끝나고 개학식이 있던 날, 저는 결석을 했습니다. 이유는 바로 개학식 날짜를 하루 착각하였기 때문입니다. 같은 초등학교를 다니던 오빠가 중학생이 된 후 처음 맞는 방학이었습니다. 그래서 저는 제가 착각을 했다는 사실을 다음날 등교 후에야 알게 되었습니다. 학교에 나가자 선생님께서 지금까지 한번도 결석을 하지 않았지만 개학식도 정규수업 일수에 포함되기 때문에 개근상을 탈 수 없다고 하셨습니다. 저는 제 자신에게 화가 났습니다. 그리고 다음부터 이런 일이 다시는 일어나지 않게 중요한 날은 달력에 크게 쓰기 시작했습니다. 시험, 방학식, 개학식, 소풍이 있는 주면 날마다 그 날짜를 확인하고 다시 상기했습니다. 이렇게 일정들을 계속 확인하다 보니, 그 일정에 맞추어 필요한 일들을 미리 하는 준비성이 생기기 시작했습니다. 일례로, 시험이 다음 주에 있다는 것을 계속 확인하면 공부를 하지 않을 수가 없었습니다. 이런 저의 습관은 고등학교 때 많은 도움이 되었습니다. 스스로 계획을 세워 미리 준비하는 습관이 이미 있었기 때문에, 보습학원을 한번도 다니지 않았지만 학교에서 상위권의 성적을 유지할 수 있었습니다.

대한항공 입사 후에도 저에게 주어진 일을 꼼꼼히 기록하고, 미리 준비하여 맡은 업무를 차질 없이 해내는 모습을 보여드리겠습니다.

2. 성격의 장단점

❶ 저는 진취적이고 밝은 성격을 갖고 있습니다. 세상을 열린 눈으로 보고자 하는 저는 다양한 분야의 사람들과 문화를 접하고 배우는 것을 좋아합니다. 사람들을 만날 때도 단점보다는 긍정적인 면을 보기 위해 노력하고 또 항상 다른 사람들에게서 배우고자 노력합니다. 그룹 활동을 할 때에는 협동지향적 태도로 다른 사람의 의견에 귀기울이고자 하며 필요할 때는 저의 아이디어를 그룹 발

전에 도움이 되도록 적극 추진하기도 합니다.

일을 처리할 때는 ❷ 신중함과 정확성을 우선시하기 때문에 처리 속도가 느려지기도 합니다. 그래서 가능한 한 유연한 태도로 일을 처리하며 동시에 세심함을 놓치지 않도록 노력하고 있습니다. 또한 매사에 적극적이고 긍정적인 마음가짐으로 임하고자 하며 내가 속한 그룹 발전에 도움이 되는 구성원이 되는 것을 기쁨으로 삼고 있습니다.

부분 평가 ❶ 성격을 서술하기보다는 사례를 들어서 직무에 도움이 되는 강점으로 표현하도록 한다. 문장의 가독성을 높이기 위해 3~5줄 정도에서 문단을 나누어 작성하는 것이 좋다. ❷ 단점 극복에 대한 구체적인 대안이 되지 않는다. 예를 들어, '일의 마감기한을 정해놓고 중간 점검을 통해 일이 늦추어지지 않도록 챙긴다.'는 등의 대안은 어떨까?

➡ 컨설팅 수정 후

〈언제나 10분 먼저 집을 나서는 부지런함이 저의 장점입니다〉

남산 중턱에 위치한 저의 학교는 제 생활 패턴을 완전히 바꿔놓았습니다. 학교에 헐떡고개라는 아주 높은 언덕이 있습니다. 이름이 말해주듯이 이 언덕은 보통 속도로 걸어도 숨이 차오릅니다. 학교 수업시간이 빠듯해 조금 속력을 높일라치면 숨이 턱까지 차오르고, 강의실에 도착해서도 숨을 고르기 바쁩니다. 그래서 저는 항상 10분 먼저 집을 나섭니다. 10분만 먼저 나가면 학교를 가는 동안 세 번을 갈아타는 지하철 환승 구간도, 헐떡고개도 여유롭게 다닐 수 있었고, 첫 수업시간에도 허둥거림 없이 수업에 집중할 수 있었습니다. 이렇게 시작한 10분 먼저 집을 나서기는 저의 사회생활에도 큰 도움이 되었습니다. 제가 공항의 한 보험사에서 아르바이트를 하였을 때의 일입니다. 출근 시간은 7시였지만 항상 조금 일찍 도착해 업무 준비를 하였습니다. 처음에는 혼자 있을 때 보험 가입을 유치할 수 없었으나 2주쯤 지나자 팀장님께서 보험가입을 허가해 주셨고, 다른 보험사보다 먼저 문을 열어 아침 동안 평균 2건 정도 보험가입을 더 유치할 수 있었습니다. 이런 노력을 인정받아 마지막에 일을 그만둘 때 팀장님께서 고맙다며 상품권을 선물로 주셨습니다.

대한항공에 입사 후에도 남들보다 10분 먼저 나오는 부지런함으로 대한항공의 발전에 기여하겠습니다.

〈공과 사를 구분해 융통성 부족을 극복하려고 노력 중입니다〉
미리 준비하고, 계획을 세우는 것을 좋아하는 성격 때문에 융통성이 부족함을 느끼곤 합니다. 제 계획이 차질 없이 이루어지면 더할 나위 없이 좋으나, 계획된 일이 잘 이루어지지 않으면 많은 스트레스를 받습니다. 이런 성격은 사적인 영역까지 침범하여 친구들과 만날 때에도 계획을 먼저 정하고 그대로 실천하려는 경향이 강합니다. 그래서 원래의 계획을 갑자기 바꾸는 일이 생기면 친구들에게 원래 계획을 강요하기도 합니다. 이런 저를 보고 친구들은 융통성을 가지라고 충고를 많이 해줍니다. 저 또한 공과 사를 확실히 구분하여 사적인 영역에서는 조금 더 여유를 가지려고 노력합니다.

사적인 영역에서는 제 자신에게 융통성을 허락해 스트레스를 효과적으로 관리하여 공적 영역에서 100% 능력을 발휘하겠습니다.

3. 경력 및 특기사항

저는 대학생활을 통해 여러 사람과 소통하는 방법을 끊임없이 배워왔습니다. 캠퍼스 축제를 통해 하루 평균 30명의 사람을 설득하여 그들이 찍는 사진의 이익으로 국제자선단체의 기부금 모금에 이바지하였고, 아름다운 가게에서 매장 지원을 하며 서비스 정신으로 전 연령, 장애인, 외국인들과 의사소통하며 맞춤식 서비스를 제공하고자 노력하였습니다. 이러한 봉사활동을 통해 서비스란 소통이라는 사실을 알게 되었고, 남에게 필요한 사람이 되는 기쁨을 깨닫게 되었습니다.

소켄비차 서포터즈 활동 시에는 적극성을 발휘하여 팀원들과 학원 강사들을 설득하여 최소 50명의 학생들에게 음료를 배포하고 상품을 홍보하였으며, 그 결과 우수 서포터즈로 선정되기도 하였습니다. 또한 영어 스터디 활동을 하며 리더로서 팀원들을 이끌었던 경험이 있습니다. 국제적 경쟁력을 갖추기 위해 미국 어학연수를 통해 외국어 능력을 향상시키고자 노력하였으며 외국인들과 비즈니스 수업을 함께 들으며 글로벌 마인드를 키웠습니다. 저는 이러한 제 경험들이 희생정신과 책임감을 필요로 하는 서비스 업무에 적합하다고 생각하며, 저의 밝고 긍정적인 성격과 무엇이든지 적극적으로 배우고자 하는 저의 성향이 업무에 많은 도움이 될 것입니다.

부분 평가 문장의 가독성을 높이기 위해 3~5줄 정도에서 문단을 나누어 작성하는 것이 좋다. 본인의 활동 내용을 다 서술하려 하기보다는 직무와 연관성 있는 사건을 중심으로 서술하는 것이 좋다.

➡ 컨설팅 후 수정 후

〈적극적으로 한국 소개 행사에 참여하여, 행사를 성공적으로 이끌었습니다〉

2010년 교환학생으로 미국 Clarion 대학교에서 1학기 수학을 하였습니다. 그때 저는 주변의 권유로 아시아클럽에 가입을 하였습니다. 그 클럽은 아시아 문화에 관심이 많은 학생들이 아시아 문화를 연구하는 클럽이었습니다. 그 클럽에서 음력 설을 맞아 교내에 아시아 문화를 알리는 행사를 준비하였습니다. 클럽 회장은 저에게 행사 내에서 한국을 소개하는 작은 코너를 맡아달라고 하였습니다. 회장은 찾아오는 학생들에게 한국에 대해 짧은 설명만 해 주면 된다고 하였습니다. 저는 흔쾌히 요청에 응했습니다. 하지만 단순한 설명만으로는 학생들의 관심을 끌기 부족하다고 생각하여 다른 이벤트를 생각해 냈습니다. 저는 각 기숙사 문에 붙어 있는 이름표들을 보고 한글로 이름표를 만들어 주는 이벤트를 고안했습니다. 클럽회장은 좋은 생각이라며 행사를 허가해 주었고 저에게 예산을 지원해 주었습니다.

저는 같은 학교에 교환학생으로 온 친구들에게 부탁하여 행사를 함께 준비했습니다. 먼저 눈에 띌 수 있는 벽보를 만들었습니다. 벽보에는 태극기와 지도, 화려한 한복 사진 등을 붙여 학생들의 흥미를 가질 수 있게끔 만들었습니다. 그리고 행사 당일 한글 이름표를 나누어 준다고 선전했습니다. 반응은 성공적이었습니다. 저희가 준비해 간 100개의 이름표가 모두 소진되어 나중에는 급히 준비한 색지에 이름표를 만들어 주었습니다. 또 한 명이 이름표를 쓰는 동안 다른 한 명이 벽보에 붙어 있는 내용을 설명해 줌으로써 한국에 대한 설명도 잊지 않았습니다. 어떤 한 학생은 한글로 쓰인 자신의 이름으로 팔에 타투를 하고 싶다며 저에게 다른 행사장까지 동행해 줄 것을 요청하였습니다. 저는 기쁘게 동행하였습니다. 제가 클럽 회장의 요구에 따라 한국을 설명하는 데 그쳤다면 이 행사는 성공하지 못했을 것입니다. 주체적으로 행사를 흥행시킬 방법을 찾았기 때문에 더 많은 학생들에게 한국을 알릴 수 있었습니다.

대한항공에 입사 후에도 지시된 사항을 따르는 것은 물론 더 발전시킬 수 있는 방법을 적극적으로 모색하겠습니다.

4. 지원 동기 및 포부

최근 국내 항공사들은 아시아 태평양 시장에 항공기 진입과 함께 유럽 남부시장을 개척하고, 향후 북아프리카 진출까지의 교두보를 마련하고 있습니다. 또한, 핵심 경제권을 이어주는 김포와 베이징의 수도공항의 취항으로 점차 그 활로를 넓혀가고 있습니다. 대한항공은 항공업계에서 선두의 자리를 차지하고 있음에도 불구, 기업경쟁력을 유지하기 위해 새로운 시장의 개척에 앞장서고 있습니다. 시대를 읽고 미래를 준비하는 도전정신은 대한항공이 타 항공사들과 구별되는 강점이라고 생각합니다. 하지만 이러한 움직임에 수반되는 높은 수준의 서비스 제공의 부재는 한 발 앞선 시장 개척에 절반의 성공만을 보장할 것입니다. 일일 비즈니스권을 확대한다면 그에 맞는 신속하고 편리한 항공권 발권 및 여권 비자 발급 서비스가 필요할 것입니다. 또한 새로운 노선 확대가 불러올 운항항로의 다양성은 고객들에게 혼란을 일으키기 쉽습니다. 만일 제가 대한항공에 입사하게 된다면 언제나 밝고 친절한 서비스 제공으로 고객들의 불편함을 해소함은 물론, 현장에서 직접 그들의 Needs에 귀기울여 대한항공의 발전에 기여하겠습니다. 또 고객들과 직접 교감하며 노선운영과 마케팅에 대한 생생한 아이디어를 제공하겠습니다. 끊임없이 도약하는 대한항공과 함께 지속적인 자기계발을 통해 늘 발전하는 인재가 되도록 최선을 다하겠습니다.

부분 평가 기업에 대한 내용과 아이디어 제안 본인의 포부로 잘 작성되었다. 추후에는 현재 하고 있는 아르바이트 내용을 토대로 작성한다면 더욱 완성도 높은 지원 동기가 되리라 생각된다.

➡ 컨설팅 후 수정 후

〈6번의 아르바이트를 통해 얻은 서비스 정신을 바탕으로 대한항공이 항공물류 1위를 넘어, 여객 분야 1위에 오르는 데 도움이 되고 싶습니다〉

대학교 입학 이후 지금까지 총 6개의 아르바이트를 했습니다. 이 아르바이트를 통해서 저는 다양한 고객과 소통하는 방법을 배웠습니다. 웨딩홀에서 안내 아르바이트를 하면서 술에 취한 할아버지들을 버스로 안내하였고, 공항의 보험사에서 일했을 때는 첫 해외여행으로 들떠 아무것도 들리지 않는 고객에게 보험약관을 설명하고 이해의 정도를 확인해야 했습니다. 영화관에서는 청소년 관람불가 영화를 보기 위해 다양한 방법을 강구하는 사춘기 청소년들을 알아듣게 타일러야 했습니다. 인천세계도시축전에서 운영요원으로 참여하였을 때에는 땡볕더위와 대기시간에 화가 난 고객들에게 고객 숙여 사과하는 법을 배웠습니다. 두 번의 학원 조교 경험으로 거짓말을 일삼는 아이들과 학부모 사이에서 생긴 오해를 해소하는 방법을 배웠습니다. 이렇게 많은 경험을 통해 점점 노하우가 생기면서 저는 저의 적성과 능력이 서비스업에 있다는 것을 알게 되었습니다. 그렇게 서비스업에 관심을 갖기 시작한 후 진로에 대한 고민을 하던 중 예전에 공항에서 아르바이트를 하였을 때 매료되었던 공항의 활기찬 분위기가 생각났고, 저 또한 여행을 좋아하기 때문에 항공업계에 관심을 가지게 되었습니다. 그리고 지금 저는 대한항공에서의 50년을 꿈꾸고 있습니다.

대한항공은 A380 최초 도입 등 항공업계의 트렌드를 이끄는 기업으로 이미 FTK 부분에서 세계 1위 타이틀을 9년 연속 차지했을 정도로 세계적인 기업입니다. 하지만 아직 여객 분야만 놓고 보자면 세계 10위권에 머물고 있습니다. 저는 제가 배워온 서비스 정신을 바탕으로 대한항공이 여객 부문에서도 1위를 차지하는 데 기여하고 싶습니다.

또한 사기업이지만 국가의 중대한 일에 항상 앞장서는 대한항공의 기업문화를 보며 그 기업에 일원이 되고 싶었습니다. 이번 평창의 올림픽 유치 뒤에는 대한항공의 노력이 있는 것을 국민 누구나 알 것입니다. 대한항공은 이밖에도 미술관 해설에 한국어를 지원하는 사업을 하는 등 민간 외교관으로서 큰일을 해내고 있습니다. 이런 기업에서 일을 할 수 있다는 것 자체가 저에게는 자부심이 될 것입니다.

이런 자긍심을 가지고 입사 후에는 고객만족 서비스를 위해 항상 연구하는 사원이 되겠습니다. 항상 고객과 소통하며 고객의 칭찬, 불만, 어느 것도 놓치지 않고 기록하겠습니다. 그리고 그 기록을 다른 동료들과 공유하여 대한항공을 이용하는 고객들 또한 자부심을 느낄 수 있도록 노력하겠습니다.

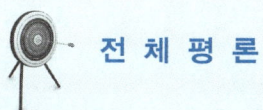 **전 체 평 론**

기업이 필요로 하는 아이디어를 제공하자.

'기업에 들어가서 일을 잘 하겠다'라고 강조한다면 그건 1차원적인 면만 강조하는 것이다. 기업에 채용되지 않아도 '이 기업이 어떤 한계점이 있고 이렇게 아이디어를 제안해서 활용한다면 성과가 달라질 것이다.'라는 면을 강조할 수 있다면 기업 인사담당자는 준비된 인재로 인정하게 된다. 그런 부분을 잘 표현했다.

도입의 표현이 진부해 관심을 끌기 어렵다.

기업에 맞춰 자신의 아이디어를 잘 제안했다면 시작할 때의 성장 과정에서는 자신의 면모를 강조해서 표현하지 못하고 너무 평이하게 시작을 했다. 마지막에 중요한 아이디어를 읽고 자신의 면모를 알기 어렵다. 시작부터 관심을 가지게 해야 한다.

1. 임팩트 있는 소제목으로 관심을 끌어라.

물어보는 항목에 맞춰서 글을 쓰려고 하기보다는 무슨 항목이 시작하든 자신의 핵심 역량을 먼저 도출해서 관심을 가지게 하라. 제목과 글쓰기에서 자신의 결론을 먼저 도출하고 그 근거를 이후에 에피소드로 표현하면서 신뢰할 수 있게 만들 필요가 있다.

2. 지식과 경험을 결합하라.

지식적 요소만 강조하면 실행력 없이 공부만 한 것처럼 보이고, 경험만 강조하면 너무 근거 없이 직관적으로 접근한다고 오해를 한다. 그래서 자신의 지식적, 경험적 요소를 겸비하여 객관적으로 관찰하고 창의적으로 해결안을 제시해야 한다.

인크루트가 국내 주요 대기업 / 금융권 / 공기업에 합격한 지원자들의 스펙(학점, 영어점수, 자격증, 경력)을 모은 자료이다. 이 자료는 전수 조사가 아닌 샘플링한 자료이므로 절대적인 커트라인으로 오인해서 읽지 말아야 한다. 탈락자 중에는 합격자와 비슷하거나 더 좋은 스펙을 가지고 있는 지원자도 다수 포함되어 있었다. 강조컨대, 기업 공채를 준비하는 구직자들이 이 표를 보고 주눅 들거나, 이 정도면 된다는 안일한 생각을 경계하기를 바란다. 최근 기업 공채의 트렌드는 스펙 자체를 업무 능력으로 보지 않으며, 가장 중요한 스펙은 가치 있는 경험과 스토리텔링 능력임을 잊지 말자.

분야별
공채 합격자
스펙 보기

건설 분야

전공	학부평점	토익	자격증	경력
건축공학	3.82	815	건축기사	○○건설
				○○안전공단
건축공학	3.8	790	건축기사	
건축공학	2.51	750	건축구조기술사	
			건축기사	
경영	3.65	895	정보처리기사	○○공사
			컴퓨터활용능력1급	○○기술공사
			대한민국한자급수자격검증2급	
건축학부	3.49	865	건축기사	
환경공학	3.86	845	수질환경기사	○○정책평가연구원
국어국문학	3.4	965	정보처리기사	○○공사보건소
			컴퓨터활용능력1급	
			전자한자능력검정시험2급	
			사무자동화산업기사	
건축학	3.82	840	건축기사	○○건설
전기공학	3.93	880	전기기사	
			전기공사기사	
기계시스템디자인공학	3.27	860	일반기계기사	○○대우
건축공학	3.07	875	건축기사	
토목건축공학부	3.86	935	건축기사	○○건설
경영	3.68	955	정보처리기사	○○Display
			전국한자능력검정시험1급	
조경학	3.61	845	조경기사	
행정학	3.59	655	세무사	
			정보처리기사	
			컴퓨터활용능력2급	

전공	학부평점	토익	자격증	경력
토목공학	3.42	905	토목기사	○○관리공단
			건설재료시험기사	
			측량및지형공간정보기사	
신문방송학	3.73	830		○○칼텍스
법학	3.58	900	국제무역사	
			무역영어1급	
			무역영어2급	
건축설계학	4.15	785	건축기사 1	건축대전
			한자급수자격검정2급	태안반도 봉사활동
기계공학	3.55	900	한자실력급수2급	해외플랜트 건설기술인력 양성과정
			컴퓨터활용능력2급	
			워드프로세서1급	
기계공학과	3	795	한자급수자격검정2급	농촌봉사활동
화학공학과	3.25	755	mos 2003 master	
			한자실력급수2급	
			한자급수자격검정2	
기계자동차공학과	3.59	790	일반기계기사	
			건설기계기사	
기계공학부	3.7	720	워드프로세서1급	공부방 주말 교사
			1종 보통 운전면허	독거노인 봉사
			태권도1단	
			지게차 운전 기능사	
건축공학	4.13	935	건축기사 1	사랑의 집짓기 해비타트 봉사활동
			건설안전 1	
			한자실력급수2급	
화학공학	4.02	910	1종 보통 운전면허	벤처창업대회

전공	학부평점	토익	자격증	경력
			mos excel	
			한자자격시험2급	
기계공학과	4.01	910	○○ 글로벌 챌린저	
			종합설계 경진대회	
사회환경시스템공학	3.73	830	KBS한국어능력시험	특수교육대상자 야외체험 보조
기계공학부	3.2	815	멘토스쿨 강사	
화학공학과	3.82	910	컴퓨터활용능력1급	야학교
			mos 2003 master	
			한자급수자격검정2급	

복지의료 분야

전공	학부평점	토익	자격증	경력
천문학	3.21	880	정보처리기사	LG
			OCP(Oracle Certified Professional)	
			ITIL(전산품질관리 자격증)	
간호학	3.97	625	간호사	○○대학교병원
			컴퓨터활용능력2급	
			운전면허1종보통	
소프트웨어(공)학	3.31	690	정보처리기사	
신문방송학	3.85	875	e-Test Professionals 1급	○○중앙회
도시공학	3.72	860	도시계획기사	○○엔지니어링
언어학	3.71	820	상공회의소한자2급	
경제학	3.83	865	자산관리사(AFPK)	○○관리공단
			자산관리사(FP)	
			사무자동화산업기사	
교육학	3.92	965	교원자격증	○○교육협의회
			실용한자1급	
정치외교학	3.88	950	정보처리기사	○○연구원
			한자자격시험3급	
식품영양(과)학	3.97	940	정보처리기사	○○유통공사○○암센터
			한자실력2급	
			영양사	
행정학	3.82	925	정보처리기사	
경영	3.74	900	파생상품투자상담사	○○중앙회
			정보처리기사	
			KBS한국어능력시험3-급	
통계학	3.97	840	정보처리기사	
			사무자동화산업기사	
			한자자격시험3급	

전공	학부평점	토익	자격증	경력
일본어	3.81	890	e-Test Professionals 1급	○○ 문화원
			KBS한국어능력시험 2-급	○○ 국제영어캠프
철학	3.46	920	정보처리기사	○○ 쇼핑
컴퓨터정보공학	3.99	880	정보처리기사	
			한국사능력검정시험 1급	
			한자자격시험 3급	
간호학	3.09	660	간호사	○○○ 의학원
			산업위생관리산업기사	
			공인한자 2급	
			웃음치료사 1급	
통계학	3.58	900	컴퓨터활용능력 2급	
			증권투자상담사	
경영정보학	3.92	900	컴퓨터활용능력 1급	KT
			상공회의소한자 2급	
경영학부	4.1	900	컴퓨터활용능력 2급	○○○ 보험공사
			사무자동화산업기사	
			자산관리사(FP)	
			ITQ MASTER	
스포츠의학	3.66	965	워드프로세서 1급	
			컴퓨터활용능력 2급	
경영학	3.57	840	워드프로세서 1급	
			한자실력 2급	
통계학	3.92	890	상공회의소한자 2급	실험계획연구실
			컴퓨터활용능력 1급	
			정보기기운용기능사	
			정보처리기능사	

전공	학부평점	토익	자격증	경력
행정학	3.77	975	워드프로세서1급	
			한자자격시험2급	
응용통계학	3.83	960	MOS Master Version 2003	○○생명
영어영문학	3.4	940	정보처리기사	
			한자실력1급	
			운전면허1종보통	
법학부	3.51	840		
경제학부	3.55	790		
국어국문학	3.53	748		KT
사회학	3.72	970	상공회의소한자3급	

전기전력 분야

전공	학부평점	토익	자격증	경력
토목공학	4.03	885	토목기사	
			건설재료시험기사	
독어독문학	3.38	790	정보처리기능사	○○공사
			정보기기운용기능사	
			워드프로세서3급	
전자전기공학부	2.82	750	전기공사기사	
			한자실력1급	
			워드프로세서1급	
환경화학	4.19	805	대기환경기사	
			수질환경기사	
			사무자동화산업기사	
정보통신공학부	3.91	815	전기기사	
			전기공사기사	
			정보처리기사	
건축학	2.81	650	건축기사	○○공영
			운전면허1종보통	
멀티미디어공학	3.71	755	MOS Master Version 2003	○○공단
전자공학	3.86	795	전기기사	
			전기공사기사	
			소방설비기사(전기분야)	
토목공학	4.33	830	토목기사	
			건설재료시험기사	
화학교육학	3.62	840	위험물산업기사	○○중학교
			정보처리기능	
			사컴퓨터활용능력2급	

전공	학부평점	토익	자격증	경력
컴퓨터공학	3.76	875	정보처리기사	NHN
			사무자동화	
			산업기사네트워크관리사2급	
건설지구환경공학	3.71	735	수질환경기사	○○공사
				○○건설
게임소프트웨어	2.29		운전면허1종보통	○○소프트웨어랩
			정보기기운용기능사	
항공기시스템공학	3.25	700	운전면허1종보통	
전자정보공학과	3.55	850	전기기사전기공사기사	
건축설계학	4.05	810	건축기사	○○공사
			워드프로세서2급	○○종합건축사사무소
			컴퓨터활용능력3급	
환경공학	3.94	865	수질환경기사	
실내건축(공)학	3.4	905	건축기사	○○사업본부
기계공학부	3.45	715		
토목공학	3.27	740	토목기사	
			콘크리트기사	
			워드프로세스1급	
기계공학	3.87	780	정보처리기능사	IT○○생산시스템
			워드프로세스1급	
냉동공조공학	3.49	455	공조냉동기계기사	
컴퓨터공학	3.54	780	OCA	(사)한국○○산업협회
			운전면허1종 보통	
			정보처리기사	
토목공학	3.74	880	토목기사	

전공	학부평점	토익	자격증	경력
기계공학	3.7	755	일반기계기사	○○ 원자력
			정보처리기사	
전자공학	3.2	800	전기공사기사	
			중등학교 2급 정교사 전기전자통신	
기계설계 자동화 공학부	2.78	720		
기계공학	3.77	665		
무역학	3.14	730	정보처리기사	○○ 전력소
			한자실력 2급	
안전공학	3.52	815	전기공사기사	○○ 건설
			전기산업기사	
			산업안전기사	

국제외교 분야

전공	학부평점	토익	자격증	경력
영어통번역학	4.07	960		○○ 정책연구원
영어영문학	4.03	975	전국한자능력검정시험2급	
			스킨스쿠버	
			워드프로세서2급	
스페인어학	3.77	970	공인한자2급	국제기구
정치외교학	3.67	975		○○○ Korea
경영학부	3.91	970	MOS Word Expert Version 2003	(주)코○스
			MOS Excel Expert Version 2003	
정치외교학	3.82	965	한자실력2급	
한문학	3.76	960	전국한자능력검정시험1급	
			사무자동화산업기사	
			MOS Excel Expert Version 2003	
행정학	3.82	955		○○구청
영어영문학	3.67	950	워드프로세서1급	○○은행
			MOS Excel Expert Version 2003	
정치학	3.48	940	운전면허1종보통	외교○○부
영미문학	3.76	910	유통관리사2급	○○신문
			워드프로세서1급	
			한국사능력검정시험1급	
정치외교학	3.95	905		국제연합(UN)
영미어문학	3.77		운전면허1종보통	해외대
농경제사회학	3.53	970		
경제학	3.45	965		월드비전
정치외교학	3.48	940	증권투자상담사	○○은행
				외교○○부
				○○에버랜드

전공	학부평점	토익	자격증	경력
국사학	3.41	935	운전면허1종보통	○○박물관
국제통상학	3.14	990	MOS Master Version 2000	여성부
			공인한자2급	
			무역영어2급	
경제학	3.03	880	상공회의소한자3급	식○○부
			MOS Master Version 2003	지○○자원공사

금융 분야

전공	학부평점	토익	자격증	경력
전자전기공학	3.25	770	정보처리기능사	○○보험공사
			워드프로세서2급	
법학	3.9	900	MCAS MASTER	
			워드프로세서2급	
			운전면허 2종보통	
영어영문학	4	900	사무자동화산업기사	○○은행
			컴퓨터활용능력2급	KT
			워드프로세서1급	
국제통상학	3.85	915	자산관리사(AFPK)	현대○○○○금융
			증권투자상담사	
			파생상품투자상담사	
			한자자격시험2급	
			MOS Master Version 2003	
법학	3.85	780	자산관리사(AFPK)	○○은행
				○○Hotel
경영	4.14	885	Microsoft Office 2003 Editions Master	○○○백화점
			운전면허 1종보통	
경영학	3.9	805	자산관리사(FP)	○○은행
			증권투자상담사	○○어학원
			선물거래상담사	
			TESAT 2급(경제이해력 검증시험)	
경영	4.1	755	자산관리사(FP)	
			증권투자상담사	
신문방송학	3.6	820	MOS 2003 Master Instructor	○○일보
			파생상품투자상담사	○○건설
			증권투자상담사	
			펀드투자상담사	

전공	학부평점	토익	자격증	경력
법학	3.94	920	증권투자상담사	○○ 손해보험
			워드프로세서1급	프랜차이즈
			컴퓨터활용능력2급	
경영학	3.83	880	자산관리사(AFPK)	○○ 투자증권
			파생상품투자상담사	○○ 닷컴
			MOUS Master 2003	
경영정보학	4.43	960	SCJP(Sun Certified Java Programmer)	
			한자자격시험2급	
			워드프로세서1급	
			컴퓨터활용능력2급	
			인터넷정보검색사2급	
법학	3.32	810	펀드투자상담사	
			파생상품투자상담사	
			한국사능력검정시험2급	
윤리문화학	3.57	915	CFP(공인재무설계사)	○○ 투자증권
			파생상품투자상담사	
			대한민국한자급수자격검정2급	
경영	3.94	905	자산관리사(AFPK)	○○ 은행
			자산관리사(FP)	
			펀드투자상담사	
			선물거래상담사	
			증권투자상담사	
경영학	3.61	875	증권투자상담사	
			파생상품투자상담사	
			자산관리사(AFPK)	
			투자자산운용사	
			자산관리사(FP)	

전공	학부평점	토익	자격증	경력
식품영양(과)학	3.81	925	자산관리사(AFPK)	○○종합사회복지관○○은행
			파생상품투자상담사	
			증권투자상담사	
			외환관리사	
식물자원(과)학	4.01	810	자산관리사(FP)	
			증권투자상담사	
			파생상품투자상담사	
회계학	3.9	800	자산관리사(FP)	보건복지부
			증권투자상담사	IWO 국제워크캠프
			ERP정보관리사-회계1급	기업은행
			정보처리기능사	금호설악리조트
일어일문학	3.86	945	자산관리사(FP)	동래교육청
			증권투자상담사	부산정보산업진흥원
			상공회의소한자2급	
			워드프로세서2급	
경제학부	3.38	870	자산관리사(FP)	
			증권투자상담사	
			파생상품투자상담사	
			종합자산관리사(FP)	
			워드프로세서1급	
경제학	3.21	760	공인한자2급	○○은행
지역개발학	3.98	960	펀드투자상담사	○○은행
			집합투자자산운용사	
			일임투자자산운용사	
			증권투자상담사	
			파생상품투자상담사	

전공	학부평점	토익	자격증	경력
국제무역학	4.25	895	파생상품투자상담사	○○은행
			국제무역사	
			무역영어2급	
			컴퓨터활용능력2급	
국제통상학	3.81	860	국제무역사	어학원한국○○ 협회
			무역영어1급	
			한자자격시험2급	
국제통상학	4.04	925	MOS Master Version 2003	○○ 홈쇼핑
			웃음치료사1급	
영어영문학	4.11	970	MOS Master Version 2007	○○은행
영어영문학	4.1	780	파생상품투자상담사	
			워드프로세서1급	
			워드프로세서2급	
노어학	3.92	985	태권도 공인3단	○○ 전자정부
			워드프로세서2급	
국제경영학	2.9		MOS 2003 Master Instructor	○○ 파이낸셜○○ 은행
			한자자격시험2급	

에너지화학 분야

전공	학부평점	토익	자격증	경력
멀티미디어공학	3.46	410	MOS(Microsoft Office Specialist)	
			컴퓨터그래픽 운용	
경제학	3.12	905	MOS(Microsoft Office Specialist)	
불어	4	925	워드프로세서	
산업공학	3.67	710	품질관리	
			정보처리	
			MOS(Microsoft Office Specialist)	
			워드프로세서	
경영학	3.76	895	유통관리사	
			무역영어	
			운전면허(보통)	
건축공학	4	905		
일어일본학	3.8	915	MOS(Microsoft Office Specialist)	
전자공학	3.64	615	통신기타	
사회학	3.83	915	한자능력(실력)	
국제경영학	3.62	845	투자상담사	
			선물거래중개사	
			MOS(Microsoft Office Specialist)	
경영학	3.45	915		
경영학	4.07	920	MOS(Microsoft Office Specialist)	
경제무역학	3.65	920	MOS(Microsoft Office Specialist)	
			워드프로세서	
			운전면허(보통)	
법학	3.61	900	한자능력(실력)	
역사학	3.65	800	컴퓨터활용능력	
			MOS(Microsoft Office Specialist)	

전공	학부평점	토익	자격증	경력
일본어	3.63	900	MOS(Microsoft Office Specialist)	
			운전면허(보통)	
경영학	3.56	850	운전면허(보통)	
법학	3.92	890	한자능력(실력)	
			사무자동화	
화학	3.99	855	컴퓨터활용능력	
			MOS(Microsoft Office Specialist)	
언론학	3.94	815	한자능력(실력)	
연극영화	3.62	885	MOS(Microsoft Office Specialist)	
			운전면허(보통)	
화공생명공학과	3.21	845		
국제통상학	4,33	925	MOS(Microsoft Office Specialist)	
			유통관리사	
중어중문학	3.88	965		
어문학	4.33	945		
경영정보학	3.73	855	정보처리	
			MOS(Microsoft Office Specialist)	
			컴퓨터그래픽운용	
			워드프로세서	
			운전면허(보통)	
경제학	3.14	835		
화학	3.55	580	MOS(Microsoft Office Specialist)	
			운전면허(보통)	
물리학	3.17	935	무역영어	
경제무역학	3.98	890	워드프로세서	
			한자능력(실력)	

외국계 IT 분야

전공	학부평점	토익	자격증	경력
신문방송학	3.39	955	MOS Master Version 2003	○○은행
			회계관리 2급	
컴퓨터공학	3.63	800	정보처리기능사	KETI
			워드프로세서 2급	
컴퓨터통신공학	3.67		SCJP(Sun Certified Java Programmer)	
경제학	3.94	860	증권투자상담사	○○은행
			파생상품투자상담사	
			자산관리사(AFPK)	
산업공학	3.51	900	OCP(Oracle Certified Professional)	SK○○○
			SCCD(Sun Certified Web Component Developer)	
			SCJP(Sun Certified Java Programmer)	
응용통계학	3.83	960	MOS Master Version 2003	○○생명
경제학	3.83	920	한자실력 2급	(주)○○
			운전면허 1종보통	
중어중문학	3.5	875	MOS 2007 MASTER	
경영학	4.26	900		○○투자증권
컴퓨터학	3.67	960	한자자격시험 2급	○○○시스템즈
			정보처리기사	게임회사
컴퓨터공학	3.77	870	OCP(Oracle Certified Professional)	
기계공학	2.84	965		○○모바일사업단
경제학	3.65	910		○○증권
산업정보시스템공학	3.37	850		
컴퓨터학	4	885	태권도 공인1단	○○건설
			워드프로세서 1급	
			정보기기운용기능사	
			한자능력자격검증 2급	
			정보처리기사	

전공	학부평점	토익	자격증	경력
경제학	3.4	920		
경제통상학	3.8	990	무역영어1급	(주)○○ 리전트
			MOS Master Version 2003	
			운전면허 2종보통	
Financial Economics	3.72		증권투자상담사	IT○○ 부품연구소
심리학	3.41		워드프로세서1급	
경영학	4.13	940	MOS Master Version 2003	(주)STX
			유통관리사2급	
			정보처리기능사	
			워드프로세서2급	
경영학	3.73	885	운전면허 2종보통	○○ 브로드밴드
경영학	3.38	910		○○ 정보통신
				삼성○○○
				○○ 카드
독어독문학	3.98	940	MOS 2007 MASTER	한국○○○
컴퓨터학	3.41	860	정보처리기사	한국○○○
전자공학	3.55		6시그마GB	○○ 연구원
			워드프로세서1급	○○ 자동차
			정보처리기능사	
경영학	4.14	930	MOS 2007 MASTER	
			운전면허 2종보통	
경제학	3.83	910	국제재무분석사(CFA) level1	○○ 항공
			MOS Powerpiont Core Version 2002	
			MOS Excel Core Version 2002	
정치외교학	3.41	935	MOS 2003 Master Instructor	한국○○○

전공	학부평점	토익	자격증	경력
산업공학(BPM)	3.85	955	e-Test Professionals 1급	○○대우
			재무위험관리사	
			정보처리기사	
경영정보학	3.82	860	정보처리기사	GE

18분 : 인생을 바꾸는 시간
피터 브레그먼 지음 | 김세영 옮김 | 15,000원

우리는 왜 열심히 사는데도 성공하지 못할까? 〈하버드 비즈니스 리뷰〉 연재 사상 최고의 반응을 얻었던 18분 리추얼(ritual)! 하루 18분만 할애하라, 그 시간이 당신의 80년을 바꿔놓을 것이다! 이 책은 바쁜 하루를 살면서도 정작 '잘 살고 있는지' 확신하지 못하는 이들에게 주는 단순하지만 강력한 처방전이다.

우리는 강한 리더를 원한다
김성회 지음 | 15,000원

당신도 혹시 '착한 리더' 콤플렉스에 빠져 있지는 않은가? 그러나 부드러움만으로는 성과를 내지도, 부하를 키우지도 못한다. 강한 조직을 만들고 싶으면 부하를 쥐지도 말고 펴지도 말고, 쥐락펴락하라. 상황에 맞춰 팔색조가 되어 성과를 내는 '강한 리더'가 되는 필승 지침! (추천 : '성과'와 '직원'을 모두 키우고 싶은 리더들을 위한 책)

제대로 시켜라
류랑도 지음 | 15,000원

명쾌한 분석과 현실적인 지침! 대한민국 최고의 성과창출 전문가인 류랑도 대표가 말하는 성과코칭의 모든 것! 목표를 주지시키고, 일을 배분하고, 스스로 일하게 하는 방안이 7단계 로드맵으로 생생하게 펼쳐진다. (추천 : CEO, 임원, 본부장, 팀장, 지점장, 파트장, 사수… 누군가에게 일을 시키는 모든 리더들을 위한 책)

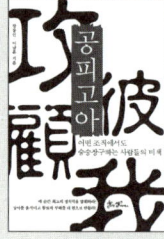

공피고아 : 어떤 조직에서도 승승장구하는 사람들의 비책
장동인 · 이남훈 지음 | 14,000원

회사에서는 일만 잘하면 된다고 생각하는 순간, 당신의 조직생활에 위기가 시작된다. 일을 제대로 하고 싶다면, 당신과 그 일을 함께할 '사람'을 먼저 배워라. 조직과 사람이 움직이는 원리를 관통하는 10가지 키워드와 명쾌한 대응전략! (추천 : 가장 현실적인 '직장생활의 정공법'을 익히고 싶은 이들을 위한 책)

일을 했으면 성과를 내라
류랑도 지음 | 14,000원

성과의 핵심은 오로지 자신의 역량뿐! 이 책은 누구도 세세히 일러주지 않은 일의 전략과 방법론을 알려줌으로써, 어디서든 '일 잘하는 사람, 성과를 기대해도 좋은 사람'이란 평가를 받게끔 이끌어준다. (추천 : 일에 익숙하지 않은 사회초년생과 그들을 코칭하는 리더, 그리고 현재의 역량을 배가하고자 하는 모든 직장인들을 위한 책)

오리진이 되라
강신장 지음 | 14,000원

더 나은 것이 아니라, 세상에 없는 것을 만들어라! 창조의 '오리진'이 되어 운명을 바꿔라! CEO들을 창조의 바다로 안내한 SERI CEO, 그 중심에 있던 강신장이 말하는 세상에서 가장 맛있는 창조 이야기. 이제 세상을 다르게 보는 길이 열린다! (추천 : 읽기만 해도 창조의 영감이 솟아오르는 텍스트를 기다려온 모든 이들을 위한 책)

평생내공, 첫 3년에 결정된다
이와세 다이스케 지음 | 황미숙 옮김 | 13,000원

회사생활을 배우는 데도 때가 있다! 지금부터 3년, 이것만 기억하라! 처음 들어간 회사에서 무엇을 배우고 어떻게 처신해야 할지, 직장생활에서 배워야 할 모든 지혜를 명쾌하고 생생하게 풀어내고 있다. (추천 : 사회에 첫발을 내디딘 신입사원뿐 아니라 2~3년차 직장인을 위한 책)

혼·창·통 : 당신은 이 셋을 가졌는가?
이지훈 지음 | 14,000원

세계 최고의 경영대가, CEO들이 말하는 성공의 3가지 道, '혼(魂), 창(創), 통(通)'! 조선일보 위클리비즈 편집장이자 경제학 박사인 저자가 3년간의 심층 취재를 토대로, 대가들의 황금 같은 메시지, 살아 펄떡이는 사례를 본인의 식견과 통찰력으로 풀어냈다. (추천 : 삶과 조직 경영에 있어 근원적인 해법을 찾는 모든 사람)

어떻게 최고의 인재들로 회사를 채울 것인가?
가재산 지음 | 16,000원

당신의 조직은 어떤 인재로 가득 차 있는가? '인재(人才)'인가, '인재(人材)'인가, '인재(人災)'인가? 이 책은 한국형 성과주의 인재혁신 전략인 'ABC 인재경영'을 소개하며, 조직원들의 성과와 능력을 상향평준화하여 조직성과를 끌어올리기 위한 비책을 제시한다. 대기업뿐 아니라 중소기업들도 벤치마킹해야 할 사례로 가득하다.

답은 밖에 있다 : 문제 해결의 고수들이 생각하는 법
이상협 지음 | 15,000원

홈즈, 뒤팽, 제인 마플… 명탐정들은 어떻게 사건을 해결해낼까? 이 책은 탐정들의 흥미진진한 추리 과정을 좇으며 그들이 사용하는 '13가지 논리적 생각의 도구'를 밝혀낸다. 틀을 깨고 생각의 힘을 키워, 남들과 다른 시각으로 문제에 접근할 수 있도록 돕는 솔루션 (추천 : 매일같이 부딪히는 문제의 해결책을 찾는 모든 이들을 위한 책)